DE PARIS A CAYENNE

JOURNAL D'UN TRANSPORTÉ

Paris, imp. Dubuisson et Cⁱᵉ, rue Coq-Héron, 5

DE PARIS
A CAYENNE

JOURNAL D'UN TRANSPORTÉ

PAR

CH. DELESCLUZE

> L'adversité est notre mère ; et la
> prospérité n'est que notre marâtre
> MONTESQUIEU.

DEUXIEME ÉDITION

PARIS

A. LE CHEVALIER, ÉDITEUR

61, RUE RICHELIEU, 61

—

1872

(*Tous droits réservés*)

AVANT-PROPOS

Lorsqu'à mon retour de Cayenne au foyer de la famille, je confiais au papier les douloureuses impressions de mon odyssée, j'étais loin de penser qu'elles verraient sitôt le jour ; je prévoyais moins encore qu'après neuf années, j'en daterais la publication de Pélagie.

Assurément, il ne m'a pas été parfaitement agréable de recommencer la vie de prisonnier, car la prison, c'est toujours la défaite, et je n'avais plus besoin d'apprendre le métier de vaincu. Je l'avoue donc humblement, il m'en coûte de passer sous les verrous un temps que je pourrais si bien employer pour la cause à laquelle j'ai consacré ma vie. Je subis la prison comme on supporte la maladie, et, sans faire à mes juges l'honneur de les maudire, je n'ai pas l'art de me draper à l'espagnole dans les arrêts qui me condamnent ; c'est bon pour les tard-venus de se faire de la prison un piédestal, de prendre Pélagie pour l'antichambre du palais Bourbon. Nous autres de la vieille et sévère école du devoir, nous n'aimons pas à jouer au martyr.

Est-ce à dire que je regrette la sécurité que me valurent les loisirs forcés qui m'accueillirent en 1860 ? Pas le moins du monde. Si la justice impériale m'a frappé de nouveau, c'est qu'il m'avait été donné de reprendre la plume et de me remettre, après vingt années de silence, à combattre comme aux meilleurs temps de ma jeunesse, pour le droit et la liberté.

L'homme est fait pour agir, pour lutter. Mieux vaut donc cent fois la défaite que l'inaction, la souffrance même que le plat bien-être d'une vie inutile.

D'ailleurs, je pouvais mesurer non sans quelque satisfaction le chemin que j'avais parcouru depuis ma rentrée dans la presse politique. La création du *Réveil* avait été presque un événement, à coup sûr un succès, et j'aurais mauvaise grâce à me plaindre que la police correctionnelle se soit chargée de son baptême.

Me plaindrai-je davantage qu'aux trois mois de prison que me rapporta le premier article de mon premier numéro, la souscription Baudin en ait ajouté six autres ? Je ne puis oublier que la France et que l'Europe avec la France palpitent encore au souvenir de ce procès mémorable, où, sans que je l'aie désiré ou cherché, une si grande place fut faite au *Réveil* que ma modestie seule a pu souffrir de la condamnation dont j'étais frappé par privilége.

On le voit, j'ai été payé au centuple du peu que j'ai fait, et, sans même parler des précieuses sympathies qui me sont venues de toutes parts, je puis me dire que je n'ai pas tout à fait perdu ma peine, que le vent n'a pas emporté toutes mes paroles. Quoi qu'il advienne, il restera quelque chose de l'œuvre que j'ai inaugurée et qui compte aujourd'hui tant de vaillants ouvriers, et bientôt ce quelque chose, grandi par les bonnes volontés et par les dévouements de la démocratie militante, deviendra puissance, puissance irrésistible...

L'ouvrage dont je livre aujourd'hui la première partie au public a paru en feuilleton dans le *Réveil*, et, si je me suis décidé à le donner en volume, ce n'est que pour céder aux pressantes sollicitations d'un grand nombre de mes amis politiques. J'hésitai longtemps, car j'ai été si peu habitué au succès que, pleinement satisfait d'un accueil qui dépassait mes espérances, je reculais devant une seconde et plus redoutable épreuve. Une fois réunis, ces morceaux qui, détachés et livrés par petites doses aux lecteurs du *Réveil*, avaient rencontré tant d'indulgence, n'iraient-ils pas se heurter contre des jugements moins favorables? J'ai cédé néanmoins. Etranger, et pour cause, à toute prétention littéraire, je n'avais à écouter ni craintes ni défiances d'amour-propre. Quel avait été mon but? de raconter ce que j'ai vu aussi simplement qu'il m'a été possible, de dire sans amertume, sans passion, mais non sans dédain, ce que j'ai ressenti dans ce long voyage de plus de six années, qui commença à Mazas pour finir à la Guyane. Ce qui m'est arrivé, des centaines et des milliers de républicains l'ont souffert, et souvent dans des conditions mille fois plus pénibles ; ce n'est, en réalité, qu'un des mille épisodes dont l'ensemble constitue l'épouvantable exode de décembre ; à ce titre, j'en devais compte à l'histoire contemporaine.

Que ce récit aille donc s'ajouter aux tristes révélations qui se succèdent chaque jour, mais qui ne seront jamais que l'image affaiblie des odieuses persécutions dont les républicains ont été l'objet depuis vingt années ! Et dussent ces pages, toutes écrites avec ce que j'ai de conscience comme homme et comme citoyen, ne gagner qu'une voix à la cause de la démocratie; je me croirai récompensé.

J'aurais voulu publier à la fois les deux parties de cet ouvrage; le temps m'a manqué et aussi la liberté. Il est bien difficile, on le conçoit, de se procurer en prison les documents indispensables à l'écrivain qui peut enfin sortir des questions personnelles et des souvenirs intimes.

Le lecteur voudra donc bien excuser un retard qui me pèse plus que je ne saurais le dire. J'attachais en effet une importance extrême à cette seconde partie, où je dois retracer le résumé fidèle de tout ce qui s'est passé à la Guyane avant mon arrivée aux îles du Salut, mettre en lumière des situations et des douleurs que je n'ai jamais entendu raconter sans frémir. Ce devait être pour moi l'acquit de la dette de solidarité que j'avais contractée envers mes infortunés compagnons, et ce sont de ces dettes qui ne se renvoient pas sans regret au lendemain.

A bientôt donc la fin de cet opuscule.

CH. DELESCLUZE.

Pélagie, le 28 février 1869.

PRÉFACE

Ce livre a été écrit en 1860, à mon retour de Cayenne, alors que mes souvenirs n'avaient rien perdu de leur fraîcheur. Diverses circonstances m'ont empêché de le publier plus tôt et je suis loin de le regretter. Il n'est pas toujours aisé de mesurer ses appréciations quand il s'agit de raconter les violences dont on a supporté sa part, et, pour rassurer ma conscience, j'avais besoin que le temps, tout en fermant mes blessures, me rendît toute ma liberté d'esprit. A cinq années de distance, j'ai pu réviser, dans le calme d'un entier désintéressement, les impressions que j'avais rapportées de la Guyane, et, je le dis avec satisfaction, je n'ai rien trouvé à reprendre dans les jugements que j'avais portés du premier jet sur les hommes et sur les choses.

Je sais maintenant que le ressentiment n'a pas entraîné ma pensée au delà de la rigoureuse impartialité dans laquelle j'avais pris à tâche de la renfermer: si j'ai payé ma dette à l'erreur, j'ai du moins la certitude de ne pas m'être trompé volontairement et de m'être soigneusement écarté des représailles inutiles.

Rien n'est plus fastidieux que de parler de soi, et si le récit de mon odyssée n'avait d'autre but que de mettre en relief les quelques épreuves que j'ai subies, le silence eût été ma loi. Mais il y a des enseignements de plus d'une sorte dans l'histoire de ma transportation; j'avais surtout un devoir à remplir envers ceux qui m'avaient devancé dans ce lointain exil, et dont les longues souffrances n'ont passé que trop inaperçues.

Beaucoup sont morts loin de la patrie, et parmi ceux qui ont revu le sol natal, combien en est-il qui n'ont retrouvé que des douleurs nouvelles! Famille éteinte ou dispersée, position perdue, santé ruinée, voilà ce qui les attendait après un martyre de huit années!

Eh bien! il m'a semblé qu'il convenait de déchirer le voile qui cache encore ces tristes pages de notre histoire contemporaine, qu'alors que tant d'esprits se laissaient glisser sur la pente facile de l'oubli et de l'égoïsme, il était bon de rappeler quel sort a été fait à des hommes qu'aucun jugement n'avait frappés, et qui, d'où qu'ils vinssent d'ailleurs, n'étaient coupables que d'avoir obéi au sentiment le plus élevé du droit.

Puissent-ils trouver quelque consolation au récit de leurs rudes traverses, si incomplet qu'il soit ; puissent-ils surtout se rappeler qu'ils n'ont pas souffert en vain pour la sainte cause de la démocratie, et que, si aujourd'hui l'indifférence publique leur crée en quelque sorte un nouvel exil au sein même de la patrie, le jour n'est pas éloigné où justice leur sera rendue!

Venu le dernier sur cette terre qui, depuis 1851, a dévoré tant de désespoirs, je n'y ai pas rencontré les abominables traitements auxquels ont été si longtemps soumis ceux qui m'y avaient précédé. Le temps n'était plus des luttes sauvages, des provocations à outrance qui avaient signalé la première époque de la transportation. A défaut de pudeur, la lassitude avait fini par enchaîner le zèle des serviteurs du pouvoir métropolitain. D'un autre côté, ma bonne fortune mit sur mon chemin assez de sympathies inattendues pour me faire oublier les misérables tracasseries d'une réglementation qui s'efforçait d'être injurieuse pour se venger de ne plus être aussi rigoureuse qu'auparavant.

La vie s'est donc présentée pour moi, à Cayenne, dans de meilleures conditions qu'il ne m'était permis de l'espérer, alors que, mêlé aux forçats dans les cachots du fort Lamalgue, je cherchais à lire dans l'avenir qui m'était réservé. Cette fois encore, j'ai vu que l'homme qui ne s'abandonne pas est toujours maître de son sort, et que, dans la situation la plus désespérée en apparence, il n'est jamais entièrement malheureux s'il peut faire un peu de bien.

Ces consolations ne m'ont pas été refusées, et les souvenirs amers, bagage habituel des consciences troublées, n'ont pas accompagné mon retour, quand l'amnistie générale et sans conditions du 16 août 1859 me rouvrit les portes de la France.

Depuis, les années se sont écoulées tristes, décolorées, dans une douloureuse inaction, au milieu d'une société qui a perdu sa voie et qui s'acharne à la chercher où elle ne saurait être, comme si, pour réparer ses fautes. il suffisait de les nier.

Spectateur attentif de ces efforts insensés, de cette obstination coupable, l'ancien transporté de Cayenne n'a rien perdu de la sérénité de sa pensée ni de sa confiance inébranlable dans l'avenir. Il sait trop que le vieux monde est condamné, depuis le jour où le droit nouveau a été proclamé au milieu de la foudre et des éclairs, et, patient, il attend le triomphe de la vérité.

Peut-être ne lui sera-t-il pas donné d'assister à ce beau jour; mais qu'importe? Quand tant de générations se sont éteintes avant nous dans la misère et la servitude, sans même entrevoir l'espérance, la plainte est-elle permise à ceux de nous qui tombent avant l'heure? L'honneur d'avoir combattu et souffert pour la démocratie est leur meilleure récompense. Ils peuvent s'endormir en paix. D'autres récolteront ce qu'ils ont semé.

Et maintenant, un sincère remercîment aux mains fraternelles qui se sont tendues vers le proscrit; sa reconnaissance ne le quittera que dans la tombe.

Paris, 30 novembre 1864.

CH. DELESCLUZE.

DE PARIS A CAYENNE

JOURNAL D'UN TRANSPORTÉ

CHAPITRE PREMIER

Maison centrale de Belle-Ile. — Personnel. — La vie de prison. — Il faut céder la place aux forçats. — Départ pour la Corse.

Je ne suis pas né avec la passion des voyages, et, s'il m'avait été donné d'arranger ma vie au gré de mes désirs, je l'eusse passée tout entière au milieu de ceux que j'aimais et qui m'aimaient. Les événements en ont autrement décidé, et, à diverses reprises, avant comme après 1848, j'ai appris combien était dur à monter l'escalier de l'étranger. Aussi, quand, en 1853, renonçant à la sécurité de l'exil, je quittai l'Angleterre pour venir à Paris en contrebande, j'oubliai les périls qui menaçaient ma liberté, les surprises qui attendent l'homme en butte aux recherches des polices; j'étais dans mon pays, j'étais en France. Et, lorsque, deux mois plus tard, vendu par un de ces misérables qui mangent le pain de la trahison, je me vis claquemuré dans un cabanon de Mazas, si je déplorai la chute de mes espérances, je ne regrettai pas la sèche et froide hospitalité de l'Angleterre. Que de fois me suis-je pris à bénir le soleil dont les reflets venaient se briser sur les murs dénudés de ma cellule, car c'était le soleil qui avait éclairé les fronts radieux de nos pères aux jours sacrés de notre histoire! Au bruit lointain dont le vent m'apportait les échos assourdis par les ruines de la Bastille, je reconnaissais le souffle puissant de la grande ville révolutionnaire qui, quoi qu'il en semble, mûrit aujourd'hui dans le silence de nouveaux et plus éclatants miracles.

Cependant, j'avais été condamné, et j'étais à peine remis d'une longue et dangereuse maladie, qu'il me fallut quitter Paris pour commencer cette série d'étapes qui devait, de prison en prison, de bagne en bagne, me conduire à Cayenne. C'est à la maison centrale de Belle-Ile que je fis ma première station, car c'était là que, depuis l'évacuation de Doullens, s'entassaient les vaincus de la République.

Belle-Ile est un rocher de quelques lieues de tour, jeté comme un gigantesque brise-lames en avant des côtes de Bretagne, pour recevoir sur ses flancs de granit le premier choc des vagues qu'y porte l'Atlantique. A part quelques plis dessinés par les dépressions capricieuses d'une formation tourmentée, le sol y est exposé à tous les vents, et ceux d'ouest y règnent avec tant de violence, que les arbres ne croissent que sous la protection d'abris naturels ou artificiels; et qu'une fois arrivés à cette hauteur, ils s'étendent horizontalement en s'inclinant invariablement vers la côte française, comme pour lui rendre hommage.

La température y est généralement humide et douce, et, même dans la saison la plus mauvaise, il n'est pas de jour où, pendant quelques heures, des éclaircies ne viennent calmer les vents et interrompre la pluie. Le froid s'y fait peu sentir, et, pendant les deux hivers que j'y ai passés, et dont les journaux signalaient les rigueurs sur le continent, c'est à peine si deux ou trois fois l'eau exposée à l'air de la nuit s'y recouvrit d'une légère couche de glace.

La prison est située le long du rivage, sur un plateau élevé, qui domine la ville du Palais et fait face à la presqu'île de Quiberon. Elle se compose de cinq bâtiments en carré long, dont l'architecture rectiligne porte le cachet des constructions du génie militaire. On dirait autant de bataillons alignés pour un défilé, et, pour compléter la ressemblance, des plates-formes, assises en dehors et au-dessus des murs d'enceinte, plongeaient les gueules béantes de cinq à six pièces de canon destinées à enfiler les rues de la prison en cas de rébellion.

La construction en est toute récente; c'est, je crois, le seul monument que doive la France au règne néfaste de M. Cavaignac. Misérable instrument des partis contre-révolutionnaires, le frère de notre Godefroy ne pouvait laisser un symbole plus significatif de sa dictature. Nouveau Sylla, il aura, le premier en France, mérité de croiser dans ses armes l'épée sanglante qui s'abaisse sur des prisonniers et des blessés avec la clef du geôlier et les tablettes du proscripteur.

C'est là que, par ses ordres, après juin 1848, furent dirigés les citoyens qui n'avaient pu trouver place sur les pontons et qu'il désespérait de faire condamner par les conseils de guerre, comme s'il avait eu à craindre l'impartialité ou la mansuétude de ses caporaux. Si le dernier des criminels, l'homme le plus notoirement coupable, le plus indigne d'excuse, était frappé sans jugement, condamné sans être entendu, jugé sur des notes de police ou des dénonciations anonymes, il n'y aurait qu'une voix pour invoquer les principes élémentaires de toute justice. Cependant, tout cela s'est fait, en 1848, non pas pour un individu, mais pour des milliers d'hommes; cela s'est fait par des hommes qui se disaient républicains, mais qui voulaient avant tout le pouvoir.

Je ne sais même si, lorsque plus tard ils ont

vu, en 1851, tourner contre eux les armes qu'ils avaient forgées eux-mêmes, un remords tardif est venu éveiller leur conscience.

A Belle-Ile, la vie était ce qu'elle est dans toutes les prisons, semée d'ennuis et empreinte d'une désespérante monotonie, que ne venaient pas interrompre les visites du dehors. D'année en année, de mois en mois, nous voyions se resserrer le cercle de fer qui nous entourait, disparaître, sous un prétexte ou sous un autre, les quelques facilités qu'on n'avait pas songé d'abord à nous disputer, et, chaque jour aussi, les luttes qui s'engagent forcément de prisonniers à geôlier prenaient un caractère plus tranché d'amertume et d'injustice. Si quelques prisonniers se respectaient assez pour décourager les taquineries de l'administration et les incessantes provocations des agents inférieurs, ils n'en subissaient pas moins le contre-coup des querelles auxquelles ils étaient étrangers, et ils étaient obligés de renouveler incessamment leur provision de dédain, seule arme qui reste à la dignité contre la force brutale.

L'histoire de la détention de Belle-Ile serait douloureuse à plus d'un titre, et je ne l'aborderai pas; chacun comprendra les motifs de ma réserve. Tout ce que je puis dire, c'est que de ce mélange d'hommes venus de tous les champs de bataille de la politique, représentant tous les désastres et toutes les nuances de l'opinion, mais surtout de l'opinion démocratique, appartenant aux classes les plus diverses de la société, et tous ayant de cruelles blessures à panser, en dépit des défaillances passées ou présentes, il se dégageait un sentiment élevé de la Révolution. Les nobles cœurs, les intelligences d'élite n'étaient pas rares à Belle-Ile, et beaucoup de nos camarades qui n'y avaient apporté que des aptitudes qui s'ignoraient, en sortirent avec un faisceau de connaissances et d'études que pourrait envier à bon droit plus d'un homme du monde. Pour ma part, je m'honorerai toujours des amitiés que j'y ai contractées dans la sainte fraternité du malheur.

Depuis le convoi qui m'amena, moi dixième, en juin 1855, les prisonniers politiques cessèrent d'être dirigés sur Belle-Ile et furent partagés dans les maisons centrales réservées aux délits communs. En faut-il plus pour montrer à quel point le gouvernement est passionné pour l'égalité, ennemi du privilége? Le personnel de Belle-Ile allait donc nécessairement toujours en diminuant, à mesure que les peines expiraient ou que des grâces venaient les abréger.

Avant 1848, le mot de grâce ne figurait pas dans le vocabulaire de la politique militante. Fidèle à sa foi, le vaincu restait inébranlable devant ses juges, dans la prison, au pied de l'échafaud, même sur l'échafaud; il souffrait ou mourait sans forfanterie comme sans faiblesse. Depuis 1848, le cercle des victimes s'est immensément élargi; mais parmi tous les nouveaux soldats de la démocratie, beaucoup n'étaient pas suffisamment préparés aux nécessités de la lutte. Tel qui pouvait hardiment jouer sa vie le fusil au poing se trouvait sans force contre les épreuves prolongées de la séquestration isolée ou commune. Tel autre aurait accepté le sacrifice, si ce sacrifice eût eu quelque retentissement, si, comme autrefois, la presse eût offert un écho à ses plaintes ou à ses espérances. Tel autre, enfin, pensait à sa femme, à ses enfants, que son absence livrait aux angoisses et aux tentations de la misère. Il y avait de malheureux paysans qui regrettaient la vie en plein champ et se mouraient de nostalgie. Je ne me sens pas le courage de condamner ceux qui, républicains par hasard, après avoir dépensé la force que la nature ou l'éducation leur avait départie, ont manqué au drapeau. Mais quant à ceux qui sortaient de la foule, ne fût-ce que par leurs prétentions, qui avaient eu l'insigne honneur de parler au peuple, d'obtenir ses suffrages ou de commander en son nom, qui, en un mot, avaient charge d'âmes et qui ont acheté la liberté au prix d'une faiblesse, je les renvoie à leur conscience.

Six cents prisonniers environ s'étaient succédé à Belle-Ile, et nous étions moins de quatre-vingts lorsqu'en 1857 le pouvoir eut l'heureuse et philanthropique pensée de consacrer ce local à MM. les forçats sexagénaires. Les premières nouvelles qui s'en répandirent furent aussitôt démenties par les feuilles officielles ; mais cette tactique avait été trop souvent employée pour faire illusion. Aussi, malgré les tranchantes dénégations du *Moniteur*, chacun de nous s'attacha dès lors à préparer sa famille à un changement qui ne s'annonçait pas sous de bien favorables auspices. Bientôt notre destination cessa d'être un mystère. Le directeur de Belle-Ile partait pour l'île de Corse, afin de présider à l'appropriation de l'ancien hôpital militaire de Corte qui devait nous recevoir. Cette nouvelle fut généralement bien accueillie par le personel de Belle-Ile, en dépit des sombres renseignements que la presse donnait sur la salubrité de l'île de Corse. On ne passe pas des années entre des murs jaunis d'une citadelle sans désirer un déplacement.

Quoique le séjour de Belle-Ile n'ait rien de malsain, grâce au voisinage de la mer, cette atmosphère de brouillard ne laissait pas que d'affaiblir les constitutions les plus robustes. Pendant quelques mois, ce projet de départ, le soin des préparatifs restèrent à l'ordre du jour dans la colonie. Bientôt on apprit que tout le monde n'irait pas en Corse. Un nouveau champ s'ouvrit alors aux hypothèses : où seraient dirigés ceux qui ne seraient pas envoyés en Corse ? Enfin qui choisirait-on pour cette dernière destination ? L'incertitude se prolongea jusqu'à la veille du départ, et l'on sut seulement alors que trente-trois détenus — j'en faisais partie — devaient s'embarquer le lendemain pour la Corse. Grand fut le mécompte de ceux qui ne se virent pas compris dans la liste. Ils sentaient que leur séjour à Belle-Île ne pouvait être de longue durée et se voyaient déjà soumis, dans quelque prison centrale, aux aménités du régime inventé pour les voleurs et les faussaires. Leurs pressentiments ne furent que trop justifiés, car, six semaines plus tard, ils partaient pour le mont Saint-Michel, où les attendait tout ce qu'ils avaient redouté.

Les caprices du hasard ou de la fantaisie avaient présidé au choix des catégories. La raison voulait que les fortes peines, surtout les déportations, fussent désignées pour la Corse, et que ceux dont la libération était prochaine demeurassent en France. Il n'en fut rien. Plus de la moitié des condamnés à la déportation fut réservée pour le mont Saint-Michel, et moi, qui n'avais plus à subir que trois mois de prison, je partais pour la Corse, ainsi que d'autres condamnés à temps.

Je n'ai jamais quitté sans une sorte de regret les lieux où j'ai souffert, où j'ai laissé une portion de ma vie si tourmentée. Aussi, étais-je loin de m'associer à l'espèce d'enthousiasme qui surexcitait mes camarades au moment de l'embarquement. Ce n'était pas la liberté qui nous attendait au sortir de Belle-Ile, mais une prison nouvelle, avec les inconvénients généraux qu'elle comporte et l'inconnu par-dessus le marché. Allions-nous rentrer dans la promiscuité à laquelle quelques-uns de nous du moins pouvaient échapper à Belle-Ile? ou bien l'isolement cellulaire nous réservait-il ses tristesses énervantes? Nul ne le savait et tout était à craindre. De là des préoccupations qui ajoutaient à l'irritation dont ne peuvent se défendre les esprits les plus calmes et les plus énergiques, en face des précautions blessantes qui accompagnent un transfèrement. J'avais mes habitudes à Belle-Ile. J'étais parvenu à plier mon corps et mon esprit au nid que je m'y étais fait, pour en sentir le moins possible les aspérités et l'étroitesse. Là, je n'avais plus à compter avec les froissements douloureux qu'entraîne la promiscuité; j'avais ma cellule pour moi seul, et je pouvais disposer du temps à mon gré. J'en étais arrivé à me créer une situation presque supportable, et cette étude ingrate, il allait me falloir la recommencer ailleurs, ou bien rester campé, sans travail réglé, par conséquent sans loisirs véritables, jusqu'au 8 mars 1858, terme légal de mon emprisonnement.

D'un autre côté, parmi ceux dont j'allais me séparer peut-être pour toujours, je comptais quelques amis dont la société m'avait offert de précieuses consolations. Et comment remplacer ces amitiés perdues? Comme toutes les joies, l'amitié ne sourit guère aux cheveux qui blanchissent, aux cœurs trop longuement éprouvés, et savais-je si ces liens que l'arbitraire administratif brisait comme à plaisir, je pourrais les renouer jamais?

Enfin, si les chemins de fer ont pour ainsi dire supprimé les distances à l'intérieur de la France, notre transport en Corse nous enlevait le bénéfice des communications régulières et fréquentes, nos correspondances devant désormais subir les risques de mer.

Or, pour le prisonnier qui n'a que ce moyen de se rattacher à la vie extérieure, qui, séparé de tous ceux qui lui sont chers, ne vit que de leurs souvenirs, c'est beaucoup que le retard et l'incertitude de la poste. Hélas! quelques mois plus tard, je devais sentir bien plus vivement les chagrins de l'éloignement; il me faudrait trois mois pour échanger avec les miens des adieux et des encouragements!

II

Embarquement. — La corvette le *Tanger*. — Traversée. — La rade de Cadix. — Évasion de Lignon. — Gibraltar. — Le commandant et l'état-major du *Tanger*. — Arrivée à Ajaccio. — Retour sur les sympathies des Belle-Ilois.

Il était environ quatre heures du soir quand nous montions sur le pont de la corvette le *Tanger*. Le ciel était chargé d'épais nuages; la mer houleuse et frémissante encore de la tempête de la veille, et, dans cette saison, — nous étions au 1er décembre 1857, — il était permis de craindre que le mauvais temps nous accompagnât jusque dans la rade d'Ajaccio. Un hasard inespéré changea ces tristes prévisions. La rude mer de Bretagne qui, vingt-quatre heures auparavant, avait forcé le *Tanger* de se réfugier à Lorient, se fit hospitalière pour nous recevoir. Le golfe de Gascogne lui-même, si peu disciplinable, adoucit ses fureurs, et, après une paisible traversée de quelques jours, nous jetions l'ancre dans la baie de Cadix, par le plus beau temps du monde.

On sait tout ce qu'a d'enchanteur la baie de Cadix, et je ne veux pas aller sur les brisées des feuilletonistes en renom qui ont le monopôle des descriptions pittoresques; cependant je ne tairai pas les agréables sensations que nous procura ce magnifique panorama.

Quelques jours auparavant, nos poitrines aspiraient avec peine la pesante atmosphère des côtes de Bretagne, fouettées à chaque instant par les vents tempétueux de l'Occident; notre seule ressource consistait à promener nos regards attristés d'un ciel chargé de pluie et de brouillards à une mer livide et tourmentée. Et voilà que l'hiver s'est changé en printemps! Le soleil éclatant dans un ciel sans nuages versé sur nos têtes une douce chaleur. La mer calme et tranquille semble ne soulever ses flots d'azur que pour en faire admirer la transparence; et, en face, couchée sur le rivage comme une orgueilleuse sultane qui laisserait traîner ses pieds de marbre sur le sable doré, Cadix, la perle de l'Océan, déroule en croissant les lignes onduleuses de ses constructions éblouissantes de blancheur.

C'était fête à Cadix : les innombrables cloches des églises et des couvents mêlaient leurs carillons aux détonations de l'artillerie des forts pour annoncer je ne sais quel événement survenu dans l'intéressante famille de la chaste Isabelle, et cette circonstance, à notre grande satisfaction, obligea le *Tanger* de prolonger son séjour dans les eaux de Cadix.

Un seul de nous put répondre à l'appel muet que semblait nous adresser la ville espagnole.

C'était un jeune Méridional, condamné pour avoir défendu la République en décembre 1851. Habile et intrépide nageur, il avait, quelques mois plus tôt, exécuté un coup d'audace qui ne doit pas être oublié par les marins de Belle-Ile. Par une nuit sans étoiles et sans lune, il avait escaladé les murs élevés de la prison, trompant la vigilance des nombreuses sentinelles échelonnées alentour, puis se jetant à la mer, il nagea droit à un navire ancré à plus d'une demi-lieue du port, et qu'il croyait américain. En plein jour, quand la mer est belle, certes c'est un jeu pour un nageur que de franchir cette distance; mais dans une nuit obscure, au milieu des courants qui se croisent en tous sens entre Belle-Ile et l'île de Houait, c'était d'une témérité qui ne pouvait naître que dans l'esprit d'un prisonnier. Cependant Lignon aborda heureusement le bâtiment, où il croyait trouver asile sous les étoiles du libre pavillon d'Amérique. Il s'était trompé; le navire était français et s'appelait la *Marie-Amélie*. Il n'y a pas vingt ans, un capitaine de vaisseau marchand, un marin breton se serait cru déshonoré en livrant un prisonnier politique, et les annales de la Bretagne offrent plus d'un exemple d'hospitalité courageuse en temps de guerre civile. Mais aujourd'hui l'abaissement des esprits a détruit tous les instincts généreux, le mercantalisme et la peur règnent sur les consciences, et le noble capitaine de la *Marie-Amélie*, averti par ses matelots de la présence et de la position de Lignon, s'empressa de le renvoyer à la gendarmerie avant même que son évasion fût connue; mais nous n'avons pu savoir s'il avait reçu la prime qu'il avait si noblement gagnée. Je ne sais comment sont faites les âmes par le temps qui court, mais si, au jour des révolutions, un ennemi vaincu venait s'asseoir à mon foyer et me demander asile, je le sens, cet homme serait en sûreté sous mon toit. Ce serait, dira-t-on, offenser la justice, substituer le sentiment au devoir. A mon avis, on ne sert jamais bien son pays ni sa cause en manquant aux lois de l'hospitalité. Dans tous les temps, dans tous les pays, l'opinion a flétri celui dont la porte se ferme au malheur ou qui livre celui qui a compté sur sa loyauté. Eh bien! je suis de l'avis de tous les temps et de tous les peuples contre les mœurs qu'on tâche d'inoculer à notre France, autrefois si chevaleresque, trop souvent prête aujourd'hui à venir en aide à la police.

On comprend que, malgré cette mésaventure, Lignon n'avait pas perdu l'envie de reconquérir sa liberté, et son désir ne fit que s'accroître quand il vit la blanche ville de Cadix lui tendre les bras de si bonne grâce. Comment fit-il? Nul ne l'a su parmi nous, mais le lendemain son évasion ne fut plus un mystère. Les gendarmes et les gardiens qui avaient mission de nous surveiller s'en renvoyaient la responsabilité, ce qui ne fît pas découvrir le prisonnier. Les marins du bord, qui professaient une haine religieuse contre la gendarmerie et tout ce qui tient aux geôliers, en furent ravis, et je ne suis pas même sûr que l'état-major n'en ait pas ri dans sa barbe. Le chef du convoi, commis aux écritures à 1,200 francs, pauvre diable cousu dans la peau d'un lièvre, se rendit en toute hâte chez le consul de France, et revint comme il était parti. Quant à nous, rien ne fut changé à notre position, et je suis encore à comprendre comment ceux de nous qui savaient nager aussi bien que Lignon ont hésité à l'imiter. Malheureusement je n'étais pas de ce nombre : cent brassées me mettent hors d'haleine, et tenter l'aventure, c'eût été un véritable suicide. Je m'abstins et je fis bien.

Enfin le *Tanger*, ayant terminé sa provision d'eau et de charbon, tourna le cap sur le détroit de Gibraltar. Le bonheur qui avait accompagné jusque-là notre navigation ne nous fît pas défaut, et nous traversâmes sans encombre le canal qui sépare en cet endroit l'Afrique et l'Europe.

Malheureusement, le passage s'opéra pendant la nuit, et si les phares situés sur les deux rivages nous permirent d'entrevoir la ceinture de rochers qui se prolongent sur la droite et sur la gauche, l'obscurité ne nous permit pas de mesurer de l'œil Gibraltar et ses fortifications taillées en plein roc. Quelques jours après, nous mouillions dans la rade d'Ajaccio, toujours favorisés par le temps, toujours éclairés par le splendide soleil du Midi.

Vue de la mer, la capitale de la Corse présente un coup d'œil qui n'est pas sans charmes. Bâtie au pied d'une rangée de montagnes arrondies en demi-cercle, elle étale avec une sorte de coquetterie modeste ses arsenaux et sa douane, ses maisons à triple étage qui se détachent, serrées les unes contre les autres, sur le fond sombre du second plan. Son port solitaire, où se balancent quelques goëlettes, au milieu desquelles le stationnaire dresse orgueilleusement ses couleurs, sa rade, respirent le repos et la paix tant que les vents d'ouest n'en viennent pas soulever les flots. On sait que, sur cette terre où les convulsions de la nature ont jeté une si constante irrégularité, où le soleil verse à flots la fécondité, le travail ne peut être qu'un accident dans la vie. Aussi n'attendez pas du Corse cette culture savante, ce labeur assidu dont les hommes du Nord ont besoin pour arracher au sol la forte alimentation que commande leur climat. Pour le Corse, le moment du travail, c'est la récolte. S'il sème du blé ou du maïs, c'est dans une terre depuis longtemps reposée et qui ne demande qu'à rendre au vingtuple la semence qu'on lui confie. S'il taille sa vigne, il n'a pas besoin de ces façons multipliées qui courbent uniformément le corps de nos vignerons. Enfin, quant à l'olivier, au châtaignier, au figuier, à l'oranger, il n'a d'autre fatigue que d'en cueillir les fruits. Et que lui faut-il de plus? Avec la chasse et la pêche, le lait de ses troupeaux, n'a-t-il pas tout ce qu'il peut désirer? Il est bon marin, bon soldat, il sera au besoin homme d'Etat, littérateur ou savant, mais il n'est pas industriel, et je ne saurais l'en blâmer, car si l'industrie est de nos jours une nécessité sociale, elle fait payer à de si hauts prix ses merveilles, semant sur ses pas l'opulence et la misère, que je ne puis m'empêcher d'envier le sort des populations qui échappent à sa redoutable influence.

Mais n'anticipons pas sur l'aperçu que j'aurai à donner de la population corse ; il est temps d'en finir avec notre traversée.

Le *Tanger* avait été pour nous aussi hospitalier que possible, et nous y avions trouvé tous les égards désirables. Mais tout cela ne pouvait pas faire que la vie du bord fût absolument agréable. On se fatigue vite de la ration de porc salé ; on se lasse encore plus vite de coucher à huit dans des cabines, sur des planches superposées en étagères, ou sur des matelas étendus dans le faux pont.

Cependant, à propos de nourriture, je dois dire que la surveillance du lieutenant et du commandant lui-même ne laissait rien à désirer, et que les rations étaient irréprochables, ce que je n'ai jamais trouvé sur aucun autre bâtiment de l'Etat. A chaque distribution, ils goûtaient ce qu'on servait, et les distributeurs aussi bien que le coq, tenus en bride par ce contrôle incessant, ne pouvaient pas trop se livrer à leur tripotage habituel. En quittant ce navire, où nous avons rencontré si bon accueil, chacun de nous emporta le souvenir du commandant, M. de Balzac, et de son état-major. A l'exemple de leur digne chef, tous les officiers se plaisaient à traiter les prisonniers de Belle-Ile sur le pied d'une égalité sans réserve, et nous faisaient les honneurs de l'arrière avec une grâce parfaite. Aucun d'eux n'avait cette morgue qu'on reproche, et peut-être avec raison, à la marine militaire, et j'ai vu le commandant, ainsi que ses officiers, perdre chaque jour plusieurs heures à converser avec le premier venu d'entre nous et souvent déployer à cette occasion une complaisance vraiment méritoire.

Il se peut qu'en agissant ainsi l'état-major du *Tanger* ait grandement contrevenu aux traditions qui se conservent dans les cercles de Toulon et de Brest; mais j'estime qu'ils ont fait preuve d'autant de savoir-vivre que de bon goût en ne voulant pas jouer, même de loin, le rôle de geôliers.

Enfin, l'heure du débarquement était arrivée, et nous allions fouler cette terre dont le choix semblait à lui seul un nouvel outrage pour des vaincus. Prisonniers, nous n'avions rien à espérer, sans doute, de la population au sein de laquelle nous devions demeurer isolés, et cependant, il nous déplaisait de respirer une atmosphère de haines et de colères. Pouvions-nous supposer qu'il en fût autrement? La population corse ne devait-elle pas être taillée sur le patron de ces envahisseurs que le 2 décembre avait jetés dans tous les ministères et dans toutes les polices? Républicains, nous n'avions à attendre qu'hostilité et antipathie de ces insulaires, associés par l'intérêt non moins que par l'amour-propre à la fortune des maîtres de la journée.

Assurément, les Bretons de Belle-Ile nous avaient laissé peu de regrets. Esclaves de l'Eglise et surtout du gendarme, qui, pour eux, était le symbole vivant de l'autorité, ils ne se faisaient aucun scrupule de livrer les évadés qui se confiaient à leur perfide hospitalité. Mais ils faisaient cela sans haine, comme la chose la plus naturelle du monde, et ils empochaient la prime administrative avec autant de tranquillité d'esprit que s'il se fût agi de percevoir un fermage ou une rente. Bien souvent, j'en suis sûr, les pauvres familles de pêcheurs priaient la Notre-Dame d'Auray de leur envoyer un politique évadé, qui représentait pour eux une petite fortune sous la forme d'un mandat de cinquante francs sur la caisse de la prison. Pour les boutiquiers et les marchands, s'ils ne pensaient qu'accessoirement à la prime, ils calculaient très bien le bénéfice que leur rapportait en moyenne chaque tête de prisonnier et ne pouvaient s'empêcher de considérer tout évadé comme un contribuable réfractaire qui voulait se soustraire au payement d'un impôt légitime. Aussi le meilleur aurait-il cru manquer à ses devoirs, je ne dis pas en facilitant, mais en n'empêchant pas une pareille forfaiture. Il va sans dire que pétitions sur pétitions sont parties de Belle-Ile pour empêcher notre transfèrement en Corse, et que de vraies larmes ont accompagné notre départ!

Je vois encore autour du bassin où nous reçurent les embarcations du *Tanger* le groupe de nos fournisseurs que l'éloignement de leurs pratiques plongeait dans le désespoir, et je n'avais jamais soupçonné que l'âpreté mercantile pût revêtir tant de sensibilité et de bonhomie. C'est qu'il n'y a rien de tel que les populations primitives et pauvres pour cultiver l'égoïsme dans ses plus effroyables variétés. Jadis le Belle-Ilois professait l'honorable industrie des naufrages. Sous l'invocation de la bonne Sainte-Vierge et des doux anges, il savait attirer sur ses écueils les navires en détresse et les pillait consciencieusement après avoir tué les naufragés, et sans le moindre remords, avec la pieuse satisfaction d'un père de famille qui travaille pour sa femme et pour ses enfants. Si aujourd'hui cette manière touchante de pratiquer l'hospitalité n'est plus de mise, le Belle-Ilois reste fidèle au principe, et le prisonnier évadé, politique ou forçat, est pour lui une épave dont le produit a sa place dans l'arrangement de son budget annuel.

En quittant la Bretagne, nous allions retrouver sur une autre mer une île dont les habitants sont aussi renommés pour s'être maintenus en dehors des progrès équivoques de la civilisation moderne. Nous devions nous attendre à y retrouver les mêmes défauts, les mêmes vices. Grâce au ciel! nous nous étions trompés.

III

La Corse.—Son aspect.—Voyage en diligence.—Empressement des habitants.— La gendarmerie corse.

Salut, terre de Corse, pays des cœurs libres et loyaux, salut! J'aime tes montagnes dont les sommets neigeux reflètent le splendide éclat de ton soleil, et qui laissent serpenter sur leurs flancs abrupts l'étroit ruban de la route solitaire. J'aime tes forêts de pins, tes torrents desséchés et tes ruisseaux qui tombent en cascades limpides du haut des rochers. Si ton sol a vu naître l'homme dont la main fatale a si longtemps pesé sur la France, tu n'as pas à te reprocher d'avoir été son complice. Si aujourd'hui des coureurs d'aventures sortis de ton sein vont prostituer ton nom dans les avenues de la fortune, c'est qu'ils n'étaient pas dignes de rester parmi tes enfants, trop fiers pour porter la livrée! J'aime l'air grave et digne de tes fils, leur sobre langage, leurs habitudes hospitalières. J'ai respectueusement incliné ma pensée devant tes filles, chastes amantes, vaillantes épouses, mères héroïques, qui du sang italien n'ont gardé que la douceur pour la mêler à leur vertu. Salut, encore une fois salut !

Notre arrivée était un événement pour la ville d'Ajaccio, et l'autorité fit ce qu'elle put pour tromper son impatience et sa curiosité. On nous fit quitter le *Tanger* avant cinq heures du matin, et la nuit régnait encore quand nous montâmes dans les diligences qui devaient nous conduire à notre destination. En dépit de l'heure, une foule nombreuse avait envahi les rues qui débouchaient sur le port, et il fallut le concours de la garnison tout entière pour refouler et maintenir à distance la population accourue pour assister à notre débarquement. Dans n'importe quel département de France, le transfèrement d'une trentaine de prisonniers se fût opéré sans difficulté avec deux ou trois voitures cellulaires ; mais ces délicieux véhicules, produits merveilleux de la philanthropie officielle, ne fonctionnent pas encore dans l'île de Corse, et il ne fallut pas moins que la mise en réquisition de tous les moyens de transport disponibles pour assurer notre voyage. Et encore fallut-il laisser en arrière cinq à six de nos camarades, qui formèrent un second convoi.

Aux gendarmes continentaux et aux gardiens qui nous avaient accompagnés depuis Belle-Ile s'ajouta une nombreuse escorte de gendarmerie corse, qui précédait et suivait à cheval chacune des quatre voitures dans lesquelles nous étions placés tant bien que mal. Tout le long de la route, des postes de gendarmes étaient échelonnés de distance en distance pour se remplacer, et c'était vraiment pitié de voir ces malheureux, empêtrés dans leur uniforme et chargés d'un fusil double, courir dans les descentes et courir encore dans les montées pour rattraper l'escorte, ce qui ne les dispensait pas d'être abîmés d'injures par leurs aimables supérieurs. Tant il est vrai que les professions les plus enviées et les plus respectées ont leur vilain côté !

Mais ce n'était pas seulement des gendarmes qui galopaient à nos côtés. Toute la population du territoire avoisinant la grande route semblait s'être donné rendez-vous pour assister à notre passage, et, comme un regard jeté à la volée était loin de satisfaire ces visiteurs acharnés, ils se mettaient tous, hommes et enfants, à courir derrière ou autour des voitures, jusqu'à ce que la fatigue les clouât sur place. Et, alors, de nouveaux relais de curieux se succédaient pour se renouveler pendant tout le trajet. Et j'ai tort de me servir du mot de curieux ; sans céder à un sentiment d'orgueil collectif, je puis affirmer que cette foule n'était pas animée d'une curiosité niaise ou insultante. Sur tous ces bruns visages qui tournaient vers nous leurs regards expressifs, éclatait une sympathie sérieuse et virile, mêlée d'un respectueux étonnement. Aux yeux de cette indomptable population, nourrie dans les traditions de la liberté, qu'étions-nous, sinon des soldats malheureux de la cause pour laquelle avaient combattu leurs pères, et pour laquelle ils se sentaient dignes de combattre à leur tour ?

Je ne sais si le gouvernement connut les détails de notre voyage à travers la Corse; dans tous les cas, je doute qu'il ait eu à se féliciter de nous avoir enlevés au ciel brumeux de la Bretagne.

IV

Corte. — Notre nouvelle prison.

Il était quatre heures du matin quand nous fîmes notre entrée à Corte. Nous avions mis vingt-deux heures à franchir les vingt lieues qui séparent cette ville d'Ajaccio, et que les diligences parcourent ordinairement en douze heures. Mais on conçoit qu'un convoi comme le nôtre était soumis à des retards auxquels échappe un service régulier. En pénétrant dans les rues de Corte, nous pûmes distinguer dans l'obscurité des groupes nombreux, qui vraisemblablement avaient passé la nuit à nous attendre, et qui nous accompagnèrent silencieusement jusqu'aux portes de la citadelle.

Corte est la patrie de Paoli. Vivant, elle l'a suivi dans les combats; mort, elle a conservé pieusement sa mémoire et lui a érigé une statue. Dans un pays où les croyances se transmettent de père en fils comme un héritage, on comprendra que cette ville n'ait accepté qu'avec une froide réserve la domination française, et qu'elle ait vu passer le premier empire sans changer d'attitude. Toujours animée de l'esprit d'indépendance qui soufflait sur ses ancêtres, elle a, plus qu'Ajaccio, la ville administrative, plus que Bastia, la ville parlementaire et commerciale, conservé l'esprit et le caractère de la race. Nous étions donc assurés de vivre dans un milieu sympathique, et, pour des prisonniers, c'est toujours une consolation. L'amnistie de 1859 en donna la preuve éclatante. Dès que les portes de la prison s'ouvrirent pour les détenus républicains, les habitants de Corte se disputèrent le plaisir de leur offrir la plus fraternelle hospitalité. Pendant trois jours, il y eut fête en leur honneur, et, lorsqu'au bout de ce temps, nos amis se décidèrent à partir, ils emportèrent avec eux une provision de bons souvenirs. Devaient-ils trouver autant d'accueil sur le sol de France?

Corte est situé à cheval sur la grande route qui va d'Ajaccio à Bastia, et sur le versant oriental de la chaîne de montagnes, qui traverse l'île de Corse du sud au nord, et dont le faîte est au *Monte Rotondo*. C'est une petite ville aux rues étroites, tortueuses, escarpées, dont les maisons s'étagent sur la croupe d'une colline tapissée de vignes et d'oliviers. L'hôpital militaire, qui avait été installé pour nous recevoir, se trouvait enclavé dans l'enceinte de la citadelle, et la plus élevée des deux terrassés qui composaient notre promenoir nous permettait à peine de saisir l'ensemble du paysage, où venaient s'encadrer les dernières maisons de la ville. Néanmoins nos regards pouvaient plonger sur la route de Bastia et se perdre sur le sommet d'un mamelon couronné de neige.

Je ne suis resté que deux mois et quelques jours à Corte, depuis le 20 décembre 1857 jusqu'au 28 février suivant, et je n'ai pas eu à me plaindre du climat. A part deux ou trois jours de pluie, le temps n'a pas cessé d'être beau, l'air sec et froid, mais pur et *invigorating*, comme disent les Anglais. Si, chaque matin, le terrain durci du préau attestait la fraîcheur des nuits, le soleil ne tardait pas à faire sentir sa douce influence, et le spectacle de cette nature alpestre, qui tranchait si fort avec le climat de la Bretagne, était à lui seul un délassement pour des captifs. En même temps, ce changement d'air ne pouvait que raffermir nos santés plus ou moins atteintes par l'humidité permanente des rivages océaniques. Cette espèce de résurrection que nous promettait le ciel de la Corse ne devait-elle être qu'éphémère? Je n'ai pas eu le temps d'en faire l'expérience. D'ailleurs, il n'y a qu'un spécifique contre les maladies de la prison, c'est la liberté, la liberté dans la patrie.

Je ne m'étendrai pas longuement sur mon séjour dans la prison de Corte. Comme à Belle-

Ile, je demandai toutes mes distractions au travail et à la méditation. L'approche du terme de ma condamnation n'avait rien changé à mes habitudes, et si je n'éprouvais pas l'excitation fébrile qui tourmente indistinctement les prisonniers dans les derniers mois qui précèdent leur mise en liberté, je n'ai pas à en tirer vanité. Le secret de ma patience était ailleurs que dans les inspirations d'un stoïcisme exceptionnel. J'étais parfaitement convaincu que ma détention de quatre années, ornée, à titre de préface, de près de cinq mois de prévention, n'avait pas liquidé ma situation avec un pouvoir qu'on ne peut accuser de mansuétude excessive envers ses adversaires.

V

Mon compte avec la justice. — Le décret du 8 décembre 1851. — Assimilation des condamnés politiques aux libérés en rupture de ban.

La sincérité me force d'avouer que j'avais peu de titres aux ménagements du gouvernement de décembre. Journaliste, j'avais eu l'honneur de passer par toutes les juridictions et d'endosser bon nombre de condamnations. En dernier lieu, comme rédacteur en chef de la *Révolution démocratique et sociale*, j'avais été condamné par contumace à la déportation pour l'affaire du 13 juin 1849; créateur de la *Solidarité républicaine*, j'avais été condamné, et toujours par défaut, pour société secrète.

L'exil m'avait protégé contre ces arrêts, qui tombèrent naturellement par le seul fait de mon arrestation, survenue en octobre 1853. Me mettre en demeure de purger ces contumaces, le gouvernement ne pouvait y songer, pour une foule de raisons également décisives. Ma condamnation à la déportation avait été prononcée par la haute cour de Versailles, par suite d'une loi émanée de l'Assemblée nationale, du chef d'avoir voulu renverser la République, et cela parce que, dans mon journal, je m'étais associé à la protestation du 13 juin contre le siége de Rome. Or, il n'est pas malaisé de comprendre qu'après le 2 décembre, qui n'a pas eu précisément pour objet de consolider la République, il était difficile d'exhumer contre moi ce grief ; puis, il eût fallu réunir à grands frais une haute cour et rappeler des choses et des noms qu'on avait intérêt à faire oublier, provoquer des allusions de toute espèce, en un mot, faire très directement le procès à la situation nouvelle. Quant à ma condamnation pour la *Solidarité républicaine*, en supposant qu'elle ne fût pas prescrite, elle pouvait être éteinte par les quatre ans de prison que je venais de faire, la confusion des peines existant de par la loi, si ce n'est dans le cas de déclaration contraire expressément formulée par jugement. D'autre part, la législation de 1848 sur les sociétés secrètes attribuait ces délits au jury, et c'était la cour d'assises de la Seine qui m'avait condamné par contumace. Or, depuis le 2 décembre, la connaissance de ces délits ayant passé aux tribunaux correctionnels, il en résultait l'impossibilité d'aboutir à une solution qui ne compromît pas les règles ordinaires de la justice ou qui n'engageât pas la politique gouvernementale.

Quand donc le pouvoir, laissant dormir mes condamnations antérieures, se contenta de me faire juger pour le délit qui motiva ma condamnation en 1854, il n'ignorait pas que l'arsenal de ses lois d'exception renfermait des armes qui lui promettaient une large compensation.

Je ne sais trop si on se rappelle aujourd'hui ce qui s'est passé en France dans les premiers jours de décembre 1851. A tout hasard et sans vouloir écrire l'histoire de cette époque, je suis convaincu que j'apprendrai quelque chose à beaucoup de mes lecteurs en leur parlant du décret organique rendu le 8 de ce mois à jamais mémorable, et contresigné par M. de Morny, alors ministre de l'intérieur. Ce décret, qui passa inaperçu au milieu des événements et qui devait leur survivre, ne tendait à rien moins qu'à bouleverser tous les principes de la législation criminelle, ainsi qu'on va pouvoir en juger.

D'après l'art. 1er, tout condamné à la surveillance pouvait, en cas de rupture de ban, être transporté en Afrique ou à la Guyane pour cinq ans au moins et dix ans au plus, par simple mesure administrative. Enfin, l'art. 2 étendait facultativement cette disposition aux membres des sociétés secrètes.

Pour qui connaît l'esprit de cette époque, il n'y a pas à s'étonner qu'on se soit médiocrement préoccupé des principes qui dominent la législation criminelle et servent à déterminer les divers degrés de la pénalité. Toutefois, s'il n'est jamais sans danger d'improviser des dispositions pénales, c'est surtout quand la parole est à ce que l'on appelle, je crois, la raison d'Etat. Aussi, bien qu'on ait eu soin de comprendre la ratification de ce décret dans le plébiscite du 20 décembre 1851, et par cela même de l'élever à la hauteur d'un acte constitutionnel, partant irrévocable sous l'empire, l'expérience a surabondamment montré qu'il n'avait pas ce caractère d'équité au moins relative sans lequel la loi n'est qu'un abus.

Comme tous les gouvernements monarchiques, celui de décembre partait de ce principe tant soit peu prétentieux, que ses adversaires se recrutaient principalement parmi les ennemis de la société, les violateurs habituels de la loi commune, et c'est à ce titre, — les considérants du décret l'énoncent formellement, — qu'il se donnait le droit de transporter indifféremment les réclusionnaires, les forçats et les membres des sociétés secrètes.

Dans cet ordre d'idées, l'assimilation établie entre les catégories frappées n'a plus rien d'illogique. Le gouvernement atteignait du même coup un double but: il déconsidérait les partis politiques et enlevait à la révolte la réserve où, suivant lui, elle venait remplir habituellement ses cadres. Si, maintenant, la société y trouvait une protection contre les libérés que vomissent chaque année les prisons centrales et les bagnes, tout était pour le mieux. Mais encore une fois, la mesure était avant tout dirigée contre les condamnés politiques.

A une époque agitée comme la nôtre, quand, depuis soixante ans et plus, les partis sont tour à tour vainqueurs et vaincus, que l'opinion flotte incertaine, allant sans cesse d'un extrême à l'autre, il s'était produit, bien avant le 2 décembre, d'étranges contradictions dans l'appréciation des actes politiques qui peuvent donner lieu à des poursuites judiciaires. Toutes les fois qu'une idée de réforme s'affirmait en face des priviléges ou du pouvoir, sans arriver au succès, elle se voyait, au jour de sa défaite, en butte aux violences les plus passionnées, aux calomnies les plus atroces. Tous ceux qui s'étaient sentis menacés et qui tremblaient encore dans leur peau se vengeaient avec le fanatisme de la peur, et si tous ne pouvaient frapper le lion blessé, ils se disputaient à l'envi l'honneur de l'ensevelir sous les outrages. A ce moment, les plus mauvais instincts se donnaient pleine carrière ; l'affreuse émulation du mal envahissait toutes les âmes. On eût dit que l'honneur, la loyauté, l'humanité, la décence, tout ce qui constitue en un mot l'élévation morale, avaient cessé d'exister. Puis venait la tourbe ignoble des dénonciateurs, recrutée par la cupidité ou par la vengeance, par la vanité ou le désir d'effacer une complicité intentionnelle ou effective.

Bientôt, cependant, la raison reprenait ses

droits, et l'opinion, fatiguée de ses transports désordonnés, revenait à l'équilibre. Les notions de justice et d'humanité reparaissaient, entraînant à leur suite une sorte de respect pour ceux qui naguère étaient l'objet de toutes les haines. S'il y a encore aujourd'hui en France des noms autour desquels se réunissent l'enthousiasme et la sympathie des masses, ce sont ceux des hommes qui, sacrés par la défaite, ont passé par les plus tristes épreuves pour devenir les héros des légendes populaires. Quant aux vainqueurs de ces journées néfastes, qui faisaient sonner si haut leur patriotisme et leur courage, ils n'avaient plus, depuis longtemps, d'autre soin que de faire oublier la part qu'ils avaient prise à ses victoires, le salaire qui avait payé leurs services. En un mot, le revirement devenait si complet, que personne ne voulait plus compter parmi les vainqueurs; tout le monde tenait à honneur d'avoir combattu avec les vaincus.

Avant le 2 décembre, ces fluctuations de l'opinion avaient imposé au pouvoir l'obligation d'établir une ligne de séparation bien tranchée entre les condamnés ordinaires et les condamnés politiques. Sous la Restauration, la France entière avait frémi d'indignation en apprenant que deux écrivains, Magalon et Fontan, avaient été menés, les fers aux mains, au dépôt de Poissy; et Louis-Philippe, aux premiers jours de son avénement, s'empressa de les décorer.

Sous le gouvernement du juste-milieu, les républicains eurent à souffrir bien des indignités, mais jamais, en face de la presse, on n'eût osé imposer aux condamnés la promiscuité des prisons communes. M. Cavaignac se montra moins scrupuleux.

Docile instrument d'une réaction impitoyable, il éparpilla dans tous les bagnes les combattants de juin 1848, comme s'il avait été donné à cet homme d'épuiser dans sa fatale dictature toutes les fautes que peut conseiller l'ambition, de justifier par avance tout ce qui pourrait se faire après lui. Toutefois, à part les trop nombreuses exceptions que consacrèrent les conseils de guerre de M. Cavaignac, en principe, il n'y eut jamais d'assimilation entre les condamnés politiques et les autres. Tel était, en dernière analyse, l'état des choses au mois de décembre 1851, avant le fameux décret dont j'ai reproduit les dispositions principales. Mais je me suis gravement trompé en disant que ce décret ne faisait pas de différence entre les catégories dont il réglait le sort. Il y a, au contraire, une distinction bien marquée, et elle est tout à l'avantage des condamnés ordinaires.

– Je ne suis pas de ceux qui, faisant bon marché de la responsabilité individuelle, inscrivent au bilan de la société toutes les violations de la loi, quelle qu'en soit la nature ou la cause. Sans méconnaître la fâcheuse influence que l'inique distribution de l'enseignement et des instruments de travail peut et doit exercer sur la moralité des individus, tout en faisant une large part aux excitations de la misère, éternelle conseillère du mal, tout en appelant de mes vœux des institutions politiques et sociales conformes à la justice, j'estime qu'il est impossible de laisser impunis les actes que réprouve la morale, véritable code de l'humanité. Mais ce que mon esprit se refuse à comprendre, c'est que la société, après s'être conduite en marâtre, se transforme en bourreau; c'est que la répression revête le caractère de la passion et de la colère, et que le condamné, après avoir été traité comme une bête fauve, soit jeté pour jamais en dehors de l'humanité et mis dans l'impossibilité absolue de racheter ses fautes, de reconquérir sa place au banquet de l'honneur. Le problème est difficile à résoudre, dira-t-on; oui, sans doute, et j'accorderai qu'il sera insoluble aussi longtemps qu'on voudra considérer exclusivement les faits sans remonter aux causes. Mais, vienne la démocratie et ces impossibilités prétendues s'évanouiront devant sa puissante initiative.

J'aurai plus tard à revenir sur cette importante question, à propos du système pénitentiaire pratiqué à Cayenne; quant à présent, je me bornerai à dire que la surveillance qui vient s'ajouter de droit aux peines afflictives et infamantes, et qui, pour certains délits correctionnels, est laissée à la discrétion du juge, a le tort de perpétuer une condamnation éteinte et de provoquer les récidives en creusant un abîme entre la faute et le repentir. La surveillance, on le sait, a pour but d'imposer au condamné libéré, soit à toujours, soit pendant un temps plus ou moins long, l'obligation de résider dans un endroit déterminé sous l'œil de la police. Qu'arrive-t-il? Les portes du travail se ferment devant ce paria qui, privé du droit d'aller et de venir, désigné fatalement aux défiances de ses compagnons d'atelier et de l'entrepreneur, n'a plus d'autre ressource que la fuite et le crime.

Qu'il y ait danger pour la société dans le vagabondage des libérés en rupture de ban, cela n'est pas à contester, si l'on accepte la législation actuelle comme point de départ; qu'à ce titre on étudie les moyens de donner à la surveillance une sanction sérieuse, cela se conçoit encore; mais il ne faut pas perdre de vue que c'est surtout comme auxiliaires possibles des partis que le décret du 8 décembre a prononcé la peine de la transportation contre les libérés en rupture de ban. Il faut enfin constater qu'à la rigueur le libéré ordinaire peut, dans une certaine mesure, conjurer l'application du redoutable décret; qu'en acceptant la surveillance avec toutes ses charges, il n'est pas dans l'impossibilité absolue de désarmer les rigueurs de l'administration. Ce n'est enfin que par un acte de sa volonté, si la volonté peut agir toutefois dans son indépendance sous la pression de circonstances fatales, qu'il se met sous le coup de la transportation. Il fait revivre l'indignité légale que la justice tenait suspendue sur sa tête et qu'il pouvait effacer en restant soumis aux prescriptions de la loi. A cet égard, le décret du 8 décembre pouvait être taxé de sévérité excessive, accusé d'illogisme, en frappant la rupture de ban plus durement que ne fait la loi pour la récidive; mais, au moins, il ne s'écartait pas du caractère général des lois qui préviennent avant de sévir, puisqu'il laissait le choix entre la soumission et la transgression.

Pour les individus ayant fait partie de sociétés secrètes, il n'en est plus de même, et tout d'abord il est bon de dire quelques mots sur la législation qui règle la matière.

De toutes les armes que la politique des gouvernements modernes a demandées contre ses adversaires à la répression pénale, il n'en est pas dont l'usage réclame plus de discrétion et de prudence. La conspiration, le complot ont des caractères soigneusement déterminés; la société secrète, par son élasticité pour ainsi dire infinie, peut atteindre non-seulement les actes, mais les opinions, la pensée, menacer les habitudes les plus innocentes de la vie sociale. C'est une épée dont la poignée est aux mains de la police et dont la pointe est partout. Sous le premier empire, et certes on n'accusera pas le code draconien de 1810 de trop de tolérance, les réunions composées de vingt personnes échappaient aux rigueurs de la loi. Mais ces précautions qui avaient suffi à Napoléon, ce grand ennemi des idées et de la liberté, devinrent impuissantes à rassurer Louis-Philippe, et tout individu qui ne s'enfermait pas dans une solitude absolue pouvait tomber sous le coup de la loi contre les associations.

Si la Révolution de 1848 balaya toute la législation exceptionnelle qui avait successivement confisqué les libertés conquises en 1830, la réaction qui domina si insolemment dans l'Assemblée nationale n'eut rien de plus pressé que de la ressusciter, tout en gardant les ménagements hypocrites que commandait encore la situation des esprits. Je n'entrerai pas dans l'examen détaillé de cette loi, triste compromis entre la passion et la crainte. Il me suffira de dire que le délit de société secrète demeurait réservé à la juridiction du jury et que la pénalité, dont le maximum s'élevait à quatre ans de prison et 1,000 fr. d'amende, sans compter l'interdiction des droits civiques, pouvait descendre jusqu'aux peines de simple police et même à l'amende simple, par application des circonstances atténuantes.

Or, il est bien manifeste qu'abstraction faite du mauvais vouloir plus ou moins contenu du législateur, le délit de société secrète tenait un rang des plus modestes dans la hiérarchie pénale. L'interdiction des droits civiques, qui devrait en équité suffire à la répression des délits politiques, pouvait seule survivre à l'accomplissement de la peine, et encore était-elle facultative, et le plus fougueux réactionnaire de 1848 n'eût pas osé proposer de soumettre à la surveillance de la police les condamnés de cette catégorie. Et voilà que, par décret du 8 décembre 1851, cette faveur de la loi est devenue la source d'une sévérité nouvelle, abandonnée à l'arbitraire administratif!.

En effet, tandis que les condamnés de droit commun, forçats, réclusionnaires, ou frappés de la détention, tous ceux, en un mot, qui sont soumis à la surveillance, peuvent, à l'expiration de leur peine, échapper à la transportation, en gardant leur ban; le condamné pour société secrète, quoique bien moins coupable aux yeux de la loi, est placée dans une position bien plus défavorable. La surveillance est remplacée *de plano* par la transportation. En d'autres termes, le décret, renversant la proportionnalité des peines, confie à l'administration le droit exorbitant d'infliger au condamné pour société secrète, après sa libération, un châtiment hors de toute relation avec la répression primitive, sans lui laisser la possibilité de s'y soustraire. Que devient, je le demande, la moralité d'un décret qui donne au crime une sorte de prime, qui lui assure des garanties qu'il refuse aux délits les moins graves?

N'est-ce pas un encouragement au mal?

N'est-ce pas dire aux dissidents, aux mécontents : Gardez-vous des inoffensives agitations des sociétés secrètes, formez plutôt un bon complot; ne reculez pas devant un commencement d'exécution. Si vous ne réussissez pas à renverser le gouvernement, vous en serez quittes pour la surveillance au sortir de la prison, et vous n'irez pas mourir à Cayenne comme les condamnés pour société secrète. Le meurtrier, le faussaire, le voleur de grand chemin trouvent dans la surveillance un refuge contre la transportation : seul, le condamné pour société secrète est désarmé devant le décret du 8 décembre. Je le répète, que devient la justice au milieu de ces monstrueuses anomalies?

Si la loi de 1848 ne satisfaisait pas le gouvernement de décembre, il n'avait qu'à l'abroger en la remplaçant par des dispositions à sa convenance; rien ne lui était plus facile, puisqu'il s'était attribué le pouvoir constituant. Si rigoureuse qu'eût été cette législation, elle eût eu du moins le mérite de la franchise. Après avoir enlevé au jury, pour les confier aux tribunaux correctionnels, les délits politiques et les délits de presse, qui l'empêchait d'aborder et de résoudre à son gré la question des sociétés secrètes?

Dira-t-on que le décret du 8 décembre n'est qu'une annexe à la loi de 1848? Mais l'accessoire ne peut absorber le principal, et la transportation pour dix ans, sous le climat meurtrier de la Guyane, ne peut être considérée comme l'accessoire d'une pénalité dont le maximum a pour limite quatre ans de prison. Ce n'est plus même une surévélation de peine, pouvant à la rigueur être considérée comme la conséquence d'une réglementation disciplinaire, c'est une peine nouvelle, excessive; disons le mot, c'est l'arbitraire dans toute sa brutalité.

La sagesse des nations a placé au-dessus des lois particulières un principe souverain auquel rien ne peut faire obstacle : *Non bis in idem*, a dit la législation romaine, et, après elle, la législation de tous les peuples modernes, pour défendre qu'un même fait pût donner matière à plus d'une condamnation. Eh bien! je n'hésite pas à le dire, ni les prétendues nécessités de la dictature, ni les convenances de la raison d'Etat ne peuvent prévaloir contre cet axiome aussi indiscutable qu'une vérité mathématique.

Le pouvoir judiciaire est censé agir en toute liberté dans le cercle de ses attributions; il est souverain pour l'interprétation et pour l'application des lois. Dans l'instruction préparatoire, il détermine les délits; dans le jugement, il n'a d'autre guide que sa conscience et la loi. Conséquemment, soit qu'il applique la peine à son degré le plus élevé, soit qu'il la modère, il accomplit dans son indépendance un acte d'appréciation définitive que l'exécutif est tenu de respecter, si hautes que soient ses prétentions et ses prérogatives. Quand il intervient après la condamnation, c'est uniquement par voie de grâce, non pour aggraver. Ces principes sont élémentaires en droit pénal; ils peuvent se passer de développements.

Qu'a-t-on vu cependant? Le décret du 8 décembre a été appliqué à des condamnés pour lesquels les tribunaux n'avaient pas cru devoir épuiser la pénalité inscrite dans la loi de 1848. L'arbitraire administratif est venu se substituer au verdict souverain de la justice. Et comment a-t-il été appliqué? Sans avoir joui d'une heure de liberté, sans avoir été une minute seulement en position de commettre l'ombre d'un délit nouveau, sans même avoir violé le règlement intérieur de la prison, leur seule loi cependant pendant leur détention, des condamnés pour société secrète se sont vu transporter en Afrique, au dépôt de Lambessa. Et encore c'était une faveur qu'on n'accordait qu'aux privilégiés, à ceux qui avaient le bonheur ou le malheur d'être protégés, peut-être sans le savoir.

VI

Départ de Corte. — La prison d'Ajaccio. — L'hospitalité corse. — La vendetta. — Les bandits.

J'étais destiné entre tous à subir dans toute leur étendue les rigueurs du décret du 8 décembre. Quelques jours à peine me séparaient de la liberté, et l'oubli volontaire des formalités qui précèdent la libération d'un détenu ne me laissait aucun doute sur le sort qui m'était réservé. D'autre part, l'affaire du 14 janvier avait amené une situation dont le contre-coup ne pouvait manquer de m'atteindre dans l'enceinte de la forteresse de Corte; et cependant, par une fatalité que chacun comprendra, il m'était défendu de laisser percer ma conviction personnelle et de préparer les miens à l'épreuve qui me menaçait. Tout effort de ce genre, en dépit de toutes les précautions possibles, devait avoir infailliblement pour effet de provoquer et de justifier pour ainsi dire les rigueurs suspendues sur ma tête. Le silence était donc un devoir, et, pour la première fois, je me trouvais réduit à feindre, vis-à-vis de ma famille, une sécurité que démentait ma raison.

Il est passé en principe, auprès d'un certain monde, le monde des puissants, qu'un démocrate est nécessairement l'ennemi de la famille; que son cœur, fermé à tous les sentiments, comme à tous les devoirs, ne s'ouvre qu'aux inspirations du mal; mauvais fils, mauvais époux, mauvais frère, père sans entrailles, le républicain est un monstre, sans respect pour les cheveux blancs de son père, sans amour pour la mère qui l'a nourri de son amour, toujours dévoré par la haine, la jalousie et les plus ignobles passions. La tribune, la presse et la chaire ont tant de fois retenti de ces calomnies que je n'essayerai pas d'en démontrer l'odieux, ni de les retourner contre leurs auteurs, comme cela me serait si facile. Je me contenterai de demander à mes lecteurs de s'abstraire, ne fût-ce que pour un moment, des préjugés dont on a nourri leur coupable crédulité, et de penser qu'un républicain peut, sans hypocrisie, sentir toutes les joies et toutes les douleurs qui prennent naissance dans les plus nobles émotions du cœur.

En quittant Paris pour les prisons lointaines, j'avais laissé derrière moi la moitié de ma vie. Mon vieux père, tombé au jour fatal de la Trébia, sous la mitraille austro-russe, criblé de blessures et accablé d'infirmités, n'avait plus d'autre vœu que de revoir, avant de mourir, les fils que les malheurs de la politique avaient enlevés à la garde de ses derniers jours, mon frère, refugié à New-York, moi, prisonnier à Corte. Ma mère et ma sœur, anges de dévouement, sans appui, sans amis, sans consolations, jetées depuis mon emprisonnement au seuil des besoins extrêmes, avaient usé leurs forces dernières à soigner mon père, à attendre mon retour pendant quatre années. Tous trois, soutenus par l'espérance, avaient pu prolonger cette lutte impossible jusqu'à l'échéance de ma libération, et voilà que j'allais avoir à leur demander de refaire leur courage épuisé, de ne pas désespérer de l'exil qui m'attendait!

Je l'avoue, ces préoccupations pesaient lourdement sur mon esprit, et au moment même où, pour rester dans mon rôle obligé, j'essayais de répondre par des paroles joyeuses à la sécurité de ceux qui comptaient sur ma prochaine arrivée, je souffrais tout ce qu'aurait pu souffrir en pareille circonstance le réactionnaire le mieux pénétré du culte de la famille.

J'étais au 28 février 1858; c'était précisément ce même jour que, dix ans auparavant, j'avais eu l'honneur de revêtir l'écharpe de commissaire général de la République, et j'achevais le modeste dîner que nous devions à l'hospitalité du gouvernement, lorsque je fus appelé auprès du directeur de la prison; il me prévint qu'il venait de recevoir l'ordre de m'envoyer à Ajaccio et que je partirais le soir même à minuit.

En présence de cette communication, qui ne confirmait que trop mes pressentiments, je m'abstins, suivant ma constante habitude, de réclamations comme de questions. Pourquoi donner à l'œil curieux du geôlier le plaisir de mesurer la plaie que le sentiment de l'injustice et de la violence peut faire dans nos âmes ? Pourquoi chercher des illusions stériles dans des réponses qui ne peuvent être que des mensonges ? Je fis mes malles et j'écrivis à Paris, employant mes meilleurs moyens de rhétorique pour préparer ma famille au renversement de ses espérances immédiates ; puis j'attendis l'heure du départ.

Enfin, un peu avant minuit, une douzaine de gendarmes, officier en tête, vinrent me prendre à la prison, pour me conduire à la diligence qui va de Bastia à Ajaccio. Quoique familiarisé avec la mise en scène des prisons, cette marche nocturne dans les rues étroites et montueuses de Corte, au milieu de ce cortége d'hommes armés, me présentait un spectacle nouveau, et, involontairement, ma pensée me rappela le dernier des Condé, que la justice sommaire du premier empire envoya à la mort avec un semblable cortége et par une nuit aussi sombre. Pour compléter l'illusion du souvenir, les remparts de la citadelle de Corte figuraient assez bien les fossés de Vincennes; il ne manquait que la lanterne qui servit à éclairer le tir du peloton d'exécution.

En quelques minutes, toujours entouré de mon escorte à buffleteries jaunes, j'atteignais le bureau de la diligence; la ville était ensevelie dans le plus profond sommeil, et, sans le bruit des chevaux et des postillons, on eût pu se croire dans la cour du château de la Belle-au-bois-Dormant. Après avoir promené son œil d'aigle sur les environs, le chef de l'expédition eut le bon esprit de reconnaître que la population de Corte ne songeait pas le moins du monde à me délivrer à force ouverte et je fus confié à un brigadier de gendarmerie et à un gendarme, qui devaient me servir de gardes du corps jusqu'à Ajaccio.

Le moment de monter en voiture était arrivé, mais une difficulté se présenta. Les gendarmes avaient ordre de se placer avec moi dans le coupé, afin de m'isoler des autres voyageurs, et il se trouvait qu'une des places du coupé était occupée par un commis-voyageur provençal venant de Bastia, et peu disposé à la céder à des gendarmes ou à un prisonnier. Longtemps le brigadier épuisa en vain son éloquence; vainement il invoqua l'autorité de M. le préfet, autorité indiscutable à ses yeux; ce ne fut qu'après d'interminables pourparlers que je pus m'installer dans le coupé, avec un gendarme de chaque côté pour oreiller. Le lendemain, à trois heures, nous arrivions à Ajaccio par une pluie battante; j'étais attendu par un commissaire de police, qui me conduisit avec toute la politesse imaginable à la prison de la ville, toujours accompagné de mes gendarmes, qui me remirent au geôlier, contre un reçu en bonne et due forme.

La prison d'Ajaccio est, comme toutes les vieilles prisons, un affreux amas de constructions hétérogènes, liées ensemble par des corridors obscurs, ornées de grilles absurdes, de portes impossibles, et mieux pourvues de cachots que de chambres. Cependant, je n'eus pas à me plaindre du traitement que j'y rencontrai. Prévenu de l'arrivée d'un détenu politique, le geôlier avait tenu conseil avec les principaux prisonniers pour trouver les moyens de me loger. Chambres et cachots, tout était plein jusqu'au comble, et il était presque impossible, même en m'imposant les ennuis de la promiscuité, de me procurer les quelques pieds carrés nécessaires pour recevoir la paillasse à laquelle j'avais droit.

Mais y a-t-il des obstacles pour la bonne volonté? La seule pièce qui, dans la prison, méritât à peu près le non de chambre était occupée qar deux prisonniers, l'un détenu pour dettes, à la suite d'un malentendu judiciaire, l'autre condamné pour duel, et tous deux appartenant par leur éducation comme par leur famille à la société des gens bien élevés. Grâce à la bienveillance de ces messieurs, ce problème, insoluble en apparence, trouva une solution. Ils abandonnèrent la chambre dont ils étaient en possession, se condamnèrent sans regret à quelques nuits sans sommeil, pour acquiter envers un étranger la dette de l'hospitalité.

Le soir de mon arrivée, le geôlier, voulant, disait-il, me protéger contre la familiarité des autres détenus, avait emporté la clef de ma chambre, en m'y laissant, bien entendu. J'ai toujours su gré aux gens de cette sorte des prétextes plus ou moins ingénieux dont ils coloraient les consignes brutales du métier, et j'étais à cent lieues de risquer la moindre observation contre une précaution qui n'avait rien de nouveau pour moi. Mais mes voisins ne l'entendaient pas ainsi. Après le départ du porte-clés, ils se précipitèrent dans le corridor qui desservait librement tout l'étage, et, voyant la porte de ma chambre fermée, ils se mirent, sans plus de cérémonie, à démolir le mur où elle s'encadrait sur ses gonds. « On n'avait pas le droit, disaient-ils, de me séquestrer et je devais comme eux avoir la jouissance du corridor. » J'avais beau les prier de renoncer à ce dessein qui ne pouvait manquer de leur attirer des désagréments ; l'œuvre de destruction continuait toujours, et déjà les gravats qui tombaient de mon côté témoignaient que les gonds n'allaient pas tarder à se détacher. Pour les arrêter, il me fallut dire que j'avais besoin de repos et que j'étais plus disposé à me coucher qu'à causer. Cette observation désarma comme par enchantement mes démolisseurs, qui en furent quittes le lendemain pour faire disparaître les traces de leurs travaux et demander que désormais ma porte demeurât ouverte, ce qui leur fut accordé.

A partir de ce moment, je pus donc communiquer, le soir comme le matin, avec les détenus, et je dois dire que jamais je n'ai eu à relever rien qui ressemblât à une inconvenance ou qui sentît l'importunité. Sous les auspices des deux *cavalieri* qui m'avaient cédé leur logement et qui me faisaient les honneurs de la résidence, un certain ordre s'était établi dans les visites que je recevais.

Les quatre ou cinq jours que je passai dans la prison d'Ajaccio me donnèrent l'occasion d'apprécier le caractère corse beaucoup mieux que je n'eusse pu le faire peut-être en voyageant d'un bout de l'île à l'autre. Dans les tables d'hôte et dans les cafés, dans les cercles et dans les salons, on rencontre plus d'étrangers que d'indigènes, et partout on retrouve ce masque de civilisation qui poursuit les touristes et qui jette la plus désolante uniformité sur leurs pas. Au contraire, dans le petit monde qui s'agitait autour de moi, dans le déshabillé de la prison, les types originaux développaient sous mes yeux toute leur naïveté. Il ne faut pas croire d'ailleurs que les prisons de la Corse offrent, comme en France, l'affligeant assemblage de caractères dépravés et de natures déchues. Le Corse a trop de fierté pour descendre aux humiliantes ressources du vol et de l'escroquerie, et si la justice a quelquefois à punir des attentats à la propriété, il y a cent à parier contre un que le coupable fait partie des immigrants qui viennent chaque année accomplir les travaux de l'agriculture. Le personnel des prisons se compose donc, en ce qui concerne les Corses, de condamnés pour querelles, batailles, résistance à l'autorité, duels, délits qui peuvent mériter les sévérités de la loi, mais qui n'entraînent pas nécessairement la dégradation morale. Il y avait donc, je puis le dire, bonne compagnie à la geôle d'Ajaccio; c'étaient des jeunes gens de famille, des paysans propriétaires, honnêtes gens au demeurant, qui n'ont pas cessé de me témoigner des égards pleins de réserve, une obligeance relevée par la plus délicate discrétion.

Est-il besoin de le dire? Si j'attache dans mes souvenirs une certaine importance à l'empressement dont je fus l'objet à la prison d'Ajaccio, ce n'est pas comme satisfaction d'amour-propre. Mon humble personnalité n'était pour rien dans ces hommages, qui ne s'adressaient, en définitive, qu'à ma position de Républicain et de condamné politique. Chose singulière! parmi ces hommes venus de tous les points de l'île, je ne trouvai ni un adversaire ni même un indifférent. Ils venaient, les uns après les autres, me redire la profonde impression qu'avait laissée dans le pays notre arrivée, et chacun s'efforçait de me prouver qu'il nous avait fait cortége à notre passage, en me donnant des détails dont l'exactitude ne pouvait être suspectée. Je dois ajouter que tous s'accordaient pour témoigner d'une foi peu ardente dans la durée du système actuel, et plus d'un est venu, avec une gravité sincère, m'exposer les fautes et les abus de l'administration, en me priant d'en obtenir le redressement auprès du gouvernement de la République, comme si son installation eût dû s'opérer sans le moindre retard.

La *vendetta*, qui a laissé tant de sang sur les annales de la Corse, n'exerce plus que de loin en loin ses terribles ravages, et avant peu, il est permis de l'espérer, cette coutume sauvage, consacrée par la tradition des siècles, aura disparu sans retour. Ce que n'ont pu les religions, la justice, ni la crainte du châtiment, l'irrésistible développement de la civilisation moderne saura l'accomplir par la seule force de la raison, en élevant les esprits à l'intelligence et au respect du droit. Le gouvernement actuel a cru que, pour atteindre ce résultat, il suffisait de prohiber le port d'armes et de disséminer les brigades de gendarmerie sur tous les points du territoire. Il s'est trompé, et cette atteinte à la liberté, si chère aux Corses, n'aurait eu pour effet que de substituer l'assassinat aux pratiques relativement loyales de la *vendetta*, d'abaisser les cœurs, si l'invasion toute pacifique des vérités morales n'avait pas ébranlé les préjugés héréditaires qui faisaient de chaque insulaire le médecin de son honneur personnel.

Quoi qu'il en soit, toute la population, en s'initiant successivement aux règles de la vie sociale, se refuse toujours à regarder comme des coupables les *bandits*, c'est-à-dire ceux qui, pour fait de *vendetta*, ont dû s'enfuir à l'étranger ; elle éprouve une sympathie plus vive encore pour les condamnés qui expient dans les bagnes le tort d'avoir obéi à la commune erreur. Plus de *vendetta !* s'écrient tous les Corses que j'ai rencontrés, mais qu'on nous rende nos condamnés !

Et, en bonne conscience, je suis sûr que le meilleur moyen d'enterrer définitivement la *vendetta* serait d'obtempérer à ce vœu général. Le jour où le gouvernement de la France effacerait par une amnistie générale ces condamnations qui, naguère encore, manquaient de moralité et de justice aux yeux de la Corse, il obtiendrait en retour le sacrifice des haines et l'abandon des vengeances.

On ne saurait trop le redire, quoique la *vendetta* soit un fait antisocial, puisqu'elle accuse une méfiance invincible contre la justice collective, elle ne manquait ni d'une sorte de grandeur, ni même de loyauté. Comme la guerre, la *vendetta* avait son droit des gens, accepté par tous et très rarement violé. A part les conflits improvisés, et dans lesquels il y avait souvent mort d'homme, la *vendetta* se dénonçait à l'avance. Après cette déclaration, qui rendait la première surprise impossible, commençait cette horrible chasse qui admettait tous les stratagèmes, ne comportait de trêve ni le jour ni la nuit, et mettait aux prises non-seulement deux hommes, mais deux familles avec leur interminable parentage. C'était une sorte de guerre civile dans le village et parfois dans le canton, guerre qui ne cessait qu'à l'extermination d'une des races hostiles.

Nos romanciers, si tristement empressés à spéculer sur les passions sauvages, n'ont pas manqué d'exploiter cette veine si féconde en péripéties de tout genre, en complications dramatiques. Malheureusement, ces messieurs gâtent trop souvent ce qu'ils touchent et, d'exagérations en exagérations, ils sont arrivés à faire la *vendetta* plus noire qu'elle ne l'était par elle-même. Je me bornerai, quant à moi, à raconter ce qu'on m'a dit d'un des condamnés pour lesquels on me demandait ma protection à venir.

« Mon oncle est au bagne de Toulon depuis dix ans, me disait un de ses neveux, — ils étaient deux à la prison, — et vous allez voir si ce n'est pas un homme d'honneur, quoiqu'il porte la casaque du forçat. Un soir, comme il sortait de sa maison, trois coups de fusil sont tirés contre lui; il tombe baigné dans son sang, la cuisse traversée d'une balle; mais il avait reconnu ses assassins. Je dis assassins, parce que la *vendetta* n'avait pas été déclarée entre eux, et qu'ils étaient trois pour le tuer. L'affaire avait fait du bruit; la justice s'en mêla, et mon oncle était encore au lit, quand un juge vint de la ville pour recevoir ses déclarations. Mon oncle refusa de faire connaître les coupables, car chez nous on ne dénonce pas, on se venge.

» Dès qu'il fut guéri, mon oncle partit avec son fusil, et quelques heures plus tard, il rencontra deux de ses assassins, qui le croyaient encore au lit. Du premier coup il logea une balle dans la tête à l'un, et du second il cassa le bras à l'autre; puis il rentra chez lui, sans même songer à se cacher. On ne tarda pas à venir l'arrêter, et cinq semaines plus tard, il partait pour le bagne; il avait été condamné aux travaux forcés à perpétuité. On dit bien qu'il est mal de se faire justice soi-même, et je ne suis pas éloigné de croire qu'on a raison, quand la justice est juste cependant. Mais vous m'avouerez, Monsieur, que mon oncle a agi en homme, et qu'on ne devrait pas lui faire passer le reste de sa vie au milieu des voleurs et des assassins. Aussi, la première fois que reviendra la République, tâchez d'obtenir sa liberté et celle de tous nos condamnés. Toute la Corse bénira la République. »

J'avais bien répondu que la République était loin; que, prisonnier moi-même, ignorant le sort qui m'attendait, j'étais un triste protecteur; mes visiteurs paraissaient beaucoup plus disposés à croire à ma mauvaise volonté qu'à mon impuissance, et, comme on peut le penser, je m'étonnais de voir germer, si puissante, en plein sol corse, la ferme croyance à l'avenir. Quelle leçon pour ces esprits fatigués qui ont renié leur foi, quand ils ont vu que la persécution ne les menait pas assez tôt aux honneurs!

J'avais été prévenu que mon séjour à Ajaccio ne serait pas de longue durée et que je serais conduit à Marseille. Le secrétaire général de la préfecture, faisant l'intérim pendant l'absence du préfet, vint m'en avertir, en m'annonçant que, par suite d'un accident de mer, le service entre Marseille et Ajaccio serait reculé de deux jours. Le fonctionnaire parut tout étonné de ne pas me trouver tel que me dépeignaient sans doute les notes administratives qui m'accompagnaient dans mon voyage, et je dois dire qu'il se montra plein de prévenance et de politesse à mon endroit. Était-ce l'effet d'un bon naturel, d'une disposition personnelle? Pour le croire, il eût fallu ne pas voir les lèvres étroites et pincées, le nez effilé et les yeux peu débonnaires du représentant de l'autorité départementale. J'en conclus que cette bienveillance officielle, et toute stérile d'ailleurs, prenait sa source dans l'opinion du pays, opinion assez peu favorable, au demeurant, pour les persécutions politiques.

VII

Traversée d'Ajaccio à Marseille. — La prison de Marseille. — Les transportés du 14 janvier. — Petit-Pierre.

Ce fut le 5 mars, à neuf heures du matin, que je montai sur le paquebot de Marseille, emportant les adieux et les souhaits de ceux qui m'avaient si bien accueilli et montré tant d'obligeance et d'empressement. Le convoi dont je faisais partie était assez étrangement composé : c'était d'abord une petite fille de dix à onze ans qui allait rejoindre une maison de correction, puis un mendiant infirme, et enfin un réfractaire, le tout sous la garde de deux gendarmes. La mise en scène du cortége n'avait rien de splendide, et ne méritait guère d'arrêter les regards. Cependant, à nous quatre, nous représentions bien des côtés douloureux de la société moderne, et, dans ce rapprochement, enfanté par le hasard, il y avait matière à de tristes réflexions.

Pendant le court trajet qui sépare la prison de l'embarcadère, je trouvai sur mon chemin une foule sympathique, qui, sans souci de la police et des autorités, en dépit de l'entourage qu'on m'avait donné, ne craignit pas de saluer un inconnu, qui ne pouvait avoir d'autre titre à ses yeux que d'être républicain et persécuté.

Est-il une seule ville en France, sans en excepter Paris, qui, depuis 1851, ait osé en faire autant ?

Cette fois, la Méditerranée n'était pas de bonne humeur, et quand elle se met en colère, surtout aux environs de l'équinoxe, elle n'est rien moins qu'agréable. Aussi, la traversée fut-elle aussi longue que fatigante et le pauvre petit vapeur qui fait le service entre Ajaccio et Marseille eut fort à faire avec les vagues qui balayaient son pont à chaque instant. Cependant, le lendemain, nous entrions dans le port de Marseille, et les gendarmes qui, fidèles à l'esprit de corps, avaient largement payé leur dette au mal de mer, avaient à peine eu le temps de nettoyer leur uniforme et de cacher les cigares qu'ils apportaient en contrebande, qu'un canot de la marine vint nous chercher en compagnie d'un agent de police spécialement attaché à ma personne.

Suivant les habitudes économiques des bateaux à vapeur, la cuisine n'avait pas chauffé le matin, de sorte que, si le vent avait prolongé davantage la traversée, nous eussions été réduits à mourir de faim. J'étais donc à jeun, et, comme le mal de mer m'est inconnu, j'avais un des plus violents appétits qui me soient jamais venus. Aussi, dès que je fus à terre, j'insistai auprès du brigadier pour entrer dans le premier restaurant qui se présenta. Je lui offris, comme de raison, de lui faire servir à déjeuner, mais le pauvre diable avait le cœur encore trop malade, et ne voulut prendre que du thé, pendant que je m'escrimais de mon mieux contre des aliments plus substantiels. Quant à l'agent, je lui fis donner un carafon de cognac, qu'il absorba consciencieusement. Ce devoir accompli envers mon estomac, je fis mon entrée à la prison de Marseille. J'y trouvai un grand nombre de détenus politiques, appartenant soit à la ville des Phocéens, soit aux départements du Midi. Arrêtés pour la plupart, après le 2 décembre 1851, puis transportés en Afrique, ils avaient fini par obtenir leur grâce. Compris ensuite dans la razzia qui suivit l'incident Orsini, ils se voyaient sous le coup d'une nouvelle transportation. Négociants, artisans et ouvriers, presque tous mariés et pères de famille, ils ne me semblèrent pas de bien terribles conspirateurs, et je crois que le pouvoir eût pu, sans grand danger, les laisser à leurs travaux et à leurs familles. Braves gens, au demeurant, ils me firent bon accueil, et s'ingénièrent pour m'épargner les ennuis qui assiégent un nouveau venu dans un milieu étranger. Malheureusement, entre eux et moi, il y avait un abîme. N'ayant en vue que leur liberté, prêts à tout accepter pour la reconquérir, ils s'étaient presque tous mis en dehors de la communion républicaine, et dès lors il était bien difficile que nos rapports fussent empreints de cette cordialité sans réserve, qui ne peut résulter que de l'identité des sentiments et de la conduite.

Je dois faire une exception toutefois pour un ancien détenu de Belle-Ile, dont je n'ai jamais su le nom de famille et que nous appelions Petit-Pierre. Comme l'indiquait son surnom, sa taille n'était pas fort élevée, mais il était d'une force et d'une agilité peu communes. Enfant de Marseille, il avait cette vivacité d'intelligence qui supplée à l'absence d'éducation ; mais de plus il avait le sens droit, le cœur bien placé, et j'ai rarement vu de nature meilleure et plus généreuse. C'était le dévouement incarné, et sa foi naïve avait une vigueur et des élans qui faisaient mon admiration. Petit-Pierre avait quitté Belle-Ile en 1857, après avoir bravement subi jusqu'au bout la condamnation qui l'y avait amené, et, naturellement, ses antécédents et son caractère étaient trop connus pour qu'il pût trouver grâce devant les mesures exceptionnelles de janvier 1858. Ecroué dans la prison de Marseille, il était tombé malade la veille de mon entrée. Lorsque je partis il était au plus mal et avait quitté la prison pour l'hôpital. Est-il mort ou a-t-il pris le chemin de Lambessa ? Entraîné moi-même bien loin de la patrie, il ne m'a pas été permis de le savoir, mais ce que je crois pouvoir affirmer, c'est qu'il n'aura pas faibli.

Je n'ai rien vu de plus pénible que la position morale de la plupart de mes codétenus de Marseille. Toujours aux aguets, épiant les moindres gestes, commentant les paroles les plus indifférentes du geôlier et de ses aides, fatiguant leurs visiteurs de questions inutiles, ils vivaient dans une surexcitation qui n'était rien moins qu'enviable; et pendant qu'ils cherchaient à se tromper, escomptant les démarches de leurs parents, de leurs amis, je sentais que l'accomplissement du devoir dans toute sa simplicité leur eût été beaucoup plus facile. Sans doute, de tristes pensées traversaient mon esprit quand je songeais à l'espoir trompé de ma famille; mais j'avais trop de confiance dans le dévouement de ceux qui m'étaient chers pour supposer qu'ils ne s'associeraient pas à mon sacrifice.

S'il y a dans cette vie triste quelque chose qui soit au-dessus des combinaisons de l'intérêt ou des exagérations égoïstes de la passion qui n'ait rien à craindre des coups de la fortune, c'est sans contredit l'amour de la famille, cette chaîne mystérieuse qui descend et remonte du père et de la mère aux enfants et les fait vivre d'une même vie! Pourquoi faut-il que ce sentiment n'apparaisse dans toute sa pureté et dans toute sa force qu'au milieu des épreuves et des souffrances ? Dans le cours d'une existence que ne viennent point bouleverser les orages, l'habitude, la sécurité semblent émousser la vivacité d'une affection que rien ne paraît menacer. On s'aime comme on respire, sans presque s'en apercevoir.

C'est dans les mauvais jours seulement qu'on sent tout le prix de ces liens dont l'estime et l'abnégation forment la base. Quand les amitiés se taisent ou s'effacent, quand, pour chercher une excuse, l'ingratitude revêt les audaces du blâme, lorsque, accablée de tant d'atteintes, votre âme se replie sur elle-même dans un douloureux isolement, où trouver ailleurs que dans la famille un asile contre les cruelles morsures de la déception ? Pour elle et pour elle seule, le malheur n'est pas un crime, c'est un titre de plus à sa pieuse et infatigable sympathie. Par elle, on se rattache à l'humanité qui vous échappe, on conjure les désolantes tentatives de l'orgueil solitaire, on renaît à la confiance, aux tendres sentiments.

Peu d'épreuves m'ont été épargnées, je puis le dire : j'ai bu jusqu'à la lie le calice de la défaite ; j'ai connu les tristesses de l'abandon, subi les blessures de l'injustice, et, je le dis sans honte, si mon cœur ne s'est pas desséché pendant cette bataille de six années, si j'en suis sorti meilleur que je n'y suis entré, sans trainer après moi le lourd bagage des haines personnelles et de l'intolérance, c'est que toujours et partout l'ange gardien de la famille m'a entouré de ses actes, protégé contre les inspirations malsaines de l'isolement. Quand je voyais les miens s'oublier sans cesse et ne se préoccuper que de moi, pouvais-je me rappeler que d'autres me délaissaient ? Quand ils me disaient, eux, que j'avais sacrifié avec moi plus que moi : — Tu as bien fait de marcher au devoir ; notre conscience est d'accord avec ta conscience, — devais-je m'arrêter aux pierres jetées sur mon chemin ? Et bien des fois, en face de ce dévouement qui s'exerçait à huis clos dans le silence du foyer désert, je me suis demandé ce qu'était notre courage, à nous, soldats de la politique ; ce que valaient ces dévouements qui, pour s'affirmer, ont si souvent besoin de croire que leur sacrifice a des échos dans les foules et qu'un piédestal supportera leur mémoire ?

Hélas ! si, au retour, je n'ai pas trouvé de places vides dans mes affections, si j'ai pu embrasser mon vieux père, ma sainte mère et ma vaillante sœur, si j'ai pu les remercier de n'avoir pas désespéré, je devais bientôt apprendre que, de toutes les douleurs, la plus grande est cette séparation dernière qui s'appelle la mort. Pauvre père ! Dès qu'il me sentit auprès de lui, il laissa fléchir l'énergique volonté qui l'avait soutenu dans ses souffrances de chaque jour ; les derniers fils qui retenaient en lui l'existence se détendirent comme un ressort brisé, et cinq semaines ne s'étaient pas écoulées depuis ma rentrée, qu'entouré d'un petit nombre d'amis, je suivais son humble convoi au champ du repos !

Oh ! pourquoi l'impitoyable raison a-t-elle éteint dans nos âmes la croyance qui faisait de la mort un réveil ? Il serait doux de penser que ceux qui ont passé sur cette terre en souffrant et en faisant le bien trouvent dans un autre monde une réparation équitable ; l'espoir de les revoir un jour, après avoir soi-même dépouillé les misères d'ici-bas, serait la meilleure des consolations. Mais non : si séduisante qu'elle apparaisse aux sentiments particuliers, cette illusion a coûté trop cher à l'humanité pour être regrettable. Si les enfants du siècle ont supprimé l'Olympe et la doctrine décevante des récompenses et des peines après la mort, ils ont fait œuvre sainte, et ce sera leur grandeur de l'avoir accomplie. Il est temps que les hommes s'affranchissent des chimériques espérances et des vaines terreurs de la superstition ; il est temps de fermer pour jamais les portes du mal et de ramener en ce monde la justice trop longtemps exilée dans les cieux. C'est à l'humanité à remplacer la cité céleste, en réalisant sur elle-même et par elle-même, dans la mesure de sa faiblesse, l'idéal dont l'empreinte se trouve dans la conscience universelle. Voilà des milliers et des milliers d'années que l'esprit humain s'épuise à chercher dans le surnaturel et dans les révélations mensongères son origine et sa fin, et toutes les solutions successivement acceptées par la crédulité ignorante ont disparu les unes après les autres au flambeau de la raison.

Laissons donc ces vaines recherches, et contentons-nous d'avoir dans notre cœur la science du bien et du mal; ne cherchons pas ailleurs la règle de nos devoirs. Dira-t-on qu'à ce compte, les pauvres et les opprimés, destitués de cette espérance, seront doublement malheureux; que les oppresseurs, n'ayant plus à redouter un Dieu vengeur, ne mettront plus de bornes à leurs passions, que le succès sera la religion du jour et la force son dieu? Hélas! on n'a jamais vu les puissants s'arrêter devant la crainte d'un châtiment qui ne les menaçait qu'au delà du tombeau. Quant aux faibles, j'appelle de tous mes vœux le jour où, rejetant enfin les promesses des mythologies, ils n'accepteront plus, comme une nécessité méritoire, la servitude du corps et de l'esprit et sauront conquérir leur place au banquet que la nature offre à tous ses enfants. Qui voudrait, je le demande, se rattacher aux rêves séraphiques, quand leur destruction garantit l'abolition de l'iniquité sur cette terre? Si nos morts bien-aimés, ceux dont l'exemple nous soutient et nous encourage, vivaient ailleurs que dans nos pieux souvenirs, ils seraient les premiers à désavouer cette idolâtrie.

Plus d'autre religion que le bien, plus d'autre foi que la morale, tel est le cri des serviteurs de la vérité, et leur voix n'ira pas se perdre dans le désert.

Déjà, Rome chancelle et, comme a dit le poëte :

When Rome falls, the world shall fall (1).

Acceptons-en l'augure ! et n'allons pas croire que ceux qui nous quittent après une vie bien remplie aient à regretter les transactions que les prêtres venaient contracter avec les mourants. Le verbe nouveau a porté ses fruits ; il sera bientôt la loi des nations. Aujourd'hui, tout homme digne de ce nom n'a plus besoin de mettre sa conscience à la discrétion d'un lâche égoïsme. Il ne fera pas le bien pour être récompensé, n'évitera pas le mal seulement pour conjurer le châtiment ; ce n'est plus le mercenaire qui pèse dans sa main le travail et la récompense. Rendu à toute la dignité de sa nature, il agit dans la spontanéité de son désintéressement, et quand la mort vient le visiter, il l'accueille sans faiblesse ; en paix avec lui-même, il s'endort dans la sécurité de sa conscience.

Si le salaire a manqué à sa journée, si l'oubli, l'ingratitude, la pauvreté, l'ont poursuivi sur son lit d'agonie, il n'en est pas abattu. Il

---

(1) Lorsque Rome tombe, le monde doit tomber.
BYRON.

vivra dans ses œuvres, soit qu'il ait eu la fortune d'y attacher son nom, soit qu'il ait apporté à l'œuvre collective un concours ignoré. Tout le monde ne peut pas dire comme Epaminondas mourant sur son bouclier, qu'il laisse deux filles immortelles, les victoires de Leuctres et de Mantinée, mais le vainqueur des Spartiates n'était que la personnification glorieuse des 30,000 Thébains qui avaient combattu sous lui; et nous-mêmes, après 2,000 ans, nous associons dans notre pensée reconnaissante les combattants inconnus de Marathon et de Salamine à la gloire des Miltiade et des Thémistocle.

Maintenant, voyez celui qui, asservi par ses passions, a voulu, au prix de tous les crimes, enchaîner la fortune à son ambition : il peut échapper à la vindicte des lois, aux malédictions de l'opinion, il peut tromper tout le monde, il ne se trompera pas lui-même. La vérité a de formidables échos dans les âmes les plus souillées et toujours le crime est obligé de compter avec le remords. Ecoutez Tacite quand il parle de Tibère :

« ... Facinora atque flagitia sua ipsi quoque
» in supplicium verterant. Neque frustra præs-
» tantissimus sapientiæ firmare solitus est, si
» recludantur tyrannorum mentes, posse ads-
» pici laniatus et ictus; quando, ut corpora ver-
» beribus, ita sævitiâ, libidine, malis consultis
» animus dilaceretur; quippe Tiberium non

» fortuna, non solitudines protegebant, quia
» tormenta pectoris suasque ipse pœnas fate-
» retur (1). »

Gardons-nous donc d'envier les favoris de la fortune ; leur vie n'est qu'une longue torture, et leur mort désespérée en est le digne couronnement.

---

(1) Tibère trouvait son propre supplice dans ses crimes et ses vices. Et ce n'est pas en vain que le premier des sages avait coutume d'affirmer qu'en mettant à nu l'esprit d'un tyran, on pourrait y voir la trace des coups et des blessures, que, comme le corps porte la marque sanglante des verges, l'esprit était déchiré par la cruauté, la débauche et la perversité des pensées. En effet, ni sa haute fortune, ni la solitude dans laquelle il se renfermait ne pouvaient empêcher Tibère de confesser les tourments de sa conscience et le châtiment qu'il endurait.

Tacite, *Annales*, liv. VI, chap. 7.

VIII

Promenade dans Marseille. — Les gendarmes et les menottes. — M. Besson, préfet des Bouches-du-Rhône. — La voiture cellulaire. — Un convoi de forçats. — Le bagne de Toulon. — La prison civile. — Le fort Lamalgue. — Le doux sergent-major. — Mes nouveaux compagnons. — Les casemates. — La cantine. — La portion congrue. — La gamelle. — L'épileptique. — Les rondes de nuit. — J'ai un cachot pour moi seul. — La surveillance et la rupture de ban. — Les conversations du préau.

Le terme légal de mon emprisonnement tombait le 8 mars, et, comme je n'en avais jamais douté, les portes de la prison ne s'ouvrirent pas devant moi. Le même jour, l'ordre arriva de me faire partir pour Toulon. Cette destination me trompa. J'ignorais alors que Marseille servît de dépôt aux transportés envoyés en Afrique et je me figurais que Toulon, port militaire, devait naturellement servir à cette destination. J'étais dans l'erreur. Quoi qu'il en soit, je ne tardai pas à m'apercevoir que, dès ce moment, je devais dire adieu au reste d'égards qu'on accorde encore aux détenus politiques avec plus ou moins de grâce. Il me fallait aller rejoindre la voiture cellulaire qui n'avait pas quitté le débarcadère du chemin de fer, et, pour m'y conduire, le chef du convoi était assisté de deux gendarmes. J'avais demandé une voiture, à mes frais comme de raison ; je me heurtai contre un refus brutal, et je dus m'estimer fort heureux qu'on me permît de faire porter mon bagage. Ce point réglé à ma satisfaction, j'étais prêt à me mettre en route ; mais il me fallut, au préalable, subir une petite gracieuseté de MM. les gendarmes. Ces aimables fonctionnaires éprouvèrent le besoin de me mettre les menottes, et j'eus l'insigne honneur de traverser, en plein jour, la moitié de Marseille les mains garnies de ces honorables bracelets, tout comme si j'avais été un misérable assassin. Par bonheur, je n'ai pas l'esprit assez étroit pour attacher à ces indignités la plus légère importance ; par le temps qui court, tout homme de sens est disposé, jusqu'à preuve contraire, à voir une victime dans un prisonnier. Cependant, c'était la première fois que, dans mes aventures, je me voyais en face de ce procédé, et, je ne le cacherai pas, j'eus la faiblesse de discuter. Rien n'y fit, ni les observations timides du geôlier, ni celles du conducteur de la voiture cellulaire. Les gendarmes tinrent bon, et je suis encore à chercher le motif d'un acharnement aussi peu explicable. Etait-ce l'effet d'une consigne s'appliquant tout spécialement à ma personne, et faut-il en faire remonter la responsabilité au préfet des

Bouches-du-Rhône, qui, envoyé récemment de Lille à Marseille à titre de disgrâce, me pardonnait peut-être difficilement d'avoir occupé avant lui la préfecture du Nord ? Dans tous les cas, la taquinerie eût été d'un goût assez médiocre, et ferait peu honneur à M. Besson.

La voiture cellulaire où je pris place contenait des forçats qui allaient au bagne de Toulon, le seul dont la suppression n'eût pas été ordonnée. C'était un nouveau modèle où l'on avait trouvé moyen de pratiquer une cellule de plus qu'à l'ordinaire, en prenant, bien entendu, sur l'espace réservé à chaque détenu. Comme on le voit, le progrès se fait sentir en toute chose, et la philanthropie administrative, qui témoigne tant de sollicitude pour le transport des bestiaux, est moins scrupuleuse à l'endroit de l'homme. Toutes les boîtes étant remplies, il fallut qu'un forçat qui, sans doute, avait des titres à la confiance du conducteur, passât dans l'étroit couloir qui partage la voiture, pour me céder sa place encore chaude de sa hideuse empreinte. Cependant, j'étais si heureux d'échapper au contact de ces êtres dégradés, que je bénis sans réserve le système cellulaire. Condamné à une immobilité absolue, privé d'air, je me trouvais bien parce que j'étais seul. Ces parois de fer, qui m'encadraient comme dans un tombeau, m'imposaient une torture ; je les oubliais en songeant qu'elles m'isolaient de mes voisins. C'était déjà trop d'entendre les propos cyniques, les affreuses vanteries des uns, qui se croisaient avec les lamentations hypocrites et les *oremus* des autres.

Jamais je ne perdrai la mémoire de l'horrible nuit que je passai dans cette infernale voiture. Je vois toujours ces costumes bigarrés, mi-partis de jaune et de blanc, ces figures marquées par la débauche et le crime, qui grimaçaient derrière les grillages; toujours, j'entends ce cliquetis de chaînes, ces voix rauques ou tournées au fausset. La nuit se passa pour moi sans sommeil, et quand, de temps à autre, la fatigue inclinait ma tête appesantie et fermait ma paupière, aussitôt le bruit des conversations me réveillait en sursaut et renouvelait mes dégoûts.

Le chemin de fer n'existait pas encore entre Marseille et Toulon, et il avait fallu employer la poste pour traîner la lourde machine qui nous transportait, ce qui ne nous empêcha pas de mettre plus de douze heures pour arriver à Toulon. Cependant, un peu avant six heures du matin, nous étions à la porte du bagne, attendant le coup de canon réglementaire avant lequel elle ne peut s'ouvrir. Enfin, mes gracieux compagnons descendirent tant bien que mal; leurs jambes enflées par la pression des fers et l'absence prolongée de mouvement pouvaient à peine les porter. Ils étaient attendus par une nuée d'argousins qui les emmenèrent sans tarder. Quant à moi, je fus conduit à la prison, que je quittai le lendemain pour le fort Lamalgue.

Le fort Lamalgue a joué un grand rôle dans l'histoire militaire de Toulon ; il est situé à peu de distance de la ville, sur une éminence qui commande la partie septentrionale de la rade. C'est une lourde masse de granit, que surplombent les montagnes chauves et grises qui font une sorte d'amphithéâtre au plus fréquenté de nos ports de guerre. En m'y rendant, sous la conduite de deux gendarmes beaucoup moins farouches que leurs collègues de Marseille, je sentis avec délices les chaudes haleines du soleil méridional ; j'aspirais l'air libre à pleins poumons, comme si j'avais voulu en faire provision, et cependant je ne savais pas qu'il me faudrait attendre plus de huit grands mois et passer par bien des ennuis avant de retrouver ces impressions, à 1,800 lieues de la France, sous le ciel de la Guyane !

L'entrée du fort Lamalgue n'a rien de séduisant, mais elle est loin de donner l'idée de cet affreux séjour. La porte principale s'ouvre sur une longue avenue plantée d'arbres mal venus et bordée des deux côtés de bâtiments servant de caserne à un demi-bataillon d'infanterie. Au fond se dresse le fort proprement dit, auquel on pénètre par une voûte aboutissant à ces formidables portes qui servent d'enseigne à toutes les prisons. Après la porte, vient un pont de bois jeté sur le fossé d'enceinte et conduisant aux bâtiments d'administration ainsi qu'à la détention militaire.

A mon arrivée, je n'aperçus que les factionnaires et les soldats du poste; les détenus étaient dans les ateliers, et cette solitude, ce silence à peine troublé par la marche monotone des sentinelles, donnaient un aspect encore plus sinistre à cet affreux séjour, sur lequel le soleil versait ironiquement des flots de lumière.

Le directeur de la prison, ou, pour lui donner son titre administratif, l'agent principal, était absent, et je fus reçu par le sergent-major. C'était un homme de taille moyenne, aux traits maladifs, à la poitrine rentrée. Sa parole mielleuse, ses yeux confits d'hypocrisie me l'eussent fait prendre pour un bedeau, sans les ambitieuses sardines qui se dessinaient sur la manche de sa tunique.

Les formalités d'écrou accomplies, je croyais en avoir fini avec cet homme dont l'air prétentieux me semblait assez peu s'allier avec ses humbles fonctions. J'avais hâte de faire connaissance avec le réduit qui m'était destiné et de me retrouver avec moi-même : je ne connaissais pas les douceurs d'un dépôt de transportés.

Je me vis d'abord enlever mes malles, après qu'on les eut fouillées de fond en comble, précaution parfaitement inutile, puisque je ne devais plus les avoir en ma possession. Il est vrai que je n'avais paru que médiocrement respectueux pour l'argousin auquel j'avais affaire, et peut-être mit-il quelque plaisir à me faire sentir le poids de son autorité. Ces espèces sont tellement habituées à voir de pauvres diables trembler en leur présence, qu'elles mettent de la coquetterie à maltraiter qui les jauge à leur valeur.

Je n'étais pas au bout de ces ignobles préliminaires : à la voix de mon geôlier, deux hommes de garde accoururent l'arme au bras, et je fus invité à les suivre. L'argument était sans réplique et je me mis en marche. On me conduisit avec cette solennité majestueuse dans une chambre basse, ayant pour tout mobilier des monceaux d'ordures. Une fois là, mon sergent-major abaissa ses vaillantes mains à visiter mes poches et à retourner mes habits, ce qu'il fit du reste avec une prestesse que l'habitude serait impuissante à donner, si elle ne s'accordait pas avec une vocation toute spéciale. Il me débarrassa de mon argent, cassa religieusement devant moi le couteau inoffensif que j'avais apporté de Corte, puis il me fit déshabiller de pied en cap, profitant de la circonstance pour soumettre mes vêtements à une perquisition plus minutieuse que la première et s'assurer que je ne portais pas d'arsenal sous ma chemise. Ensuite, mettant de côté tout ce que je venais de quitter, il me tendit un paquet d'affreux haillons et m'ordonna de m'en revêtir. Je lui répondis que je dispensais le gouvernement de pourvoir à ma toilette et que je préférais user mes habits plutôt que de porter ces hideuses guenilles. Il daigna me faire savoir que le règlement ne me laissait pas la liberté du choix, que, prisonnier du fort Lamalgue, je devais en revêtir l'uniforme, et, comme je ne pouvais plus longtemps rester en chemise, que, d'ailleurs, il ne me convenait pas de plaider avec un drôle de ce genre, je me décidai à porter la main sur le trousseau qui m'était si généreusement octroyé. J'y trouvai un pantalon gris, une veste roussâtre et un béret de même couleur. L'étoffe, la couleur et la coupe n'en étaient pas sans doute irréprochables, mais ce n'était là que leur moindre défaut.

A voir le pantalon éraillé, diapré de mille souillures, avec ses boutons fatigués ou absents, ses bords dentelés en guipures, on comprenait qu'il avait fait un long service avant d'arriver jusqu'à moi. La veste était à l'avenant, et je ne considérai pas sans effroi le collet et les manches, où vingt condamnés au moins avaient, les uns après les autres, inscrit par couches successives leurs traces ineffaçables. En effet, le vestiaire du fort Lamalgue s'alimente des rebuts des maisons centrales.

Tous les vêtements qui ont fait le temps réglementaire sur la tête et le dos ou dans les jambes des réclusionnaires sont expédiés à

Toulon pour les transportés qui se les transmettent indéfiniment. N'est-ce pas assez bon, d'ailleurs, surtout pour des politiques ! La vérité me force à reconnaître toutefois que l'administration n'impose pas aux hôtes du fort Lamalgue le désagrément de chausser les vieux souliers répudiés par les prisons ; ils ont le droit de marcher nu-pieds, et je dois dire que c'est la chaussure à la mode.

Ma philosophie, je ne saurais le taire, risqua d'échouer dans cette circonstance. Tous mes instincts de délicatesse et de dignité se révoltaient à la pensée d'endosser ces ignobles dépouilles, véritable livrée du crime. Le sang me monta au cerveau, un éclair passa dans mes yeux, j'allais éclater, lorsque mes regards se rencontrèrent avec ceux du sergent-major. Je vis poindre sur ce visage de jésuite tant de satisfaction, il comptait si bien sur une résistance qui lui donnât l'occasion désirée de faire de la force, que, par un violent effort de volonté, je parvins à ressaisir le calme qui m'échappait. A quoi bon tomber dans le piége ? Mieux valait écraser de mon mépris cette hostilité qui se dressait devant moi et qui pouvait tout aussi bien être le résultat d'ordres supérieurs que d'un amour-propre froissé.

J'enfourchai donc bravement le pantalon, tout en frissonnant d'horreur lorsque je sentis l'impur tissu flotter autour de moi, quoique protégé contre son contact immédiat par le caleçon que je portais et que l'argousin daigna ne pas m'enlever. Le plus fort était fait, je le croyais du moins, et j'emmanchai la veste. Mais mon courage faillit s'évanouir de nouveau quand je saisis l'immonde béret qui devait désormais défendre mon crâne passablement dégarni contre les ardeurs du soleil de la Provence et les morsures du mistral. A coup sûr, un chiffonnier aurait rougi, je ne dis pas de le porter, mais de le jeter dans sa hotte. Enfin, ma toilette était achevée ; j'étais digne de me mêler aux illustres héros de ce lieu de délices, et le sergent-major, en me voyant si faraud dans ma tenue réglementaire, ne put s'empêcher de se sourire à lui même. Le digne homme était satisfait, tout en regrettant sans doute de n'avoir pu me faire baïonnetter par les soldats qui l'assistaient. C'eût été pour lui un titre à l'avancement.

Ce n'était pas tout : il restait à pourvoir à mon couchage, mais à cet égard, l'opération n'était pas bien compliquée. On me conduisit à un réduit qu'on appelait pompeusement le magasin et on me désigna une paillasse et une couverture que je dus emporter sur mon dos, lorsque, sous la conduite d'un surveillant auquel le sergent-major m'avait remis, et toujours accompagné de deux soldats en armes, je fus conduit dans la cour à laquelle j'appartenais comme transporté. Je n'essayerai pas de dire ce qu'était cette paillasse rapetassée et ravaudée en vingt endroits. Quant à la couverture qui l'accompagnait, elle n'était pas en meilleur état ; mais en revanche elle avait eu l'honneur de servir aux ambulances pendant la guerre de Crimée, et les larges plaques de sang coagulé qui se détachaient sur son fond brun me témoignaient par écrit qu'elle avait recouvert bien des blessés et des morts.

Et ici, il est bon de constater que tout est pour le mieux dans le meilleur des mondes administratifs : sans la guerre de Crimée, il eût fallu acheter des couvertures à peu près neuves pour les transportés, et c'eût été dommage d'employer à cet usage les fonds de l'Etat. D'autre part, si le dépôt du fort Lamalgue n'eût pas existé, il eût été fort difficile d'utiliser ces débris, qu'un mendiant eût laissés sur le chemin, tandis que, grâce au bienheureux décret du 8 décembre 1851, rien n'est perdu : tout a sa justification et son emploi.

Après avoir descendu un escalier d'une vingtaine de marches, je me trouvai dans une espèce de fosse, à peu près semblable à celle qui sert de promenoir aux ours du Jardin des Plantes à Paris, si ce n'est qu'on n'y voit pas d'arbre destiné à la gymnastique des plantigrades entretenus aux frais de l'Etat, pour la distraction de MM. les militaires et la perdition des bonnes d'enfants de la capitale. D'un côté s'élève une muraille qui va rejoindre le niveau du sol de la cour principale, et de l'autre se dressent les épaisses murailles des casemates du fort. Dans le fond, un hangar couvert en tuiles offrait une retraite en cas de pluie, et je m'étonnai de cette délicate attention pour des prisonniers, jusqu'au jour où j'appris que cet échafaudage n'avait été dressé que pour abriter l'autel mobile qu'on y mettait le dimanche, afin d'y dire la messe. Au demeurant, les détenus en profitaient, et c'était l'essentiel.

Pendant que j'étais là, non moins embarrassé de mon nouveau costume que de ma paillasse, j'aperçus quelques individus affublés comme moi selon l'ordonnance. Je ne tardai pas à reconnaître que je n'avais pas la bonne fortune de me rencontrer avec des coreligionnaires. Forçats ou réclusionnaires en rupture de ban, ils appartenaient tous à la catégorie dite des repris de justice et attendaient qu'un navire vînt les prendre pour les conduire à Cayenne. La situation était nouvelle pour moi, et je ne l'envisageai pas de prime abord sans une certaine inquiétude. Qu'allais-je devenir, seul, au milieu de ce monde, déclassé, sans société possible? Je n'aurais pas même la triste ressource de l'isolement absolu, car à chaque instant du jour et de la nuit, les nécessités de la vie commune devaient m'imposer des rapports incessants avec les hôtes de la prison. Je me décidai à m'enfermer dans la réserve, afin de ne pas encourager une familiarité qui ne pouvait me convenir à aucun prix. Cette manière d'agir, qui s'accordait d'ailleurs, je crois, avec la justice et la convenance, me réussissait à merveille. Avant de savoir au juste ma position, la petite population du fort Lamalgue avait compris que, si je me trouvais avec elle au rendez-vous de Cayenne, je ne devais pas avoir pris le même chemin pour y arriver. C'en était assez pour assurer ma tranquillité; je ne voulais rien de plus.

J'avais encore à passer par une dernière cérémonie; un détenu militaire, qui remplissait les fonctions enviées de perruquier officiel, fit tomber mes rares cheveux sous son ciseau et n'abandonna ma tête qu'après m'avoir fait une coiffure à la malcontent, ce qui, du reste, était tout à fait d'à-propos. Quant à ma barbe et à mes moustaches, elles furent respectées; c'était un privilége, le seul assurément réservé aux transportés, quelle que fût leur catégorie.

La journée s'avançait, et je craignais de voir prolonger jusqu'au lendemain le jeûne que je supportais depuis le matin, lorsqu'un surveillant m'appela à la cantine. Je me hâtai de répondre à l'invitation, et, sur l'invitation de mes co-détenus, qui paraissaient assez mécontents de n'en pouvoir faire autant, je gravis l'escalier, au haut duquel je trouvai un piquet de six hommes, caporal en tête, pour me conduire processionnellement à la bienheureuse cantine. En m'enlevant mon argent, on avait daigné me laisser quelque monnaie, en m'avertissant que, chaque semaine, je recevrais pour mes menus besoins 2 fr. 50 sur mon dépôt. Or, nous n'étions qu'au mardi, et la prudence me commandait de ménager mes dépenses. Mais je n'avais pas mangé depuis la veille, j'étais venu après la distribution des vivres, et j'étais disposé à ne me refuser rien, dans les limites de mon maigre pécule. Malheureusement, ou heureusement si l'on veut, la carte était peu variée au restaurant du fort Lamalgue. Il n'y avait du choix à faire qu'entre du cervelas et du fromage de Gruyère, et même en prenant, comme je fis audacieusement, cervelas et fromage, sans m'inquiéter du lendemain, je ne me procurai qu'un médiocre festin. On vendait bien du vin, mais il fallait le boire sur place, dans un gobelet de fer-blanc qui se prêtait à toutes les lèvres, et j'y renonçai. Je redescendis, toujours accompagné de mes gardes-du-corps, et me hâtai de dévorer mes maigres provisions dont l'achat, tabac et pain compris, avait déjà notablement entamé mon budget hebdomadaire.

Une heure après, mon surveillant, toujours suivi de soldats, baïonnette au bout du fusil, vint nous ouvrir les portes des cachots qui devaient se fermer sur nous jusqu'au lendemain matin. Les chambres à coucher ont, dit-on, le mérite d'être à l'épreuve de la bombe, et ceci peut avoir ses avantages en temps de siége, mais elles ne laissent pas d'avoir certains désagréments, comme on va pouvoir en juger. Éclairées sur la cour par une ouverture pratiquée dans un mur qui mesure au moins deux mètres d'épaisseur, elles auraient pu servir de glacière, n'ayant point à redouter le soleil, même au plus fort de l'été. L'ouverture, défendue par des barreaux de fer fort respectables, fermait tant bien que mal, plutôt mal que bien, grâce à un contrevent déjeté; quant à la porte, elle jouait assez aisément sur ses gonds, pour laisser passer le vent qui s'engouffrait dans le corridor, sans parler des rats gigantesques qui venaient nous courir sur le corps, et qui parfois s'amusaient à grignoter le nez ou les pieds des détenus dont le sommeil n'était pas facile à troubler. C'est au milieu de ce tombeau de pierre, sur les dalles humides qui servaient de plancher, que je déposai la paillasse qui composait tout mon lit. Inutile de dire que je n'étais pas seul et que je n'échappai à aucun des dégoûts qu'entraîne la promiscuité.

Je passai une partie de la nuit à réfléchir au traitement délicat dont j'étais l'objet, à l'étrange milieu dans lequel j'étais réduit à vivre, à l'avenir que me promettait ce début. Cependant, j'étais bien décidé à ne pas même sembler le moins du monde atteint par ces indignités. Devant le parti pris que je devais supposer à l'administration, il ne me restait qu'à accepter résolûment la lutte; ma santé pouvait s'y ruiner, j'étais sûr de ma volonté.

Ce n'était rien de porter une livrée encore humide de la sueur des forçats, de coudoyer la nuit leur paillasse, de mêler mon haleine à la leur, il me fallait encore communier avec eux d'une manière plus complète. A l'heure du repas, de l'unique repas que l'on fait au fort Lamalgue, je vis apporter une gamelle remplie jusqu'au bord d'une soupe nauséabonde, dont l'odeur me poursuit encore après deux ans, et je fus invité, moi dixième, à tremper ma cuiller dans cet immonde fouillis de pain et de tronçons de chou, où se trouvaient quelques lardons de viande noirâtre et plus dure qu'une semelle de botte. Il n'y avait pas à hésiter : il fallait manger ou mourir. Je pensai que mon estomac ne pourrait digérer longtemps les affreux comestibles de la cantine, ni se contenter de pain; et je voulus tout d'abord surmonter la profonde répugnance que m'inspirait ce régime communautaire. Je me mis donc à l'œuvre. Avec quelle anxiété je suivais le geste de mes commensaux! comme je tremblais de les voir envahir les limites imaginaires que je m'étais tracées, limites assez étroites au surplus pour désarmer leur jalousie! Tout à coup, un boiteux, à figure de fouine, qui se trouvait à mes côtés, se met à pousser des cris inarticulés. Il tombe à la renverse et se roule dans d'horribles convulsions. Le malheureux était épileptique, et peu de jours s'écoulaient sans qu'il eût une attaque. Le dîner fut suspendu d'un accord tacite ; mes autres convives, habitués à ces accidents, arrêtèrent spontanément la marche des cuillers, par un sentiment de fraternité vraiment louable. Au bout de quelques instants, le boiteux à peine revenu à lui, les yeux encore renversés et la bouche couverte d'écume, donnait le signal de la reprise, et bientôt le contenu de la gamelle disparut devant un assaut général que rien ne vînt arrêter.

Il n'y eût qu'un réfractaire ; ce triste épisode m'avait trop impressionné, sa conclusion avait, en réveillant mes légitimes dégoûts, effacé toutes mes résolutions ; je déposai les armes, jurant bien de ne plus essayer et de vivre de pain, de cervelas et de gruyère.

Mon avenir ne s'embellissait pas et cependant mon sort n'allait pas tarder à s'améliorer. Deux jours après, au moment de la fermeture, le surveillant du service me mit dans un cachot à part. Mon déménagement fut bientôt fait, et, tout en me félicitant d'échapper à un voisinage peu flatteur, je ne savais si je devais augurer bien ou mal de ce changement. Cette incertitude ne fut pas de longue durée.

Il n'est pas facile de dormir au fort Lamalgue ; sans parler du couchage un peu trop primitif pour y être vraiment satisfaisant, le sommeil est souvent interrompu. C'est d'abord le pas cadencé du factionnaire qui fait résonner les voûtes sonores du corridor ; puis les patrouilles et les rondes qui se succèdent et l'échange des *Qui-vive*, et les rondes ne se bornent pas à une vérification extérieure. Plusieurs fois par nuit, les serrures grincent sous les clefs énormes, les portes massives crient sur leurs gonds, et un surveillant, armé d'une lanterne, vient compter une à une les têtes de bétail que doit renfermer l'étable de pierre. Après, viennent les chefs et souvent à quelque demi-heure de distance ; alors, la scène prend un autre aspect. Avant de faire ouvrir la porte d'un cachot, on entend un commandement militaire ; les soldats apprêtent les armes, prêts à faire feu. La première fois que j'eus l'honneur d'avoir un cachot pour moi seul, je fus réveillé par ce bruit sinistre qui, plus d'une fois, dans ces dernières années, avait été un signal de mort pour maint et maint prisonnier.

En s'ouvrant, mes yeux se portèrent sur un homme encore jeune, en tenue d'adjudant : c'était l'agent principal de la prison et du dépôt. Il me dit qu'ayant vu mon dossier, il n'avait pas voulu me laisser mêlé aux autres détenus, dont la position n'avait rien de commun avec la politique, ajoutant avec un intérêt qui me parut sincère et qui l'était réellement, qu'il ferait tout son possible pour me rendre moins pénible le séjour du fort Lamalgue, sans me dissimuler que sa bonne volonté était malheureusement enchaînée par les exigences d'un règlement auquel il ne pouvait se soustraire.

Tout cela me fut exprimé avec un air de franchise sympathique qui me fut d'autant plus agréable que j'étais loin de m'y attendre.

Le surveillant de service reçut l'ordre de me donner une seconde paillasse et plusieurs couvertures ; enfin, reconnaissant que j'avais droit à ne pas être mêlé aux transportés des autres catégories, il m'offrit de me laisser, pendant la moitié de la journée, la jouissance exclusive de la cour ; je refusai. Pouvais-je acheter une satisfaction personnelle en imposant à de malheureux prisonniers l'obligation de passer cinq à six heures de jour dans l'étroit cachot qui leur servait de dortoir ?

Ce droit à la séparation une fois admis, je vis naturellement disparaître les autres conséquences du régime de promiscuité auquel j'avais été soumis lors de mon entrée. Je fus dispensé de la gamelle commune ; j'eus ma nourriture à part et je pus boire à un bidon où ne venaient pas s'abreuver les autres détenus. Comme tout est relatif dans la vie ! Je regardais comme une félicité inespérée, comme la réalisation d'un rêve impossible, les modestes faveurs qui n'étaient que l'exécution du règlement ; le reste était oublié. Je ne pensais plus à la détestable qualité et à l'insuffisance de la provende habituelle, à l'insipidité de l'eau de citerne dont j'étais réduit à me désaltérer. Qu'est-ce donc que le bonheur ?

Le prix de la journée du détenu au fort Lamalgue est fixé à 40 centimes, c'est-à-dire à moins de la moitié du prix alloué pour les forçats dans les bagnes, et ces 40 centimes doivent suffire à tout. La ration se compose de 750 grammes de pain de deuxième qualité, d'une soupe et d'une portion de viande, et, quand on pense qu'en moyenne le prix du pain absorbe au moins 20 centimes, qu'il faut ensuite payer le pain de soupe, le sel et les légumes, il est aisé de se faire une idée de la quantité et de la qualité de viande qui revient à chaque détenu.

Je me demandais comment on pouvait vivre avec un pareil ordinaire, et cependant mes co-détenus en faisaient le plus grand éloge. Par quelles privations avaient-ils donc dû passer, pour s'accommoder si bien de cette détestable alimentation ? Quand on n'en a pas été témoin, il est impossible d'imaginer le recueillement qui se lisait sur les visages quand s'avançait l'heure du repas. Les groupes se formaient, et les délégués de chaque plat auxquels était confiée l'honorable mission d'aller chercher la soupe et le pain se rangeaient silencieusement auprès de l'escalier pour s'élancer vers la cuisine au premier signal. Et au retour, il fallait voir avec quelle religieuse attention, quelle sage lenteur, ils s'avançaient chargés du précieux fardeau. Jamais, assurément, Flamine ne mit autant de solennité à porter les entrailles des victimes à l'autel de Jupiter, et malheur à celui dont le pied se fût heurté contre une pierre, dont la main eût laissé échapper l'espoir des impitoyables estomacs qui se tordaient d'impatience! Je ne sais vraiment quelle expiation eût pu racheter sa maladresse ou son infortune.

C'est que ce dîner, cet unique dîner était non-seulement la rançon des formidables appétits qui s'aiguisaient depuis la veille; c'était encore, pour les détenus qui ne possédaient rien, le moyen de se procurer un peu de tabac et un verre de vin. De deux jours, l'un, ils vendaient leur ration de pain et de viande, et si la soupe n'entrait pas dans ce commerce, c'est que, servie par gamelle de dix, elle ne comportait pas d'appropriation personnelle. Et c'était heureux qu'il en fût ainsi, car, pour quelques-uns, la soupe était le seul moyen de ne pas mourir de faim. Ces rations, surtout le pain, étaient achetées par les condamnés militaires qui, moins dépourvus que les transportés, travaillant d'ailleurs dans les ateliers, pouvaient ajouter quelque chose à leur ordinaire.

Cependant, chaque jour, le dépôt recevait de nouveaux hôtes, pauvres diables que la misère, autant que l'habitude du vagabondage, avait arrachés à la résidence où ils subissaient la surveillance et qui, pour cela seul, quand il plaisait aux préfets, étaient transportés à la Guyane pour cinq ou dix ans. Et véritablement, le châtiment, quoique motivé en apparence par une transgression de la loi, n'était pas en rapport avec le délit.

De toutes les sévérités que l'empire a introduites dans le Code de 1810, il n'en est pas assurément dont la moralité et l'efficacité soient plus contestables que la peine de la surveillance. Quand la répression prendra le caractère d'humanité et d'intelligence pratique qui n'aurait jamais dû lui faire défaut, quand la peine sera non plus une vengeance, mais un moyen de réparation et de réforme, on comprendra qu'en entrant dans la société, le condamné soit accompagné d'une sorte de tutelle qui lui facilite le retour au bien et le défende contre des rechutes aujourd'hui presque inévitables. Mais cette protection officieuse, toute bienveillante, réclamée par tous les bons esprits, n'aura rien de commun avec la surveillance confiée aux mains peu scrupuleuses de la police. Pour qui connaît l'affreux régime de nos prisons, véritables écoles ouvertes par le gouvernement pour fabriquer des forçats, comme les bagnes sont des manufactures d'assassins, il y aurait à récompenser plutôt qu'à punir les libérés qui se contenteraient de rompre leur ban, et cependant c'est à eux que, depuis quelques années, le pouvoir administratif réserve ses plus grandes rigueurs. Le récidiviste en est quitte pour une augmentation de peine fixée par la loi, tandis que le libéré en simple rupture de ban est transporté à la Guyane, où, suivant l'énergique expression des prisons, il ne tarde pas à sucer la canne à sucre par la racine. Est-ce là de la bonne justice ? Aussi, tous ces nouveaux venus, forçats, réclusionnaires, voire condamnés correctionnels, témoignaient-ils une vive irritation et un profond désespoir. Jeunes gens, hommes faits ou vieillards, ils envisageaient leur transportation à la Guyane comme un arrêt de mort à courte échéance. Ils se reprochaient de n'avoir pas abusé de leur liberté : « Si je n'avais pas voulu gagner honnêtement ma vie, si j'avais voulu mal faire, disait l'un d'eux, jeune homme qui, à 22 ans, avait fait cinq ans de bagne, je ne serais pas ici. » Et ainsi des autres. Ils avaient tous raison. Probablement la vie de tous ces malheureux, après leur libération, n'avait pas été pure de tout méfait, dans le lieu de leur résidence légale comme pendant leurs excursions aventureuses. Plus d'un devait avoir demandé son pain à des pratiques coupables, à ces industries honteuses qui sont la plaie et la condamnation de notre société. Mais la justice n'avait pas trouvé matière à sévir, et ils se targuaient de leur innocence, d'après la règle qu'il n'y a de coupables que ceux qui sont condamnés par les tribunaux.

Bientôt, cependant, l'insouciance — consolation suprême des prisonniers — venait jeter son baume sur ces blessures : les liaisons se formaient; on se reconnaisssait, on échangeait les souvenirs de prison, on se racontait avec force exagérations les orgies qui avaient suivi le départ de la centrale ou du bagne, et le charme de ces confidences, où l'imagination avait la plus grande part, suffisait à calmer les ennuis du dépôt, à faire oublier la perspective de la Guyane, à réconcilier les plus découragés avec l'espérance.

J'assistais à ces conversations soit en faisant mes longues promenades dans l'étroit préau, soit renfermé dans mon cachot, où j'étais poursuivi par les voix de mes étranges compagnons. Dans cet échange d'énormités, où rien n'était épargné, je remarquais avec effroi que le vice marchait tête nue dans son effrayante simplicité, sans même revêtir le masque d'une effronterie à grands fracas. Un père de famille, parlant à ses enfants devant les dieux du foyer, n'eût pas mis plus de bonhomie naïve, plus de laisser-aller dans ses paroles et dans ses leçons.

Je dois dire cependant que ma présence arrêtait le plus souvent ces parleries immondes; elles étaient toujours réservées pour les heures que je passais dans mon cachot, et, si la disposition des lieux qui faisait arriver jusqu'à mon oreille le moindre bruit de la cour rendait la précaution inutile, je ne pouvais m'empêcher de voir dans cette demi-réserve un reste de pudeur, si l'on veut, un hommage à ma situation.

Je serais injuste si je n'ajoutais pas que j'ai rencontré chez tous ces hommes des égards et un empressement qui ne pouvaient me trouver insensible. Ils se disputaient le plaisir de m'être agréable. Dès que j'arrivais dans le préau, j'étais bien sûr de les voir déserter l'endroit où j'avais l'habitude de chercher, suivant le temps, l'ombre ou le soleil. Ils laissaient libre le banc où je me reposais. J'étais profondément touché, je l'avoue, de cette humilité toute volontaire et contre laquelle, toujours et sans cesse, je protestais en vain. Ces petits priviléges qu'ils m'accordaient si volontiers, et malgré moi, s'adressaient nécessairement, exclusivement à mon titre de détenu politique. Tous ces parias de la société ne pouvaient comprendre qu'on me fît subir le traitement qui leur était imposé, et, à force de prévenances, ils semblaient prendre à tâche de faire disparaître l'assimilation qu'on avait voulu établir entre eux et moi. Leur cœur n'était donc pas perdu sans retour, puisqu'ils conservaient le sentiment de la justice et la pratiquaient, même à leur préjudice, avec une complète abnégation. N'était-ce pas étrange et consolant tout à la fois, en effet, de voir des hommes repoussés et flétris par la société s'efforcer de réparer ses injustices ; de les voir oublier leur propre misère pour s'occuper d'adoucir la position d'un indifférent, pousser la délicatesse jusqu'à m'épargner leur contact ? Touchante leçon pour ceux qui, dans l'infortune, désespèrent de l'humanité ! Quand le despotisme a seul la parole et que l'ignoble contagion de la peur glace tous les esprits, on en est à se demander si un cataclysme moral n'a pas tout d'un coup déraciné du cœur de l'homme les sentiments généreux qui font sa grandeur, et voilà qu'on les retrouve cachés parmi les maudits !

Heureusement j'ai rencontré ailleurs et du côté d'où je devais le moins les attendre, de nobles sympathies, de précieuses bonnes volontés, et si je ne laisse pas parler plus haut ma reconnaissance, c'est que son témoignage nuirait, sans aucun doute, à ceux auxquels je l'adresserais. C'est un des malheurs de ce temps, et ce n'est pas le moindre à mes yeux, que de se voir condamné à ces douloureuses réticences.

Quoi qu'il en soit, si jamais j'avais le malheur de discuter avec la défaillance et le découragement, je n'aurais qu'à me rappeler la part d'épreuves qu'il m'a été donné de traverser, pour m'en affranchir. Quand je suis entré dans la lutte, je ne m'étais pas dissimulé ce qui m'attendait, l'envie et la calomnie dans le succès, la persécution et l'abandon dans la défaite.

Soldat du devoir, je savais que c'était un maître jaloux et sévère, auquel on ne donnait point assez, même en lui sacrifiant tout, et dont la main ne s'ouvrait jamais pour payer ses serviteurs. Et cependant, j'ai trouvé à lui obéir plus de consolations que de mécomptes. Quand le malheur est venu à moi, avec son cortége habituel de déceptions, il m'a valu de larges compensations, ménagé d'heureuses surprises, et je puis dire aujourd'hui que, pour qui ne place pas avant tout la misérable satisfaction des intérêts matériels, la paix de la conscience est encore le premier des biens.

Depuis mon retour, on m'a montré du doigt des transfuges et des traîtres que, sans cela, je n'aurais pu reconnaître sous l'appareil nouveau de leur scandaleuse prospérité. Ils passaient dans la foule, dédaigneux comme des parvenus; ils devaient être heureux, car leur chute n'avait pas été un accident, mais le but de toute leur vie, et cependant leurs regards se troublaient, leurs fronts se baissaient quand ils rencontraient quelqu'un de ceux qui les avaient connus au temps où déjà ils préparaient savamment leur trahison. J'en ai vu d'autres qui, après avoir payé noblement leur dette, sont venus tristement se briser contre l'écueil de leur vanité, possédés du besoin de paraître, voulant jouer à tout prix un rôle auquel ne les destinaient ni leur intelligence ni leur éducation, ils ont escompté leurs services passés à des entrepreneurs d'industries interlopes, s'abaissant jusqu'à servir d'enseignes à des combinaisons qu'ils condamneraient les premiers s'ils n'en étaient pas devenus les complices, tout cela parce qu'ils n'avaient pas le courage de rester dans la simplicité qui faisait toute leur force. Tout cela est triste assurément, car si l'on ne doit que haine et mépris aux traîtres de parti pris, on ne peut voir de gaieté de cœur arriver au bord de l'abîme, par le glissant chemin des capitulations de conscience, des hommes qui pouvaient être utiles, qui pour cela n'avaient besoin que de patience.

IX

Dix ans de Cayenne. — Marin et Lange. — Les Invalides du bagne. — Les vétérans de 1804. — Sa Grâce le duc de Devonshire. — La messe du dimanche. — Pâques. — Les jésuites. — Douze communiants pour 2 fr. 75. — Le frère Léotade.

Tous les transportés réunis au fort Lamalgue avaient sur moi l'avantage d'être officiellement fixés sur leur position. En les arrêtant, la gendarmerie leur avait notifié en due forme l'arrêté préfectoral, approuvé par le ministre, qui ordonnait leur transportation et en déterminait la durée. J'avais été, moi, traité avec moins de façon. Depuis mon départ de Corte, j'avais passé de main en main, de prison en prison, sans savoir où j'allais, comme un ballot de marchandises que se transmettent les messageries sans en connaître la destination définitive. Je ne pouvais pas, à la vérité, conserver le moindre doute sur le sort qu'on me préparait. Je savais que le fort Lamalgue était l'antichambre de Cayenne, mais j'ignorais combien de temps devait durer le traitement qu'on se proposait de m'y faire subir, sans doute pour me guérir de l'affection chronique de républicanisme dont j'étais suspecté. Enfin, un beau jour, l'agent principal du dépôt prit sur lui de me faire savoir confidentiellement que j'en étais quitte pour la bagatelle de dix années de séjour à la Guyane. Comme c'était le maximum, je ne pouvais reprocher au gouvernement de me mesurer en avare les moyens de guérison. Si dix années d'une médication aussi énergique ne suffisaient pas à me délivrer de mon infirmité des pieds à la tête, j'acquérais de droit une place aux Incurables, et le gouvernement pouvait s'en laver les mains. Si, au contraire, je mourais avant l'expiration des dix années, la médecine administrative ne perdrait point de son autorité ni de son prestige. Tout était donc pour le mieux, et je n'avais pas le plus petit mot à dire, au contraire.

J'aurais cependant désiré avoir communication de l'arrêté préfectoral ou ministériel qui me concernait, pour connaître les motifs invoqués à l'appui de cette mesure tout exceptionnelle. Mais ma curiosité ne put jamais être satisfaite. Je sais seulement qu'à côté de mon nom, les feuilles d'écrou ou de transfèrement portaient invariablement le mot : *Dangereux*, en vertu du principe qui fait écrire : *Fragile*, sur les caisses de porcelaine ou de verre qu'on remet au chemin de fer. J'aurai plus tard à dire les gracieusetés que me valut cette flatteuse recommandation.

Le personnel de la transportation s'accroissait peu à peu ; les voitures cellulaires et la gendarmerie amenaient de temps en temps de nouveaux colons pour la Guyane, et jamais je ne voyais arriver de transportés politiques. Je retrouvais bien deux anciens détenus de Belle-Ile, mais comme ils étaient en rupture de ban, ils étaient rangés dans la catégorie des repris de justice. Le premier était un nommé Marin, qui avait quitté Belle-Ile avant que j'y fusse moi-même, et qui, ayant à liquider une surveillance antérieure, fut atteint par le décret de 1851. C'était un pauvre diable de musicien ambulant qui vendait des allumettes quand il ne trouvait pas à faire payer les aigres symphonies qu'il tirait de son violon. Autant que je me le rappelle, il était mort bien avant mon départ de Cayenne.

J'avais vu le second à Belle-Ile, où il était connu sous le nom de Lange, mais au fort Lamalgue il était entré sous un nom différent. A Belle-Ile, il comptait parmi les condamnés du complot dit de Marseille, qui signala d'une manière si fâcheuse l'administration d'Emile Ollivier, alors préfet des Bouches-du-Rhône, le même qui depuis se fit nommer député de la Seine en 1857, et qui le premier, avec Darimon, passa sous les fourches caudines du serment. Condamné à huit années de détention, Lange se trouvait de plein droit soumis à la surveillance, et, à l'expiration de sa peine il fut dirigé sur Martigues. Tout Marseillais a l'amour de sa cité, et Lange ne put se résigner à vivre ailleurs. C'était là que résidait sa famille, c'était là aussi qu'il pouvait trouver du travail. Il y revint sans autorisation et fut bientôt condamné pour ce fait à huit jours de prison. Rendu à la liberté au bout de la semaine, Lange continua à rester à Marseille, s'imaginant qu'il avait payé sa dette. Grande était son erreur. Il ne tarda pas à être arrêté de nouveau, comme si sa présence eût été un danger pour la sécurité de Marseille; mais cette fois, au lieu de le faire passer derechef en jugement, on le dirigea sur le fort Lamalgue, en attendant le prochain départ pour la Guyane.

A Toulon, comme à l'île du Diable, je fis tout mon possible pour alléger la position de Lange, mais tous mes efforts se brisèrent contre les termes de l'arrêté préfectoral qui le frappait. Puis j'étais un pauvre protecteur. Ce malheureux ne survécut pas longtemps à son arrivée à l'île Saint-Joseph. La veille du jour où je repartis pour la France, il avait succombé à une maladie de poitrine, dont il portait le germe depuis longtemps et que le régime et le climat n'avaient pas tardé à rendre mortelle.

Voilà un nouvel exemple à invoquer contre la surveillance, surtout dans son application aux détenus politiques! Grâce à cette rigueur inutile, grâce aussi au décret de 1851, un malheureux prolétaire s'est vu ranger parmi les hommes déchus, habitués du bagne ou de la centrale, et il a eu là douleur de mourir à dix-huit cents lieues de la patrie, sous la livrée du crime !

Le fort Lamalgue ne servait pas seulement de dépôt aux transportés ; il recevait encore tous les condamnés du bagne remis au ministère de l'intérieur. Comme on le sait, les forçats sexagénaires ne sont plus soumis aux travaux des arsenaux, et, depuis quelques années, tous ceux qui dépassaient l'âge réglementaire étaient distribués dans les maisons centrales. Plus récemment, ainsi que je l'ai dit, la maison de Belle-Ile, destituée du rang de prison politique, avait été installée pour recevoir les forçats en retraite, au nombre de cinq à six cents. Mais, pour réunir dans ce lieu d'asile les vétérans de la chiourme, il fallait opérer au préalable un mouvement de concentration, rassembler au lieu d'embarquement, c'est-à-dire à Toulon, les escouades disséminées dans les pénitenciers du Midi, et, naturellement, le fort Lamalgue dut ouvrir ses casemates à ce nouveau contingent.

La petite ville où je suis né est traversée par la grande route de Paris à Brest, et, chaque année, au temps de mon enfance, le passage de la chaîne était un événement auquel ne manquaient jamais les curieux. Ce triste spectacle avait laissé dans mon esprit une impression profonde, et, depuis, le seul nom de forçat avait toujours éveillé en moi une invincible répugnance. Je voyais reparaître dans mes souvenirs ces immenses charrettes sur chacune desquelles étaient assis une double rangée d'hommes déguenillés, aux traits flétris ou sinistres, dont les jambes captives pendaient le long des ridelles et qu'une longue chaîne, correspondant par des anneaux à leur bras et à leur cou, maintenait immobiles; je voyais les figures encore plus hideuses des argousins, dont les uns servaient d'escorte, pendant que les autres, debout sur les voitures, promenaient capricieusement leur pesant gourdin sur les têtes rasées et les épaules souvent nues des misérables confiés à leur surveillance. J'entendais retentir à mes oreilles les cris sauvages que provoquaient ces brutalités, les hurlements de rage ou de défi qui les accueillaient, ainsi que les horribles querelles qui s'élevaient à la suite dans le hideux troupeau.

Qui m'eût dit alors qu'un jour viendrait où les hasards de la politique et l'accomplissement du devoir me jetteraient dans cette abominable compagnie, mangeant au même plat, buvant au même vase, accouplé à la même chaîne, couchant côte à côte sur quelques brins de paille ou le plancher d'un entre-pont? Qui m'eût dit surtout que, malgré leur dégradation, ces hommes, si complétement abandonnés, d'eux-mêmes chercheraient à me faire oublier par leurs déférences l'injure qu'on me faisait en m'accolant à eux ; qu'en un mot, à un certain moment de ma vie, ils représenteraient pour moi la consolation et la justice ?

Les forçats qui vinrent successivement s'abattre au fort Lamalgue, sans parler de ceux qui figuraient parmi les repris de justice, se présentaient, je dois le dire, sous un jour qui bouleversait mes idées d'autrefois. Ce n'était plus d'audacieux lutteurs, dans la pleine vigueur de l'âge, dans l'attitude cynique et violente de la révolte. Je voyais des têtes blanchies et courbées par la vieillesse, et, dans le nombre, se rencontraient des figures dont partout ailleurs l'aspect eût commandé la vénération. L'âge et la rude discipline du bagne avaient presque effacé l'empreinte que l'habitude ou la passion du mal dépose au front du criminel. Puis la mise en scène avait disparu ; plus de fers, plus de bruit de chaînes ; au lieu de haillons disparates et presque pittoresques, c'était la livrée grise ou fauve des centrales, c'est-à-dire des vêtements qui eussent été semblables à ceux que j'étais réduit à porter, s'ils n'avaient pas été en meilleur état.

L'arrivée de ces vétérans de la casaque rouge jeta une certaine animation dans le préau ; ils avaient des compagnons de chaîne, ou, comme ils disaient par euphémisme, des *collègues* dans le personnel des repris de justice. Et il ne pouvait en être autrement, car tous les bagnes de France, toutes les maisons centrales du Midi avaient leurs représentants au fort Lamalgue. Grâce à cette invasion, chaque chambrée vit doubler le nombre des paillasses, mais je restai toujours en possession d'un cachot séparé. Les nouveaux venus apportaient des dispositions d'esprit bien différentes de celles qui animaient les repris de justice recrutés pour Cayenne. Tandis que ces derniers s'effrayaient, et non sans raison, de l'avenir qui leur était destiné, les autres se laissaient aller à l'espérance et construisaient à l'envi les plus magnifiques châteaux en Espagne. La vieillesse, qui s'annonce au reste des hommes par les souffrances et le désenchantement, leur apportait, à eux, un dernier privilége. Déjà ils lui avaient dû de remplacer les pénibles travaux du bagne par le repos relatif des centrales, et maintenant une nouvelle faveur leur était octroyée. On venait de créer pour eux les Invalides de la chiourme, et ils jouissaient par avance des plaisirs que leur promettait le *farniente* dans la maison de Belle-Ile. Mais si c'était un pas de plus vers le bonheur, ce n'était que le moindre de leurs vœux. Ceux mêmes dont la condamnation ne devait finir qu'avec la vie, — et c'était le plus grand nombre, savouraient les délices de la liberté. Une fois à Belle-Ile, les grâces, les réductions de peines allaient pleuvoir sur eux et le plus caduc se livrait, avec une joie enfantine, à tous les écarts d'une imagination que rien ne devait entraver. C'était, en vérité, navrant de voir tous ces malheureux qui avaient déjà un pied dans la tombe s'organiser une vie de fantaisie à laquelle ne manquait aucune des illusions que poursuit la robuste jeunesse.

Si, personnellement, je n'ai pas eu plus à me plaindre du voisinage des forçats que de celui des repris de justice, je ne veux pas cependant donner à penser que tout ce monde fût composé d'anges et de martyrs. Mais les natures les plus dévoyées conservent toujours au fond l'instinct du juste, et c'est à ce titre sans doute que les uns comme les autres se révoltaient des rigueurs employées contre un homme qui n'avait pas *fauté*, disaient-ils, c'est-à-dire qui n'avait pas été condamné pour vol ni pour assassinat. En même temps, ils éprouvaient peut-être une secrète satisfaction en voyant la main du pouvoir s'apesantir sur un innocent; il leur semblait que cela infirmait en quelque sorte leurs condamnations, si méritées qu'elles fussent.

Mes nouveaux compagnons me savaient gré de relever, dans une certaine mesure, la position qui leur était faite. De plus, ils ne pouvaient se dissimuler que ma présence au milieu d'eux était une sauvegarde contre l'arbitraire des gardiens, qui ne voulaient pas se donner tort aux yeux d'un témoin désintéressé.

Enfin ils trouvaient chez moi de petits services, de légers secours au besoin, lorsque ma maigre bourse me permettait de faire le généreux. Quand j'eus obtenu de me faire apporter mes modestes repas du dehors, j'en laissai toujours une partie pour les malades, et il n'en fallut pas davantage pour me valoir la reconnaissance et l'empressement de toute la cour.

En dehors de cela, ils étaient entre eux ce que sont les prisonniers, éternellement jaloux l'un de l'autre, toujours prêts à se reprocher leurs méfaits comme à se réconcilier, se disputant sans cesse quand la communauté des souvenirs ne les mettait pas sur le chemin des interminables confidences. Sous cette uniformité générique qu'enfante naturellement le régime des bagnes et des centrales, on retrouvait, comme dans la société libre, les nuances déterminées par la diversité des tempéraments et des caractères et souvent en contradiction manifeste avec les faits qui avaient amené les condamnations. Toutes proportions gardées, les vices et les vertus de l'humanité avaient leurs types dans ce ramassis d'hommes déchus, et, là comme ailleurs, la foule était niaise, la minorité intelligente. Toutefois, j'ajouterai à la louange de cette tourbe déclassée, que j'ai toujours vu ces malheureux partager de bonne grâce leur pitance avec ceux qui arrivaient et n'avaient pas droit aux vivres pour le premier jour. Et c'était une immense générosité pour ces estomacs affamés, une générosité qui laisse bien loin derrière elle les faciles cotisations de l'opulence.

Le rapprochement de tous ces pères conscrits du bagne donna lieu à des scènes de plus d'une espèce. Que de reconnaissances inattendues ! Quel échange de nouvelles et de souvenirs ! Le plus souvent, il fallait se boucher les oreilles pour ne pas succomber au dégoût, mais parfois aussi se révélaient des situations dignes de fixer l'attention.

C'étaient d'anciens soldats, qui avaient fait les mêmes campagnes sous le premier empire et ne se lassaient pas d'en parler. L'un d'eux — il le disait du moins — avait gagné l'épaulette et la croix sur le champ de bataille, pour tomber plus tard sous le coup d'une condamnation perpétuelle. Deux autres, séparés depuis quarante ans et plus, découvraient qu'ils avaient fait ensemble leurs premières armes, au bagne d'Anvers, de 1804 à 1812. Graciés à cette époque, ou plutôt libérés à la suite des événements qui enlevèrent la Belgique à la France, ils n'avaient pas déserté la voie du mal, et bientôt, condamnés, chacun de son côté, aux travaux forcés à perpétuité, la fatalité qui les avait réunis à leur début dans le crime les rassemblait encore après un demi-siècle pour aller mourir ensemble sur le rocher de Belle-Ile.

Mais, dans cette foule, se distinguait entre tous un Anglais dont le nom a retenti en 1853 dans les journaux judiciaires. Condamné par la cour d'assises de la Seine à quinze ans de travaux forcés pour le crime de faux, Cavendish avait réussi à s'échapper de la Conciergerie après sa condamnation, en séduisant un gardien. Repris au Havre, au moment de s'embarquer pour Southampton sous des habits de femme, il avait dû à je ne sais quelles protections d'être dirigé non sur le bagne, mais dans la maison centrale d'Embrun, où du reste son âge lui aurait bientôt donné droit d'entrée. Là, il jouissait de mille priviléges; dispensé du travail, il avait un logement particulier, où il recevait journellement sa femme, vivant à ses frais, de la manière la plus confortable. S'il portait l'uniforme de la prison, pour ne pas enfreindre trop clairement la règle, il avait la consolation de se faire habiller par son tailleur, sa fierté britannique ne voulant pas imposer à la France les dépenses de son entretien.

C'est chose assez commune que de voir des étrangers dans les bagnes, et je n'en parlerais pas sans une circonstance extraordinaire. Cavendish avait déjà eu plus d'un compte à régler avec la justice française avant 1853. Condamné une première fois, en 1819, il aurait de plus, au dire d'un vétéran du bagne d'Anvers, figuré à ses côtés dès 1812 dans cet établissement, n'ayant alors que dix-neuf ans. C'était donc une existence bien complète, la fin répondait au début. Eh bien ! cet homme se donnait comme le représentant d'une des premières familles des Trois-Royaumes, comme l'héritier d'une fortune de plusieurs millions de rente. Il recevait de Londres, chaque semaine, des lettres qui portaient sur l'adresse le titre de Sa Grâce le duc de Devonshire.

L'aristocratie anglaise a des mystères et des misères qu'il n'est pas aisé de pénétrer et dont, pour ma part, je ne tiens pas à connaître le premier mot. Il se peut que cette revendication soit fondée, qu'elle explique ou même qu'elle efface la condamnation ou les condamnations dont Cavendish a été l'objet, qu'en un mot, il soit victime d'une spoliation ; je n'ai pas à m'en occuper. Le seul enseignement qui résulte de ceci, c'est qu'en ce moment l'asile de Belle-Ile renferme un homme qui, en 1868 au plus tard, en supposant que, contre son espoir, il ne soit pas grâcié plus tôt, ira frapper aux portes de Westminster, et s'asseoir, s'il dit vrai, à la tête des plus grands noms de l'Angleterre, pour décider, par son vote, les intérêts de la nation et du monde.

Là ne finit pas l'odyssée du prétendu duc de Devonshire, et grâce à des renseignements que me fournit le hasard au dernier moment, je puis donner le dénoûment de ses aventures, au moins sur le sol français.

Une fois à Belle-Ile, Cavendish se rappela que la crédulité humaine est infinie, et il ne désespéra pas d'arriver à faire abréger sa détention, dont le terme légal ne devait arriver qu'en 1868. Quand on a, comme lui, trouvé, en 1854, à se faire ouvrir les portes de la Conciergerie, à l'aide d'un faux billet de 50,000 francs, on ne renonce pas aisément à trouver d'autres imbéciles. Il en trouva. Au moyen d'intelligences qu'il sut se créer, il fut assez habile pour déterrer une espèce d'homme de loi, fort bien noté d'ailleurs dans le régime actuel, qui se chargea de le faire grâcier, sous la promesse écrite de recevoir la moitié des immenses revenus du duc de Devonshire. Et l'aveuglement de cet entremetteur fut si complet, sa confiance si absolue, qu'il n'hésita pas à avancer 200,000 francs dans ce but. A quoi furent employés ces 200,000 francs, à qui furent-ils remis? On ne le dit pas; mais ce qui paraît certain, c'est qu'ils n'allèrent pas dans les mains de Cavendish. Toujours est-il que la grâce de Cavendish fut signée promptement, expédiée directement à Belle-Ile, et que ce dernier obtint la clef des champs, ce dont il profita sans le moindre délai pour quitter la France.

Quant à l'homme de loi, il en fut pour ses 200,000 francs, et s'il compte encore sur l'exécution des promesses qui l'avaient séduit, il peut se flatter d'avoir la plus robuste confiance que jamais filou émérite ait pu mettre à l'épreuve.

On n'est pas sans dire qu'après tout la libération, plus ou moins régulière, de Cavendish, fit quelque bruit, qu'il y eut même commencement d'instruction et d'enquête; mais l'oiseau était déniché et l'affaire tomba d'elle-même. Apprendrons-nous plus tard de nouvelles caravanes du faux duc? Hélas! il n'est plus jeune, et, sans doute, à l'heure qu'il est, dégoûté de l'ambition, il n'aspire qu'au repos que déjà peut-être il a trouvé dans la tombe.

Ainsi finit l'histoire de l'illustre Cavendish, dont un jour peut-être nos neveux retrouveront la légende, qu'ils placeront à côté des Collet et des comte de Sainte-Hélène. Pour l'honneur de la pairie anglaise, il convient de dire, en terminant, que les fiers descendants des compagnons de Guillaume, dont la conquête a écrit le nom sanglant au *Doomsday-Book*, n'ont pas eu à faire place au forçat relaps qui s'était sacré duc de Devonshire. Peut-être est-ce à regretter? Une leçon de ce genre aurait mis en pleine lumière le vice de l'hérédité.

La première semaine de mon arrivée, j'assistai, non sans étonnement, à la cérémonie religieuse du dimanche. Dès le matin, on voyait des condamnés militaires passer et repasser dans notre cour et mettre l'autel en place, avec l'appareil ordinaire de chandeliers, de pots et de gravures dont le culte catholique aime à s'entourer. Je me hâtai de rentrer prudemment dans mon cachot, ne voulant me mêler à aucun titre à ces sortes de représentations. Autant qu'il m'en souvient, les messes militaires ont l'immense mérite de s'expédier au galop; mais au fort Lamalgue c'était bien différent. A défaut d'orgue et de serpents, il y avait un orchestre vocal, composé d'une dizaine de prisonniers militaires. Pendant les vingt-cinq à trente minutes que dura l'office, j'entendis exécuter une foule de cantiques dont je ne veux pas critiquer l'intention, mais dont, je puis le dire sans impiété, la poésie était plus que médiocre. Tous ces petits chefs-d'œuvre de stupidité jésuitique, dus en général au génie d'un M. de Ségur, sont d'une platitude à désarmer toute critique.

Tantôt, de faux élans de cœur exprimés par des épithètes insensées, tantôt des déclarations d'amour à la Vierge, ou de niaises invocations à quelque soudard canonisé par l'Eglise; puis une ode à la discipline militaire, où ses rigueurs étaient bénies par les malheureux qui en étaient les victimes; c'était, pour tout dire, un tas de rapsodies du dernier commun, habillées d'airs mondains empruntés aux opéras et aux chansons en vogue et bravement enlevées par des choristes en pantalon rouge.

Voilà donc, me disais-je, par quels artifices les doux poëtes de la compagnie de Jésus se flattent aujourd'hui de parler au cœur des enfants de la Révolution, d'adoucir ces natures rebelles, qui n'ont pas su se plier au joug du commandement militaire ! S'ils n'ont pas d'autres accents, le siècle n'a pas à redouter leur puissance. Qu'ils épuisent à leur gré la veine de leur lyrisme imbécile, ils ne recruteront pas beaucoup d'adeptes.

Toutefois, je m'étonnais de voir des soldats se faire les porte-voix de ces misères, et je me demandais si la nouvelle génération, arrachée à l'enseignement peu orthodoxe de ses aînées, avait fait brusquement retour à la sacristie. Mon étonnement ne fut pas de longue durée, et j'appris bientôt ce qu'il y avait au fond de cette dévotion presque générale. Au fort Lamalgue, comme dans toutes les prisons, les condamnés s'étaient laissé persuader que l'aumônier portait dans les plis de sa soutane le portefeuille des grâces, et qu'à sa voix, les portes de la prison s'ouvraient d'elles-mêmes. Or, on sait à quel prix s'obtient la bienveillance d'un prêtre catholique : il faut *pratiquer*; et tous mes gaillards *pratiquaient* à qui mieux mieux. Nul ne manquait à la messe, toujours dans l'espoir que la grâce arriverait, et les mois avaient beau succéder aux mois, ces déceptions prolongées ne fatiguaient pas l'infatigable patience de ces catéchumènes intéressés. La tradition leur avait transmis le nom de quelque soldat grâcié de cette manière, et cela suffisait à entretenir leur confiance à perpétuité.

Quant aux préférés qui remplissaient l'office de sacristains, d'enfants de chœur, de choristes et de coryphées, leur bonne volonté s'alimentait de perspectives moins illusoires. Vingt-cinq centilitres de vin récompensaient chaque fois le concours qu'ils prêtaient aux choses saintes, et, dans la conscience du soldat, le quart de vin justifie tout. Au milieu des privations sans nombre qui les assiégent, libres ou prisonniers, le quart de vin est un irrésistible talisman. Je le dis avec tristesse, c'est la clef des dévouements, le secret des enthousiasmes, et c'est seulement en voyant de près le prix qu'on attache à des gratifications de ce genre, que je suis parvenu à me rendre compte de certains événements que je ne pouvais m'expliquer sans cela. Plus d'une fois, j'ai, comme bien d'autres, été chercher au loin le pourquoi de tel ou tel fait; j'ai construit dans mon esprit mainte théorie pour le rattacher à des causes générales, logiques. Que de recherches et d'efforts je pouvais m'épargner! Dans l'abîme d'ignorance et d'abrutissement auquel les masses sont condamnées aujourd'hui comme autrefois, alors que la dignité n'existe pas, c'est le plus souvent au compte des cantines qu'il faut chercher le dernier mot des surprises de la fortune. Pour en revenir aux petites choses, le pieux empressement des soldats détenus au fort Lamalgue, est-il besoin de le dire, n'avait pas d'autre mobile, et je n'oublierai jamais le sérieux avec lequel l'un d'eux dit un jour, à propos d'un de ses camarades qu'on accusait de jésuitisme parce qu'il répondait la messe : « Qui n'en ferait autant pour un quart de vin ? »

Décidément, il y a progrès, car les prétoriens, au temps des Césars, se montraient moins faciles à contenter, et, s'ils faisaient à leur gré des empereurs, ils exigeaient au moins d'opulents donatifs.

De temps en temps aussi, l'Eglise avait le bonheur de convertir et de baptiser un Juif, et quand cela se présentait, la cérémonie revêtait un caractère de solennité inaccoutumé. Le parrain et la marraine étaient pris dans l'état-major, et, comme toujours, le rachat de ces âmes s'opérait aux mêmes conditions : le quart de vin et l'absolution générale des péchés antérieurs, plus l'espoir incessamment trompé d'une commutation de peine.

Il est sans doute affligeant de voir des hommes faire marché de leur dignité, mais les victoires obtenues à ce prix sont rarement durables, et le clergé en particulier n'a guère le droit de se féliciter de ces recrues qu'il fait dans les casernes et dans les prisons, quand il est réduit à employer comme auxiliaires de ses prédications la brutale séduction du verre de vin.

Le carême touchait à sa fin, Pâques approchait et dès lors on vit affluer les robes noires au fort Lamalgue. Il s'agissait de préparer les détenus de bonne volonté à la communion, et, comme l'aumônier n'aurait pu suffire à la besogne, le clergé de Toulon lui vint en aide.

8.

Qu'advint-il de cette concentration d'efforts ? Il n'y eut pas plus d'une douzaine de condamnés militaires admis à la fête. La juste sévérité des confesseurs repoussa-t-elle impitoyablement les pécheurs dont la contrition leur parut contestable ou bien la récompense promise fut-elle jugée insuffisante ? Je ne sais. En matière aussi grave, il serait mal de risquer une hypothèse : je me bornerai à constater ce qui s'est passé sous mes yeux parmi les forçats et les repris de justice.

Un beau jour, trois prêtres parurent dans le préau, et l'un d'eux prononça avec assez de difficulté un petit discours afin d'engager les détenus à faire leurs dévotions, comme il convient à des chrétiens. L'oraison n'obtint qu'un succès fort limité. Il fut répondu tout d'une voix à MM. les confesseurs que, si l'âme avait des besoins, le corps n'en était pas dépourvu, et que, pour accomplir avec fruit un acte aussi important que la communion, il était indispensable d'être en paix avec les nécessités physiques. — « Nous n'avons pas de tabac, disait l'un, nous mourons de faim, disait l'autre. »

MM. les curés étaient fort empêchés pour répondre à ce déluge de réclamations. Enfin, l'orateur clérical reprit qu'on avait pensé au corps en même temps qu'à l'âme, qu'une quête spéciale serait organisée dans les paroisses de la ville et que tous les détenus y participeraient, même ceux qui ne communieraient pas.

Voilà qui est bien; cette fois, pensai-je à part moi, en suivant cet épisode du fond de mon cachot. La vraie charité ne connaît ni fidèles, ni gentils, elle ne voit que des malheureux. Est-ce que par hasard le clergé catholique voudrait s'amender?

Les vieux routiers du préau se montrèrent moins faciles; après le départ des prêtres, ils rappelèrent que, quelques années auparavant, une mission de jésuites était venue à Toulon, avec le dessein de réconcilier les forçats avec la religion, que presque tout le monde s'était laissé faire, comptant sur le produit d'une quête faite à grand fracas dans la ville, et qu'en somme, sur les 8 à 9,000 fr. réunis, chaque communiant n'avait eu en tout et pour tout que 4 à 5 sous. « Or, ajoutaient-ils, on ne peut pas, en conscience, communier pour si peu. »

Qu'il y eût inexactitude et injustice dans ces reproches, aucun catholique n'en doutera assurément, et, si peu croyant que je sois, je me garderai bien de m'en porter caution; je raconte ce que j'ai entendu, sans vouloir sortir de mon rôle passif d'historiographe. Qui ne sait, d'ailleurs — le pape le déclare tout le premier à chaque occasion — combien le catholicisme a d'ennemis, et peut-être ne serait-il pas impossible qu'il s'en fût glissé même aux galères? Satan est si perfide!

Quoi qu'il en soit, les observations précédentes commencèrent par produire un assez mauvais effet sur les dispositions de mes voisins. Un *tolle* général se produisit et un des meneurs ne craignit pas de faire entendre ces affreuses paroles : — « Nous avons été trompés une fois, c'est assez ; nous ne le serons plus. » Par bonheur, un autre orateur, qui connaissait à merveille les cordes sensibles de son public, fit entendre un langage plus conciliant : « Eh bien, s'écria-t-il, s'il n'y a pas d'argent, il y aura toujours quelque chose à *licher*. » Si cette réponse éloquente n'eut pas tout le succès qu'elle méritait, si elle ne détruisit pas le déplorable effet produit par le préopinant, elle ne fut pas entièrement perdue. Les estomacs les plus exigeants se laissèrent entraîner, et le surveillant put enregistrer treize candidats à la communion. C'était bien peu, sans doute, sur un personnel de 80 détenus environ, tant forçats que repris de justice, sans me compter bien entendu, mais enfin c'était toujours autant d'âmes acheminées vers le salut, et, par le temps qui court, il faut savoir se contenter de peu.

Cependant, le temps marchait, nous étions au Jeudi saint, et le confessionnal ne s'ouvrait pas pour les catéchumènes du préau. La majorité s'applaudissait déjà de sa coupable résistance, tandis que la minorité s'inquiétait hautement du peu d'empressement qu'on mettait à accepter sa conversion. Enfin, le tribunal de la pénitence commença ses assises, et il ne fallut pas plus d'une heure pour mettre d'accord avec

Dieu les consciences de tous ces pécheurs. Pas n'est besoin d'ajouter que je ne fus pas moins surpris qu'édifié de cette prodigieuse célérité. Si le court espace de cinq minutes avait permis à chacun d'étaler le fardeau de ses fautes, quand, au dire de l'Evangile, le plus juste pèche septante fois sept fois par jour, il faut reconnaître que mes compagnons étaient des vases d'élection et que, pour la blancheur et la pureté, les tours d'ivoire dont parle le cantique ne leur allaient pas à la cheville. Qui jamais eût pu s'attendre à trouver tant d'innocence parmi de vieux forçats augmentés de quelques repris de justice? Et pourtant, le fait était là dans toute sa réalité : ils avaient reçu l'absolution ; donc ils étaient sans péché.

Cette touchante cérémonie, si bien commencée et si lestement menée par les bons pères, ne devait recevoir son couronnement que le dimanche après Pâques, les nécessités du service extérieur réclamant tous les instants de l'aumônier et des prêtres qui l'assistaient. Les confessés avaient si grande hâte d'arriver au dénoûment qu'ils ne pouvaient toujours imposer silence à leur pieuse impatience. Enfin, le jour arriva où, lavés de toute souillure, ils purent s'asseoir à la table des anges. Je ne parlerai pas de l'éclat qu'on sut donner à cette imposante solennité : musique, chants, sermon, rien n'y manqua, et le prédicateur déclara, avec une émotion bien sentie, que la ville de Toulon tout entière ne lui avait pas offert un spectacle aussi édifiant que la chapelle mobile du fort Lamalgue ; le mot était flatteur s'il était mérité, et je suis sûr que la modestie des communiants en souffrit quelque peu.

La messe était finie, le piquet d'honneur avait regagné son poste et les condamnés militaires étaient remontés dans leur quartier ; le préau ne contenait plus d'étrangers. Aussitôt le groupe fortuné des communiants se porta dans un coin du promenoir, au pied de l'escalier, attendant avec anxiété la réalisation des promesses qui leur avaient été faites quinze jours auparavant. Allaient-ils enfin recevoir la récompense qu'ils avaient si noblement gagnée? Serait-elle en argent? Quelle en serait l'importance? Toutes ces questions étaient chaudement débattues, mais les prêtres étaient partis et le donatif ne se montrait pas. Les esprits commençaient à s'échauffer et le regret du saint devoir accompli se formulait avec une énergie fort peu respectueuse, lorsque le surveillant de service daigna annoncer que les communiants recevraient gratis à la cantine un morceau de cervelas et un quart de vin. La vérité m'oblige à dire que cette proclamation ne souleva pas un bien grand enthousiasme et que ceux qui n'étaient pas admis au festin ne ménagèrent pas les plaisanteries aux élus, qui, on peut le dire, n'étaient pas les meilleurs sujets des casemates. De leur côté, ces derniers ne se montraient pas avares de récriminations ni même d'invectives contre les bons pères, et les calculateurs établissaient que cette générosité ne dépassait pas vingt-deux centimes et demi par tête de communiant, soit pour tous *deux francs soixante-quinze centimes.* A vrai dire, c'était pour rien, et s'il était possible de ramener au même prix, dans le giron de l'Eglise catholique tous ceux qui s'en sont échappés, le pape ne devrait pas y regarder. Les trésors du Vatican ne sauraient recevoir une meilleure destination. Malheureusement, tout le monde n'est pas d'aussi bonne composition que l'étaient les hôtes du fort Lamalgue, et, par le vent d'incrédulité qui souffle partout, le denier de Saint-Pierre s'épuiserait cent fois avant de convertir l'innombrable armée des dissidents et des incrédules.

Bientôt, l'esprit de sagesse reprit ses droits; la perspective consolante d'une libation gratuite calma les mécontentements, et les privilégiés se préparèrent pour le banquet. Je n'oserais même pas jurer qu'à ce moment les récalcitrants n'aient pas regretté leur impiété, car l'estomac et la jalousie sont de mauvais conseillers, si l'on en croit le poëte.

Seul, un détenu se montrait inconsolable. C'était l'un des forçats émérites du bagne d'Anvers, celui qui avait étrenné la chaîne en 1804. Inscrit l'un des premiers pour la confession, il avait été mis de côté, et, quoi qu'il eût fait pour obtenir de déposer le bilan de ses fautes dans le sein de l'homme de Dieu, ses réclamations s'étaient perdues dans le désert. Dans cette exclusion, que je ne puis attribuer qu'au hasard, il voyait une injure à son caractère, et il ne se faisait pas faute de se comparer à ceux qui avaient été admis auprès du prêtre. — « Je suis cependant un honnête homme, s'écriait-il, et tout le monde n'en peut dire autant. » — Son ressentiment se réveilla plus vif et plus amer quand il se vit exclu de la distribution comme il l'avait été de la confession, et, franchement, si l'intention peut être réputée pour le fait, il est certain qu'il s'est mieux confessé que personne. Espérons que l'explosion de son désappointement n'aura pas fait tort à son salut et que le ciel ne lui tiendra pas rigueur pour les quelques blasphèmes que lui arrachait la colère du moment.

On n'a pas oublié le frère Léotade, condamné aux travaux forcés à perpétuité par la cour d'assises de la Haute-Garonne, pour avoir violé et assassiné une jeune fille de douze ans à Toulouse. Ce misérable, qui a eu tant d'imitateurs, ne devait pas survivre longtemps à sa condamnation. Vainement, s'était-on efforcé d'adoucir pour lui le régime du bagne; vainement, la légitime sympathie des sœurs et des aumôniers, voire des administrateurs, s'empressait autour de lui pour le consoler des rigueurs du jury, l'épreuve dépassa ses forces.

Quand il sentit approcher ses derniers moments, il demanda le procureur de la République, car il eut la douleur de mourir avant la chute de cette République, dont la naissance avait éclairé le jour de sa condamnation.

Le procureur de la République ne vint pas, et pour cause. Les saintes femmes qui veillaient à son agonie ne purent prendre cette demande au sérieux, et, à la place du magistrat chargé par la loi de recevoir les révélations, ce fut un prêtre qu'on lui amena. Léotade insista de plus belle; il semblait avoir retrouvé des forces pour accomplir un devoir suprême. Heureusement pour la religion, deux heures avant l'arrivée du magistrat, qu'on s'était enfin décidé à prévenir, il avait cessé de souffrir; son âme s'était envolée sans douleur et surtout sans scandale; les cieux comptaient un séraphin de plus. C'est du moins ce que donna à entendre l'aumônier du bagne, parlant à ses ouailles en leur disant, dans le triomphe d'une joie céleste, qu'il avait reçu les derniers aveux du frère Léotade et qu'il pouvait garantir son innocence. Qu'est-ce donc que la justice civile aux yeux des serviteurs de la papauté? Après des débats solennels, douze citoyens déclarent sur leur honneur et leur conscience la culpabilité de Léotade, et, pour ne pas charger d'un supplice le jour qui a vu naître la République, ils lui font grâce de la vie, et voilà que, du haut de la chaire, un prêtre vient, devant une assemblée d'hommes tous condamnés par la même justice, donner un démenti à un arrêt irrévocable, réhabilitant un coupable indigne d'excuse et trop doucement puni, peut-être, aux yeux de qui accepte le régime pénal d'aujourd'hui.

Il en eût été tout autrement sans doute sans la barrière qui s'est élevée et à propos entre le forçat repentant et le chef du parquet de Toulon, si Léotade avait pu parler. D'impurs mystères auraient été connus peut-être, mais la religion eût été compromise de plus belle, et ne valait-il pas mieux empêcher pareil scandale? Dans l'intérêt de Léotade et de sa gloire, ne vaut-il pas mieux qu'il soit mort ainsi? Son nom est pour jamais inscrit parmi ceux des martyrs, et, cet honneur, on ne saurait le payer trop cher.

X

Les condamnés militaires de Bone. — La justice dans l'armée.

Ce jour-là, il y avait un mouvement inaccoutumé au fort Lamalgue; le poste avait été doublé, et les allées et venues, l'importance affairée des surveillants et des chefs présageaient quelque événement de nature à rompre la désespérante monotonie de la prison. Vers les deux heures, la garde prit les armes et les portes s'ouvrirent pour laisser passer une centaine de prisonniers, qui vinrent se ranger dans la cour, sous l'escorte d'un nombreux détachement de gendarmerie. Jeunes et robustes, pour la plupart, ces hommes révélaient, par la nonchalante régularité de leur pose, les habitudes de l'éducation militaire.

Leur costume de drap jaune foncé était surtout remarquable par une courte casaque bizarrement coupée dans le dos de bandes bleues; ils portaient au pied un lourd anneau de fer et des cordes les rattachaient les uns aux autres;

leurs visages, desséchés et brûlés par le vent et le soleil, accusaient d'immenses souffrances et des passions indomptables, et le feu sombre qui brillait dans leurs yeux attestait qu'ils étaient loin d'avoir épuisé leur énergie. C'étaient des condamnés aux fers qui revenaient d'Afrique.

La législation nouvelle ayant supprimé la peine des fers militaires, le gouvernement ne crut pas devoir maintenir dans le pénitencier de Bone les condamnés de cette catégorie, et l'ordre avait été donné de les évacuer sur Toulon, pour les répartir ensuite dans les maisons centrales du Midi.

J'ai vu successivement passer au fort Lamalgue plusieurs centaines de ces malheureux; je les ai coudoyés pendant plusieurs semaines, les échos des casemates m'ont renvoyé leurs joies et leurs colères; le bruit de leurs querelles et de leurs orgies a plus d'une fois traversé les murs cyclopéens de mon cachot, et jamais leur souvenir ne visite ma pensée sans y laisser d'affligeantes impressions, dont la pitié ne fait pas tous les frais.

On dit que l'armée est l'école de l'honneur, mais alors comment se fait-il que la discipline compte tant et tant de victimes, et qu'elle les choisisse de préférence parmi les mieux doués? Pourquoi enfin la répression se fait-elle violente jusqu'à la barbarie? Je voyais là des hommes auxquels, en général, n'avaient manqué ni l'enseignement du foyer, ni l'appui de la famille et que l'esprit d'aventure, l'amour de la gloire, si l'on veut, avait jetés dans l'armée, alors que leur esprit pouvait sans effort se prêter aux légitimes exigences du service. Cependant, au lieu d'y trouver un élément à leur activité, un encouragement à leur élévation morale, au besoin une sauvegarde contre l'entraînement de leurs passions, ils n'avaient endossé l'uniforme que pour le changer presque aussitôt contre la souquenille du condamné. Et qu'avait-il fallu pour cela? Un moment d'oubli, de vivacité, peut-être un sentiment de dignité provoqué par le caprice ou la brutalité d'un supérieur, rien en un mot qui dénotât un abaissement moral. Adieu la gloire rêvée naguère! adieu le retour au foyer! Si le conseil de guerre peut se dispenser d'appliquer la peine de mort que le Code édicte pour ainsi dire à chaque article, les longues tortures de la prison seront la rançon d'un délit qui, au tarif de la loi civile, se rachèterait par une légère amende et quelques jours de prison.

Pour des natures ardentes, exaspérées par l'injustice réelle ou présumée de la condamnation, par le manque de toute proportion entre la faute et le châtiment, la prison, avec son cortége d'humiliations et de privations incessantes, avec son régime de provocations et d'embûches, la prison, dis-je, est un supplice intolérable. Si le corps survit tant bien que mal, l'esprit et le cœur y courent les dangers de toute sorte, et trop souvent, en quittant cet enfer, on y laisse le sens moral, sinon l'honneur.

Longtemps j'ai refusé d'ajouter foi à ce que j'entendais dire des horribles mystères de la citadelle de Bone, mais les témoignages se pressaient si concordants, si unanimes, que le doute n'était plus possible. Tout en faisant la plus large part à la passion, il était impossible de ne pas reconnaître qu'il y avait de tristes réalités au fond de ces révélations qui faisaient pâlir les archives de la Bastille et de l'Inquisition.

Je ne parlerai pas du poids des fers que traînaient les condamnés, et qui n'était pas inférieur à 15 kilogrammes, des pénibles travaux qu'ils avaient à accomplir, aux ardeurs du soleil d'Afrique, creusant la terre, déracinant les rocs, menant la brouette sur les flancs escarpés de la montagne; des consignes qui autorisaient les sentinelles et les gardiens à faire feu à la moindre désobéissance, c'est-à-dire quand il leur en prenait l'envie; tout cela est de droit dans le système de la loi, et ce n'est pas le moment de la discuter. Mais là ne s'arrêtaient pas les sévérités du régime. Il me suffira de dire que la plus légère infraction au règlement — et l'on pense s'il était arbitraire et tracassier — se payait par trois, quatre ou cinq cents jours de cellule! A vrai dire, ces punitions ne s'exécutaient jamais, où presque jamais, entièrement; d'ordinaire, on en était quitte au bout de trois ou de six mois, ce qui est déjà monstrueux, mais j'entendais assurer que chaque mise en cellule entraînait de droit, au début, un jeûne absolu de six jours; que, pendant six fois vingt-quatre heures, le condamné ne recevait ni une bouchée de pain, ni un verre d'eau, et que, de plus, il était attaché de manière à ne pouvoir exécuter qu'à grand'peine les mouvements les plus indispensables.

Que vous semble de ce simple détail, dégagé des interminables récriminations qui retentissaient à mes oreilles ? N'en dit-il pas assez, à lui seul, contre le système adopté dans le pénitencier de Bone ? Et encore, je supprime tout ce qui m'a paru dicté par l'exagération ; j'écarte les accusations toutes personnelles qui s'adressaient à l'administration ; je ne veux rien croire ni surtout rien dire des criminelles cupidités dont on l'accusait, des effroyables fantaisies, des cruautés invraisemblables, des ignobles préférences qu'on lui prêtait. Les rigueurs du régime normal permettent de mesurer la part que pouvaient se faire le caprice et l'arbitraire. Mais ce n'est là que le côté étroit, accessoire de la question, et je n'ai pas à m'en occuper.

Assurément, il est commode et même consolant de rejeter sur une monomanie individuelle, sur les détestables penchants d'un ou de plusieurs hommes, la responsabilité de tout ce qui, dans cet ordre de faits, porte atteinte à la justice ou à la moralité. On en est quitte pour flétrir les coupables, et tout est dit. Malheureusement, cette explication, qui suffit au prisonnier, toujours disposé à personnifier ses griefs pour donner un but matériel et déterminé à ses haines, cette explication a le tort de n'expliquer rien, parce que le mal n'est pas dans le choix plus ou moins mal dirigé des instruments, il est dans la situation.

L'institution militaire a pour base un ensemble de préjugés qui n'ont rien à faire avec les notions et les règles de l'équité ordinaire. De là naît un droit exceptionnel, où tout est sacrifié à la rapidité et à l'unité du commandement. Parce qu'un jour le salut de l'État peut avoir à exiger impérieusement la subordination de toutes les volontés, la coopération de toutes les forces, l'obéissance passive est élevée à l'état de dogme permanent, indiscutable ; c'est l'arche sainte à laquelle nul ne peut porter la main sans mériter la mort ou au moins les plus terribles châtiments. La pénalité militaire étant excessive, le régime de la répression revêt nécessairement le même caractère. Et il est presque impossible qu'il en soit autrement. Le prisonnier militaire est peu traitable en général. Le plus souvent, il se croit injustement frappé, et, de temps à autre, il éprouve en quelque sorte le besoin de se constituer en révolte contre tout ce qui lui rappelle l'autorité qui l'a condamné. En présence d'une résistance qui est une atteinte à l'ordre et, tout à la fois, au principe essentiel de l'institution, le geôlier a bientôt épuisé toutes les armes de l'arsenal réglementaire, et, pour ne pas rester désarmé, il fouille à pleines mains dans le champ de l'arbitraire, sans autre flambeau que les éclairs de sa passion. De son côté, le prisonnier met son orgueil dans cette lutte; il a bravé le règlement comme il avait bravé la loi; il bravera encore les supplices nouveaux que peut inventer son persécuteur; on dirait qu'il éprouve une sorte de volupté à fatiguer son ressentiment.

Il semble que la lutte soit de tout point inégale entre le geôlier et les condamnés; l'inégalité n'est toutefois que dans l'apparence. En fait, le geôlier serait vaincu, s'il ne trouvait d'auxiliaires dans la race immortelle des faux frères. Désormais, la démoralisation savante va se combiner avec la terreur. Déjà, au surplus, la prison a fait sentir sa pernicieuse influence. A cette vie de misère et d'esclavage, de travaux répugnants et de châtiments rigoureux, à l'étouffement des passions qui bouillonnent au cœur de la jeunesse, il faut des compensations, des diversions, il en faut à tout prix! Vienne le jeu clandestin avec ses émotions dévorantes! Si l'or n'y paraît qu'à rares intervalles, si l'argent même y fait souvent défaut, la passion n'y perd rien, et le prisonnier qui joue ses derniers sous ou sa ration n'a pas à envier les sensations que les riches blasés vont chercher dans les salons fastueux de Benazé. Si le jeu est un défi à la fortune où le plaisir soit en raison des chances bonnes ou mauvaises, c'est surtout en prison qu'il doit avoir toutes les séductions, car à l'attrait du gain s'ajoute le plaisir d'échapper à une punition rigoureuse et presque inévitable.

Vienne l'ivresse, la consolation suprême, le tombeau de la pensée, la mère des querelles et des batailles, le délire sauvage dans le rêve et dans l'oubli! Dans tout cela, il y a des miracles d'adresse et de patience à accomplir pour introduire des cartes ou des dés, de l'absinthe ou de l'alcool, et n'est-ce rien que de tromper l'administration, de lui dérober des plaisirs, voire d'y trouver des complices!

Le prisonnier devient donc joueur et ivrogne; les souvenirs de sa vie militaire ne l'avaient d'ailleurs que trop préparé à cette double chute. Que si ces deux ressources laissent inassouvies certaines activités peu scrupuleuses, les traditions de prison leur viendront en aide. Alors, l'œuvre de dégradation sera complète, la déchéance irrémissible; l'administration aura toujours raison, quand, aux plaintes les plus fondées, elle pourra opposer le déplorable inventaire des excès les moins excusables.

Assurément, tous les condamnés de Bone n'avaient pas succombé aux déplorables inspirations de la prison; le plus grand nombre, je le crois, avait conservé sa dignité dans cette hideuse atmosphère de débauches et d'impuretés. Mais qu'importe que les natures d'élite échappent au naufrage? Ce qui est à considérer, c'est que la foule soit inévitablement condamnée à faillir et que les prisons militaires soient presque fatalement des écoles d'immoralité.

Dira-t-on que la suppression des fers militaires empêchera le retour de ces scandales? Soit; mais c'est pour l'avenir, et que va-t-on faire des condamnés que le bénéfice de la législation nouvelle a fait sortir de la citadelle de Bone? Je l'ai dit, on va les jeter dans les maisons centrales, au sein d'une population pourrie dans tous les vices, habituée à toutes les audaces du crime. Eh bien, je crains que cette nouvelle épreuve ne soit trop forte pour ces condamnés, dont beaucoup ont encore dix, quinze, vingt ans et plus de peine à subir, et que leurs consciences fatiguées peuvent mal défendre contre l'enseignement contagieux de leurs nouveaux compagnons.

En somme, je suis tenté de regretter pour eux les rigueurs de la citadelle de Bone; là, du moins, ils échappaient au contact des voleurs et des faussaires. Victimes de la discipline militaire, mais purs de tout déshonneur, ils pouvaient déposer avec la livrée du condamné ses déplorables habitudes, rentrer dans la société sans rencontrer la défiance, et reconquérir leur propre estime en méritant celle des autres. Sera-ce possible désormais? Je le souhaite plus que je ne l'espère, car la camaraderie qui s'était établie au fort Lamalgue entre eux et les forçats ou repris de justice témoigne un laisser-aller peu rassurant pour leur fermeté à venir.

Au fond de tout cela, il y a place pour de sérieuses réflexions, et je me contenterai de les indiquer en quelques mots. Si l'institution militaire n'est possible qu'avec une législation qui fasse de la répression une vengeance sans mesure, qui abrutisse ou dégrade ceux qu'elle devrait réformer, l'institution militaire est mauvaise en soi. Vainement prétendrait-on que sur l'effectif de l'armée le nombre des condamnés est insignifiant; ce n'est pas par des équations de ce genre que se résolvent les questions qui touchent à la moralité publique. Mais en se plaçant à ce point de vue, il faudrait encore conclure contre le maintien d'une pénalité si rarement appliquée qu'elle n'aurait pas de raison d'être. Cependant, en fait, le pénitencier de Bône contenait environ cinq cents détenus, et il n'est pas indifférent que cinq cents jeunes hommes dépensent leur force à lutter contre la tyrannie d'un régime aussi barbare qu'insensé, et soient forcés, pour ainsi dire, de se jeter à corps perdu dans les pratiques les plus abominables.

Si vous voulez que l'armée soit bien réellement l'école de l'honneur, faites que la discipline n'ait pas d'autre base ni d'autre sanction. L'opinion applaudira, et, au lieu d'accorder, comme elle le fait aujourd'hui, sa pitié sympathique aux victimes du code draconien qui régit l'armée, elle saura trouver des sévérités suffisantes contre tous ceux qui manqueraient au devoir. Cela ne saurait se concilier, je le sais, avec le système de gouvernement qui prévaut aujourd'hui en Europe, et qui met la force des Etats dans la compression au dedans et leur gloire dans la conquête. Mais il est permis d'entrevoir le jour où ces derniers ressouvenirs du passé s'évanouiront devant les progrès de la raison.

Déjà, dans ses programmes, la démocratie européenne a supprimé les armées permanentes et cette doctrine ne tardera plus longtemps à devenir le point fondamental du droit international. L'humanité appelle de ses vœux la fin de ces duels gigantesques où les peuples se ruent les uns sur les autres, sans savoir pourquoi la plupart du temps, et qui leur coûtent le plus pur de leur sang. Ah! sans doute, il est beau de combattre et de mourir pour affranchir sa patrie ou pour repousser l'invasion. Mais que les nations qui sont à la tête de la civilisation renoncent à entretenir des armées qui les ruinent, quand elles ne les oppriment pas, et leur exemple sera suivi sans retard par l'Europe entière. Or, quand il n'y aura plus d'armées permanentes, quelle patrie aurait à se défendre? Et même, en ce cas, croit-on qu'un peuple heureux et fier de sa liberté serait désarmé contre une invasion imprévue? L'invasion ne peut triompher que dans les pays soumis au despotisme; partout ailleurs, elle viendrait se briser contre l'invincible résistance de la population.

Heureuse puissance des principes! Devant leur application, le mal disparaît comme par enchantement, avec ses conséquences les plus lointaines! Quand on s'en éloigne, au contraire, le bien n'est jamais possible; toutes les réformes avortent, tous les projets d'amélioration s'en vont en fumée; quoi qu'on fasse, le mal se retrouve toujours, il va se répercutant de proche en proche et gagne les dernières extrémités du corps social, jusqu'à ce qu'enfin la raison, éclairée par ces avertissements significatifs, reprenne son empire et revienne, dédaignant les conseils de l'empirisme, à une médication qui sauve tout sans rien compromettre.

XI

Les nuits du fort Lamalgue. — Les ennemis invisibles. — Les condamnés arabes. — Symptômes de départ. — L'habit bleu barbeau et la poudre de riz ne font pas un homme.

Les mois s'écoulaient sans rien changer à une situation qui, en se prolongeant, devenait de moins en moins tolérable. Les casemates, remplies outre mesure, ne pouvaient plus recevoir de nouveaux hôtes, et, bien que l'augmentation du personnel m'eût laissé la jouissance exclusive de mon cachot, je ne laissais pas que d'en souffrir. La foule qui encombrait le préau me permettait à peine d'y prendre l'air, pendant les rares moments où l'action du soleil n'en rendait pas le séjour insupportable; quant à la promenade, il me fallut y renoncer. Des deux cents prisonniers qui se disputaient l'étroit promenoir, les uns s'étendaient sur le sol pour y dormir ou se formaient en cercle pour dérober aux surveillants la vue d'une partie de jeu; les autres se livraient à des gymnastiques qui auraient pu passer pour des batailles, et qui se terminaient par des poussées générales, où les passants n'étaient pas toujours épargnés. Forcé de rester dans mon nid de pierres, j'y était poursuivi par l'effroyable tumulte qui se dégageait du sein de cette jeunesse désordonnée d'Afrique, et qui se perpétuait souvent après la retraite. Vainement le service de nuit était-il devenu plus actif que jamais; le remède ne faisait qu'ajouter au mal. D'ailleurs mon sommeil avait des ennemis bien plus dangereux que les cris des factionnaires, le bruit des patrouilles, le passage des rondes ou les rumeurs de mes voisins. J'ai eu plus tard affaire aux insectes redoutés de la Guyane; mais les moustiques et les maringouins sont d'inoffensifs animalcules à côté des puces qui peuplaient les paillasses et les couvertures du fort Lamalgue. Si les carnassiers de grande taille, si les oiseaux au bec recourbé et aux serres puissantes avaient la centième partie de la férocité des puces toulonnaises, l'humanité ne tarderait pas à disparaître du globe. Et nul moyen de se protéger contre les attaques incessantes de ces maudits aptères, qui boivent votre sang sans jamais se rassasier ni se lasser. A force de précautions, j'avais pu me préserver de toutes les variétés de *Piojos* dont les prisons conservent et propagent les échantillons pour le cas improbable où l'Espagne en perdrait la race; mais les faibles moyens de propreté que j'avais à ma disposition et qui m'avaient réussi contre les *creeping things*, comme les Anglais appellent dans leur pudeur les hexapodes de toute sorte, étaient impuissants contre les escadrons de puces qui se ruaient sur moi. Quand je me levais du grabat où j'avais passé la nuit sans fermer l'œil, mon linge était couvert de taches de sang qui témoignaient du formidable appétit de mes impitoyables adversaires. On me croira difficilement peut-être, mais cette lutte de toutes les nuits contre un ennemi invisible, insaisissable, qui ne me quittait que pour revenir, et dont les morsures ne me laissaient pas un moment de repos, cette lutte m'a été plus pénible que les mille autres désagréments que m'apporta le fort Lamalgue. Le sommeil est pour le prisonnier le premier des biens; il apaise et rafraîchit le sang, remplace une hideuse réalité par le mirage consolant des rêves. A Toulon, pendant l'été et même pendant le printemps, il faut lui dire adieu, à moins d'arriver à l'heureuse insensibilité des hommes qui occupaient les cachots contigus au mien. Serait-il donc vrai qu'il y a un meilleur oreiller que la conscience ?

Il eût manqué probablement quelque chose à la singularité de la société près de laquelle je vivais, si l'Algérie n'y avait envoyé ses enfants pour la représenter au caravansérail de Toulon. Par une disposition qui honore sa haute prévoyance, l'administration des prisons a établi une heureuse réciprocité de services entre l'Afrique et la France. Pendant que l'Algérie offre une foule de pénitenciers admirablement installés pour recevoir certaines catégories de prisonniers français, la France a ouvert son hospitalité aux Arabes frappés par notre justice, et ce double courant, organisé d'un rivage de la Méditerranée à l'autre, vient aboutir à Marseille pour les Français, à Toulon pour les Arabes.

Le gouvernement, qui a tout fait pour me réconcilier avec les voyages lointains, qui a même poussé la générosité jusqu'à me promener gratis dans la plupart de nos possessions des deux mondes, n'a pas jugé à propos de me conduire en Afrique; il ne m'a pas été donné de connaître cette magnifique contrée, qui nourrissait le peuple romain, s'il faut en croire l'histoire, et qui s'est contentée de nous coûter, depuis trente années, beaucoup de sang, pas mal de milliards et, par-dessus le marché, la liberté, ce qui est bien quelque chose, quoi qu'on dise. Je ne connais donc nos possessions d'Afrique que par le mauvais côté; ce qui ne veut pas dire qu'un jour la civilisation ne pénétrera pas en Algérie, quand nos baïonnettes seront devenues assez intelligentes pour céder la place à l'élément civil. On a vu de nos jours tant de miracles, et des miracles de toute sorte, qu'il faut ne désespérer de rien. En attendant, il me semble que nous avons beaucoup plus emprunté aux mœurs arabes que nous ne leur avons donné. C'est, au surplus, le résultat obligé de toutes les conquêtes violentes, que les envahisseurs soient absorbés par les vaincus. Voyez Alexandre, le type à jamais admirable du génie politique de la Grèce; il ne peut échapper à l'écueil où Cyrus est venu se briser avant lui. Rome elle-même ne triomphe de la Grèce et de l'Asie que pour se faire l'esclave de leurs vices. Le catholicisme n'a pu se substituer au paganisme qu'en se faisant l'héritier de la plupart de ses pratiques. Je m'arrête devant les nombreux exemples que l'histoire m'offre de toutes parts; il me suffira de constater que la conquête de l'Algérie ne dément pas cette loi générale, et je reviens à mon sujet.

En fait d'Arabes, et à part quelques Égyptiens que j'avais rencontrés au collége, je n'avais vu que des marchands de dattes, des jongleurs, et c'est au fort Lamalgue que j'ai pu observer quelque peu la race, si toutefois l'observation peut se passer d'un échange de pensées, d'un commerce d'intelligence.

Une cinquantaine de Bédouins ou d'Arabes sont venus, par escouades de six à dix, planter leur tente dans le préau que j'habitais, et, sans vouloir calomnier les descendants des compagnons de Jugurtha, je dirai que c'était, sans aucune exception, de tristes échantillons de notre pauvre humanité. Que cela ne prouve rien contre le caractère des populations autochthones de l'Algérie, je le veux bien. Néanmoins, je ne serais pas très éloigné de croire que les quelques douzaines de circoncis plus ou moins condamnés que nous a amenés la gendarmerie dans l'espace de cinq mois, valaient à peu de chose près tous ceux de leurs frères qu'ils avaient laissés en Afrique.

Si la dignité de l'Arabe consiste à s'envelopper dans un burnous et à rester couché dans la poussière du matin au soir, mes aimables voisins ne le cédaient à personne et je doute que le Grand-Turc lui-même puisse se montrer plus solennellement majestueux. Quant à la dignité morale, absence complète : jamais la mendicité ne s'était offerte à mes yeux avec plus d'impudence. Ils ne sortaient de leur engourdissement que pour quêter du tabac ou toute autre chose, avec une insistance dont on était forcément dupe jusqu'au jour où une circonstance quelconque les forçait de tirer de leurs affreuses guenilles l'or qu'ils y tenaient caché.

Comme saleté, ils en poussaient la poésie jusqu'au sublime, et je commençai à comprendre pourquoi le Koran faisait des ablutions répétées une condition de salut. Ce bon Mahomet n'avait eu d'autre but que d'épargner à ses houris un voisinage compromettant pour leur délicatesse. Malheureusement, cette prescription rentrait dans les précautions inutiles, et l'Arabe trouva, il y a longtemps, le moyen d'exécuter le vœu du Koran tout en respectant son invincible répugnance pour la propreté. Si la lettre ne sauve pas, assurément aucun de ceux que j'ai vus ne pouvait espérer sa part des joies du paradis, car le dernier des mendiants de Valladolid aurait rougi de s'asseoir à leurs côtés. Les forçats et les repris de justice avaient auprès d'eux l'air de véritables gentilshommes; aussi les traitaient-ils avec un magnifique dédain, et, quand le hasard leur en donnait pour compagnons de gamelle, c'étaient des cris, des protestations à n'en plus finir.

Quelques-uns — et c'était le plus petit nombre — pratiquaient avec une régularité minutieuse les prescriptions du Koran; ils refusaient de manger leur soupe, dans la crainte qu'il ne s'y trouvât un morceau de lard; ils ne voulaient boire que dans des vases qui n'avaient pas servi, parce que les autres avaient pu contenir autrefois du vin; enfin, ils exécutaient leurs ablutions fort exactement, sans en devenir plus propres, et n'oubliaient pas de se tourner vers la Mecque aux heures voulues par le catéchisme musulman. Au demeurant, c'étaient généralement des gaillards de haute taille, bien découplés, aux membres proportionnés, aux muscles fortement dessinés; leurs têtes, éclairées par des yeux pleins de flammes, n'avaient rien qui annonçât l'absence de la pensée, mais leurs traits étaient empreints d'une férocité sournoise qui rappelait la panthère, toujours prête à bondir sur sa proie.

Le fond de leur tempérament, c'était l'amour du repos, toujours et quand même. Rien ne pouvait les en distraire, pas même la guerre sans relâche qu'ils avaient à soutenir contre les légions d'insectes qui tapissaient leurs affreux burnous. A ce point de vue, il n'y avait qu'à se louer de leur horreur pour le mouvement, car je ne sais s'il eût été possible d'échapper à la contagion qu'ils n'eussent pas manqué de semer sur leurs pas.

Tous ces gens étaient, en réalité, d'honnêtes croyants, qui avaient tué ou volé en tout bien tout honneur, conformément à la loi sainte, qui leur recommande de faire aux infidèles autant de mal qu'ils le peuvent. Ils allaient rejoindre leurs pareils déjà réunis au nombre de plusieurs centaines dans les casemates du fort Sainte-Marguerite, et rarement leur séjour à Toulon durait plus d'une semaine. Je dois dire que leur départ ne laissait aucun regret parmi les hôtes du préau, même sans en excepter ceux des condamnés de Bone qui pouvaient échanger avec eux quelques paroles. Ne laissaient-ils pas d'ailleurs assez de vivants souvenirs ?

Cependant, l'évacuation des condamnés de Bone commença à s'effectuer, et peu à peu l'encombrement disparaissait. Puis, vint le tour des forçats qui allaient chercher à Belle-Ile l'honorable repos dû à leur vie si bien remplie. Déjà deux voitures cellulaires en avaient emmené une trentaine, et le même nombre avait été embarqué sur un aviso en partance pour les ports de l'Océan. Il était facile de prévoir que le moment du départ était arrivé et pour moi et pour les repris de justice désignés pour Cayenne.

Pendant les quelques jours que j'eus à passer encore au fort Lamalgue, j'eus un pénible devoir à accomplir. Jusque-là, j'avais laissé ignorer à ma famille le sort qui m'était réservé, et j'avais bien fait. Pourquoi détruire avant le temps les illusions qui consolent? La prolongation inusitée de mon séjour à Toulon, bien qu'elle ne fût due qu'à des lenteurs administratives, avait été interprétée différemment par ceux qui s'affligeaient de mon départ. Ils voulaient y voir la résolution de revenir sur la mesure dont j'avais été l'objet, et, sans les entretenir dans une espérance que je ne pouvais partager, je n'étais pas fâché de les voir tromper leurs inquiétudes. Mes lettres ne disaient mot du traitement qui m'était imposé, et je laissais volontiers croire que je n'avais à regretter que l'absence de la liberté. D'ailleurs, une pudeur invincible me défend les plaintes. Il m'a toujours semblé que l'on ne saurait, sans se manquer à soi-même, laisser envahir sa pensée par le sentiment des violences subies, en confier les détails à une correspondance qui, destinée à passer sous les yeux de l'administration, pouvait paraître un appel indirect à sa clémence. J'avais, en un mot, usé toute ma diplomatie à créer chez ma famille une situation d'esprit qui, sans exclure l'espérance, pouvait cependant la préparer à un dénoûment qui pour moi n'avait jamais fait l'ombre d'un doute.

Cependant, il fallait m'expliquer, et je le fis. Je trouvai le moyen de ne pas briser des cœurs qui ne battaient que pour moi; tout en ne cachant pas ma destination, je parvins à dissiper les formidables inquiétudes que le seul nom de Cayenne éveillait alors dans tous les esprits.

Les signes précurseurs du départ se multipliaient; des agents subalternes du commissariat de la marine se succédèrent au fort Lamalgue, et, comme ils y retrouvaient un assez bon nombre d'anciens pensionnaires du bagne, ils engageaient avec eux des conversations dont le cynisme épouvanta plusieurs fois mes oreilles. Ces messieurs plaisantaient sur des choses faites pour n'inspirer que le plus profond dégoût, et cela avec une aisance qui témoignait combien ils étaient blasés sur les vices les plus immondes. Ils faisaient aussi de jolis mots sur le bonheur qui attendait les repris de justice à Cayenne, et véritablement je m'indignais de voir à quelles mains était confiée la police des forçats. Je me rappelais involontairement le mot de la reine Blanche, qui commandait de faire garder les galériens par des gens encore plus abjects.

Heureusement, comme je l'ai dit, ce n'étaient que des employés tout à fait subalternes, et je dois ajouter que, dans mon court passage à l'arsenal de Toulon, j'ai pu voir que l'administration supérieure savait apporter dans ses pénibles fonctions autant d'intelligence que de dignité.

Le 28 juillet 1858, je fus enfin prévenu, à sept heures du matin, que le moment du départ était arrivé et que j'allais être embarqué pour Brest, d'où je partirais pour Cayenne. J'eus bientôt terminé mes préparatifs. Je restituai, sans le moindre regret, on le comprendra de reste, le costume réglementaire qu'on avait si gracieusement mis à ma disposition lors de mon entrée, et qui devait après moi servir encore à bien d'autres. Je ne veux pas cacher mes faiblesses : j'éprouvai une joie d'enfant à me retrouver dans mes propres vêtements.

Au moment de quitter cette triste demeure où j'avais passé cinq mois, les plus mauvais assurément de ma vie entière, je ressentis une certaine satisfaction à mesurer la place qu'ils devaient laisser dans mes souvenirs. En résumant, dans une revue rapide comme l'éclair, les phases diverses de cette longue et fastidieuse campagne, j'arrivai à cette rassurante vérité, qu'il n'y a pas de situation, si désespérée qu'elle semble au premier moment, qui ne comporte avec elle une certaine somme de consolations. Soumis à toutes les privations et à toutes les humiliations d'un règlement monstrueux, mêlé à des hommes placés au dernier degré du vice, exposé à leur insultante familiarité.comme au caprice de subalternes habitués de longue main à toutes les brutalités, je vis bientôt s'évanouir les influences mauvaises qui semblaient conjurées contre moi. Si, matériellement parlant, ma position resta la même, elle se modifia considérablement à tout autre égard, et je n'eus qu'à me louer de tous ceux qui m'entouraient et qui, chacun dans son rôle, cherchèrent à me faire oublier par des procédés de bon goût les misérables rigueurs d'un régime fait pour l'écume des chiourmes et des pénitenciers.

Je n'aurais qu'une exception à signaler et encore n'en est-ce guère la peine. Un jour que j'étais dans mon cachot, penché sur mes livres, la porte s'ouvrit pour donner passage à un monsieur en habit bleu barbeau, la figure plâtrée de poudre de riz, avec les allures prétentieuses et l'insignifiance gourmée d'un provincial en fonctions. C'était quelque chose comme un inspecteur de prison ou un employé de préfecture, peut-être un sous-préfet, je ne sais pas au juste, n'ayant pas eu la curiosité de m'en enquérir. Ce monsieur, qui paraissait embarrassé de ses mains et de tout son individu, jeta un coup d'œil sur ma cellule et sur ma personne, avec cet air de curiosité effarouchée qui est le propre des esprits bornés, et déjà il s'était retourné pour s'en aller, lorsque, poussé par un remords ou par un ressort, il refit face en tête et me dit : « Vous êtes fort bien ici. — Vous trouvez, lui dis-je, qu'on est fort bien sur la paille, dans un souterrain ouvert à tous les vents? Je voudrais vous y voir. Vous feriez bien mieux de me dire pourquoi j'y suis, en vertu de quel droit? »

L'habit bleu barbeau ouvrit les mains, en allongeant la tête, et se retira, après cette pantomime spirituelle, aussi majestueusement qu'il était venu. Quant à moi, riant dans ma barbe, je me mis à plaindre fort sérieusement ce malheureux fonctionnaire, en plaignant plus encore l'administration, d'être réduite à employer de telles incapacités, à voir par leurs yeux, à consulter leurs rapports. Faut-il ajouter que le prisonnier n'enviait ni la position, ni le surprenant esprit d'à-propos du fonctionnaire en habit bleu barbeau?

XII

Déjeuner au bagne de Toulon. — Les commandants de l'*Eclaireur* et de l'*Yonne*. — La barre. — Le chirurgien modèle.— Abordage sur abordage.—La mort d'un forçat.— L'escadre de la Méditerranée et les fêtes de Brest.

Les gendarmes nous attendaient, et la colonne ne tarda pas à se mettre en route. Je dois le dire, il n'y eut pas de luxe dans les précautions qui accompagnèrent notre course à travers la ville, pour aller rejoindre l'arsenal. Quatre ou cinq gendarmes, commandés par un brigadier, composaient toute notre escorte, et, non-seulement on ne nous mit pas les menottes, ce que notre nombre rendait assez difficile au surplus, mais on se dispensa même de nous attacher avec des cordes. Fallait-il voir, dans cette absence de rigueurs, un sentiment d'humanité ou le témoignage injurieux d'une confiance entière dans notre inhabileté à la course? Je l'ignore et m'en inquiète assez peu. Ne tenant pas le moins du monde à étaler au grand complet l'attirail des victimes, je me contentai d'éprouver un plaisir inespéré à conserver les bras et les mains libres d'entraves. Toulon est trop habitué à des processions de ce genre pour les honorer d'un seul regard de curiosité, et, sans aucun doute, le passage d'un troupeau de bœufs aurait eu plus de succès. Je dois ajouter que, dans cette ville de 80,000 âmes, qui naguère votait comme un seul homme pour la démocratie, et qui savait que le fort Lamalgue ne contenait pas que des forçats et des repris de justice, il ne s'est trouvé personne pour envoyer au proscrit un bonjour fraternel. C'est à des officiers de l'armée, qui ne me connaissaient que de nom, que j'ai dû les quelques consolations qui sont venues me visiter. Et cependant, ils n'étaient pas républicains, mais l'uniforme n'avait pas desséché leur cœur. Qu'ils reçoivent mes sincères remercîments !

Après un quart d'heure de marche dans des rues étroites, — il n'y en a guère d'autre à Toulon, — nous entrions au bagne avec tous les honneurs de la guerre. Pour beaucoup de ceux qui faisaient partie du convoi, l'arsenal de Toulon offrait des souvenirs et des impressions de plus d'une sorte. Ils y avaient passé de longues années, et là se trouvaient encore leurs compagnons de chaîne ou leurs complices. Ceux que le triste bénéfice de l'âge avait affranchis du bagne et qui allaient trouver à Belle-Ile la fin de leur peine ou de leur vie, semblaient heureux et fiers de reparaître, à titre de visiteurs et de passagers, dans ces lieux dont les habitudes leur étaient si familières et qui ne leur inspiraient plus d'effroi. Ils comptaient bien obtenir quelques confidences sur la chronique du jour, savoir ce qu'étaient devenus les vaillants d'autrefois, peut-être même échanger avec eux un mot à la dérobée. Quant aux repris de justice, ils se sentaient mal à l'aise ; la liberté n'avait été pour eux qu'un piége, et, vaincus par leur implacable destinée, ils revoyaient ce bagne qu'ils avaient quitté si joyeux, la tête pleine d'espérances impossibles et qu'ils regrettaient maintenant, en présence des effrayantes perspectives que leur offrait le séjour de Cayenne.

Quand je franchis la voûte sous laquelle s'enfonce la porte de l'Arsenal, l'agent principal du fort Lamalgue, qui s'était fait un devoir de m'accompagner, — ce dont je lui fus reconnaissant, — sentit le besoin de m'adresser quelques mots d'encouragement. Je le remerciai de cette intention bienveillante, mais, en réalité, je ne ressentais qu'une vive curiosité. Je n'étais pas fâché de voir de près et autrement qu'en touriste l'intérieur de ces lieux maudits, dont le nom sonne comme un bruit d'enfer dans les imaginations effrayées. Le fort Lamalgue avait ménagé si peu d'outrages à ma délicatesse, que le bagne ne pouvait me réserver de bien grandes surprises. Puis, que m'importait une injure de plus? Je n'avais pas à compter, sous ce rapport, avec l'empire.

L'administration du bagne,— je m'empresse de le reconnaître, — fit ce qu'elle put pour me rendre supportable l'hospitalité qu'elle m'accorda pendant quelques heures. Je fus placé dans un cabinet fort convenable, qui avait à mes yeux le mérite immense de ne pas ressembler à une prison, et les employés s'empressèrent à l'envi de m'être agréables. L'un d'eux me témoigna même une sympathie qui me toucha profondément et dont je n'ai pas perdu le souvenir, tout en regrettant de ne connaître ni son nom ni son grade. La cantine me fournit un déjeuner qui me sembla délicieux à côté de la cuisine du fort Lamalgue, et j'attendis patiemment l'heure de mon embarquement.

Vers les quatre heures de l'après-midi, je montai dans le chaland qui devait me porter, avec mes compagnons du matin, à bord du brick l'*Eclaireur*. L'adjudant qui commandait l'escorte avait reçu du sous-commissaire l'ordre de faire connaître ma position particulière au commandant de l'*Eclaireur*, afin de m'épargner l'inconvénient d'être confondu avec les forçats et les repris de justice. Cette attention devait me profiter assez peu; on le verra tout à l'heure, mais elle ne perd pas pour cela de sa valeur à mes yeux.

L'*Eclaireur* est un brick à vapeur en bon

état, bien tenu, ayant cet aspect d'ordre, cette propreté minutieuse que l'on retrouve à bord des bâtiments de guerre qui ne servent pas habituellement au transport. Le premier coup d'œil me séduisit et me réconcilia tout d'abord avec ma nouvelle demeure. Il me semblait impossible que j'eusse à me plaindre sur un bâtiment si bien gréé, dont les caronades reluisaient sous leur couleur bronzée, dont le pont semblait le parquet d'un salon. Hélas! c'était précisément tout cela qui aurait dû me présager des ennuis. Tous les bâtiments de charge sont accoutumés à recevoir des passagers, et, comme tous y sont également traités, c'est-à-dire aussi mal que possible, leur embarquement n'a rien d'imprévu. Ce sont des colis à transporter, et tout est dit. Mais, à bord des navires qui ne sont pas affectés à ce service, un convoi de passagers est un immense ennui pour l'état-major. Il faut prendre sur les aménagements de l'équipage; l'ordre et cette bienheureuse propreté, qui font le bonheur des chefs et le désespoir des matelots, deviennent à peu près impossibles à conserver. Et si, par-dessus le marché, il s'agit de forçats, de repris de justice ou même de prisonniers politiques, le mécontentement ne connaît plus de bornes.

Je n'ai aperçu le commandant de l'*Eclaireur* qu'un instant; c'était un homme qui devait avoir à peu près soixante ans; ses traits exprimaient les habitudes de mauvaise humeur que donne le commandement aux esprits étroits et infatués de leur pouvoir.

Dès notre arrivée, on fit descendre les repris de justice dans le faux-pont, et, quelques minutes après, je fus invité à les suivre. Je les vis tous assis par terre et les fers aux pieds. Le même traitement m'attendait; seulement, par un reste de pudeur, l'aimable commandant de l'*Eclaireur*, ou son digne second, avait eu l'attention délicate de me réserver une barre pour mon usage particulier. Un de mes pieds fut emprisonné dans un anneau de fer brisé dont les deux moitiés furent enfilées dans une barre de fer à laquelle s'adaptait un cadenas. Cette gracieuse opération a pour résultat d'empêcher de bouger autrement qu'avec la plus grande difficulté, et encore faut-il s'exercer pendant quelque temps pour pouvoir le faire sans une souffrance assez vive. On comprend de reste qu'il n'est pas aisé de remuer avec le pied attaché à une barre de fer qui mesure à peu près deux mètres de long et dont le poids fait levier sur l'anneau et conséquemment sur le pied. Les repris de justice étaient encore dans une position plus pénible, puisqu'ils étaient embrochés par dix, la moitié faisant face à l'autre, condamnés à une immobilité complète. Par surcroît de précaution, un matelot armé d'un sabre d'abordage faisait sentinelle dans l'escalier, comme si trente à quarante hommes ainsi empêchés pouvaient encore inspirer quelque inquiétude!

Je ne sais pas le nom du commandant de l'*Eclaireur*, et je le regrette; l'opinion ne lui ferait pas attendre le juste châtiment que méritait son défaut d'humanité et de justice. Cela se fait dans la marine, dira-t-on; tant pis, répondrai-je, pour la marine, car les cruautés inutiles déshonorent ceux qui les commettent et sans doute la France n'entend pas payer richement les épaulettes d'un officier supérieur pour en faire un geôlier, presque un bourreau. Je comprends la responsabilité d'un commandant, mais en quoi cette responsabilité était-elle menacée? Ne suffisait-il pas, pour empêcher toute tentative de désordre, de placer un factionnaire dans l'entre-pont? En règle générale, les fers ne sont jamais employés dans la marine que comme punition, à la suite de faits commis contre la discipline du bord. Pourquoi punir des hommes, quels qu'ils soient d'ailleurs, quand ils n'ont pas violé la consigne, quand leur soumission ne permet pas de craindre la moindre tentative de révolte ou d'insubordination? Je pourrais dire qu'en tout cas, et si la présence des repris de justice était un danger pour le bâtiment, aucune raison n'existait pour me comprendre dans ces craintes et me faire souffrir ces tortures. Que les officiers de marine aient la naïveté de croire que les condamnés destinés à Cayenne sont des hommes de haute main, ne reculant devant aucun crime, toujours prêts à les massacrer ou même à faire couler le navire, heureux de mourir en se vengeant, cela m'étonne et ne justifie pas d'ailleurs des brutalités inutiles. J'ai maintes fois entendu parler de toutes ces alarmes, et il m'a été impossible de les prendre au sérieux. Ce n'est point par le courage que brillent les réclusionnaires et les forçats. Il s'en rencontre, par exception, qui, cédant à une monomanie sauvage, assassinent le gardien dont ils ont à se plaindre, le camarade qu'ils ont pris en haine; d'autres se font meurtriers parce qu'ils n'ont pas le courage du suicide; mais, pris ensemble, ils manquent absolument d'audace. Puis ils se défient trop les uns des autres pour concevoir et, à plus forte raison, pour tenter d'exécuter un complot qui demanderait tout à la fois des têtes résolues, des bouches discrètes et des bras énergiques.

L'*Eclaireur* n'avait donc pas à redouter l'ombre du danger; mais il avait de meilleures garanties que la pusillanimité des repris de justice qui jonchaient son entrepont. A peine eûmes-nous quitté la rade, que nous fûmes assaillis par un temps affreux. La mer était furieuse et le brick, tremblant dans ses œuvres, craquait comme s'il allait se fendre. Il n'en fallut pas davantage pour déterminer chez mes compagnons de route tous les accidents qu'entraîne le mal de mer. J'eus presque à regretter d'échapper cette fois, comme toujours, à cette indisposition, car il me fallut assister, bon gré mal gré, au spectacle le plus nauséabond. Étroitement serrés dans un entrepont dont la hauteur n'excédait pas un mètre et demi, et qui ne recevait d'air que par l'escalier, tous ces malheureux roulaient les uns sur les autres, sous l'étreinte d'un malaise que l'atmosphère, de plus en plus viciée, ne faisait qu'aggraver. La nuit ajouta, s'il est possible, à cette déplorable situation, et jamais je n'avais vu avant ce jour, jamais je n'ai revu depuis un spectacle comparable à celui que le soleil naissant offrit à mes regards.

Au surplus, l'entrepont n'avait pas été seul à souffrir de la bourrasque, et l'*Éclaireur* avait perdu son mât de beaupré et subi quelques autres avaries; enfin, les forçats auxquels on avait, comme de raison, épargné les fers et qui avaient été parqués sur l'avant, avaient cruellement souffert de la tempête et de la pluie, qui tombait à torrents. Plus d'un avait manqué d'être enlevé par les lames qui déferlaient par-dessus les bastingages. Et cependant, quand, le matin, le commandant vit leur piteux état, il leur dit, avec autant de générosité que de bon goût, que « *c'était encore trop bon pour des misérables de leur espèce.* » Ce n'est point par esprit de méchanceté que je cite ces paroles, mais elles attestent tant de brutalité et de sottise, qu'elles méritent d'être conservées. Si, d'autre part, je considère que les forçats avaient trouvé à bord plus de confiance et d'humanité que je n'en avais rencontré, je me demande dans quelle espèce me rangeait cet honorable commandant. En effet, au mois de juillet, sur la Méditerranée, une nuit passée sur le pont est souvent un plaisir. On y respire au moins, et on peut échapper au voisinage dangereux des passagers pris du mal de mer.

Si le temps est mauvais, c'est un cas de force majeure qu'on ne peut éviter et qu'on doit subir comme toutes les intempéries des saisons, et, pour ma part, j'eusse mieux aimé recevoir le baptême de la pluie et des vagues que d'acheter un abri au prix dont je l'ai payé.

Le soleil s'était levé radieux et quand l'*Eclaireur* mouilla devant le fort de Notre-Dame-de-la-Garde, auprès de Marseille, la Méditerranée, naguère si tourmentée, roulait paisiblement ses vagues azurées sous un ciel sans nuages. Il nous fallait changer de bord, et je regrettai peu de quitter l'*Eclaireur*, qui allait tourner le cap vers l'Afrique, pour y faire le service comme stationnaire. Mais allais-je gagner au change ?

A quelques encâblures de l'*Eclaireur* se balançait une lourde et longue gabare à hélice, dont les feux allumés annonçaient les préparatifs de départ : c'était l'*Yonne*, commandée par un nommé Chastenay, capitaine de frégate. Un chaland de la gabare vint nous chercher, et, au bout de quelques minutes, nous étions à bord. On n'avait pas même daigné jeter une échelle pour faciliter notre ascension. Il fallut nous guinder, à l'aide d'une corde, sur des tringles de bois étagées en saillies sur les flancs élevés du navire. Qu'importait, en effet, si notre inaptitude à la gymnastique maritime nous exposait à glisser dans la mer? Forçat, repris de justice, prisonnier politique, c'eût été un embarras de moins, et tout eût été dit.

Néanmoins, l'escalade se fit sans encombre, et nous foulâmes au grand complet le pont de l'*Yonne*, qui ne tarda pas à se mettre en route dans la direction du détroit de Gibraltar. Nous avions été précédés sur l'*Yonne* par un convoi de forçats pris à Marseille et destinés pour Belle-Ile, et pendant l'appareillage, le capitaine d'armes daigna s'occuper de nous. Le capitaine d'armes est un sous-officier, quelquefois un adjudant, chargé de la police du bord, sous la surveillance du second, et auquel reviennent tous les détails de la police intérieure. Il nous conduisit dans le faux pont et nous fit mettre pêle-mêle aux fers, sans plus de cérémonie. Cette fois, j'allais connaître toutes les douceurs de la barre; j'avais un forçat à ma droite, un réclusionnaire à ma gauche; en face et pied à pied, des compagnons de même sorte; il n'y avait pas à dire, j'étais de tout point assimilé au reste de la bande. Devais-je subir à jamais les conséquences de cette assimilation? N'était-elle, au contraire, que temporaire? D'une autre part, et en dehors de cette promiscuité qui ne pouvait être désormais poussée plus loin, fallait-il m'attendre à rester aux fers jusqu'à mon arrivée à Cayenne, c'est-à-dire pendant plusieurs mois? J'étais tenté de le croire en voyant que, sur l'*Yonne* comme sur l'*Eclaireur*, la mesure s'était appliquée tout naturellement, comme la suite d'une consigne générale, et je trouvais, je l'avoue, un médiocre charme à cette perspective, qui ne répondait que trop, à vrai dire, au système dont j'avais déjà ressenti les effets plus ou moins équitables.

Au tour de l'humanité maintenant : le forçat en rupture de ban que j'avais à ma droite souffrait d'un abcès à la cuisse; il réclama la visite du chirurgien. Attaché comme il l'était, il lui était assez difficile de montrer au docteur le siége du mal; il y parvint toutefois, et ce dernier reconnut qu'il y avait nécessité de recourir au bistouri. Je ne pouvais pas supposer qu'un médecin se décidât à opérer un malade dans une semblable situation, alors qu'il ne fallait pas moins à ce dernier qu'un tour de force pour se retourner et se tenir à genoux sans se déboîter le pied. Je ne savais pas encore jusqu'à quel point certains hommes font bon marché de leur dignité professionnelle. Notre Esculape tira bravement sa trousse et opéra l'incision voulue, puis il s'en alla, réduisant ce malheureux à reposer sa cuisse blessée et saignante sur le plancher du faux pont. Y eût-il eu, je le demande, grande imprudence à détacher ce blessé et à lui donner un hamac à l'hôpital ? Dans tous les cas, l'humanité le demandait, et un médecin est toujours reprochable quand il manque aux devoirs qu'elle impose. A la police du bord revenait le droit de prendre au besoin des précautions, et pouvaient-elles être nécessaires envers un homme souffrant et réduit à l'impossibilité de marcher ?

Depuis notre départ du fort Lamalgue, aucune distribution n'avait été faite, et les secousses de la nuit précédente avaient produit d'immenses vides dans les estomacs des hôtes de l'*Eclaireur*, devenus les hôtes de l'*Yonne*.

Le nom de la gabarre me remettait involontairement en mémoire le département de l'Yonne, où j'avais trouvé jadis une hospitalité si cordiale chez de bons paysans; je me rappelais les joyeuses vendanges de la Bourgogne, ses fêtes et ses chasses, ses dîners homériques, dans lesquels je figurais plutôt comme témoin que comme acteur. Alors, j'étais jeune, j'étais libre ! L'espérance, cette fleur de l'âme, m'entourait de ses promesses, et, maintenant, quand mes cheveux blanchissaient, déjà brisé par la défaite autant que par dix années d'exil et de prison, je me voyais enchaîné comme une bête féroce, au milieu de malfaiteurs émérites, livré sans défense aux brutalités d'une volonté inintelligente, et au bout du voyage, c'était encore la prison qui m'attendait, la prison sous un climat dévorant, à 1,800 lieues de la patrie, loin des souvenirs, la prison pour dix années, c'est-à-dire la mort !

Cependant, à ces tristes pensées, il s'en mêlait de plus consolantes ; j'avais obéi à ma conscience, je ne regrettais rien et quelque chose me disait que l'épreuve ne serait pas au-dessus de mes forces.

Sur ces entrefaites, on vint nous jeter un morceau de biscuit et de fromage, et si tout le monde accepta ce maigre repas avec enthousiasme, j'en fus plus content que personne, car je pouvais apaiser ma faim sans manger, pour cette fois, à la gamelle. Le soir me ramena cette douloureuse nécessité, mais je m'abstins et me contentai de ronger mon biscuit, n'ayant d'ailleurs aucun goût pour les gourganes.

Le lendemain, le commandant Chastenay vint dans le faux pont : c'était un grand et gros homme, à l'air commun, cachant sous sa brusquerie la grossière insuffisance d'un parvenu. Je lui demandai pourquoi il me faisait mettre aux fers et pourquoi il me mêlait à des condamnés avec lesquels je n'avais rien de commun.

— Taisez-vous, me dit-il, et prenez garde à vous. Je sais que vous êtes *dangereux*. — Probablement, l'ingénieux commandant avait pris connaissance du dossier qui me concernait, et sa haute intelligence lui avait permis de s'élever à un raisonnement comme celui-ci : On l'envoie à Cayenne parce qu'il est dangereux et qu'on veut s'en débarrasser ; or, les gens dangereux sur terre le sont mille fois plus en mer, donc il est bon de mettre aux fers les hommes de cette sorte, puisque l'excessive douceur du régime actuel ne permet pas de faire davantage pour le moment. Toutefois, cet effort de logique ne parvint pas à rassurer tout à fait l'illustre commandant. On savait à bord que je n'étais pas précisément un forçat, on s'étonnait de voir traiter de la sorte un homme qui n'avait à se reprocher que d'avoir été fidèle à son drapeau, et qui valait bien, pour l'éducation et l'intelligence, un commandant Chastenay. Pour échapper à la responsabilité d'une mesure aussi injustifiable devant la convenance que devant le règlement, le Chastenay imagina de faire ce qu'avait fait son collègue de l'*Eclaireur*; il me fit mettre à une barre particulière et placer dans le poste des seconds maîtres, où se tenaient les gardes-chiourme. Voilà ce que, dans sa grande âme, l'illustre commandant de l'*Yonne* crut pouvoir rabattre de sa détermination première ! Quoi qu'il en soit, c'était toujours une amélioration; je n'avais plus désormais à compter avec les voisins qu'on m'avait imposés, et je m'habituai peu à peu au bracelet que je portais au pied avec ses dépendances.

Je ne sais encore quel plaisir M. Chastenay pouvait trouver à tourmenter ainsi, sans une ombre de raison, des malheureux qui déjà n'avaient que trop à souffrir. Sans parler des anciens pensionnaires du fort Lamalgue venus avec moi, Marseille avait fourni, comme je l'ai dit, un contingent de vieux forçats dont la plupart semblaient n'avoir plus que le souffle; eh bien ! tout ce monde était aux fers, jour et nuit, et certes, de ce côté, la rébellion n'était pas plus à craindre qu'une évasion. Deux heures après avoir quitté le mouillage de Notre-Dame-de-la-Garde, nous étions en pleine mer, et le plus hardi nageur, l'homme le plus robuste, n'eût pas songé à quitter le navire, qui ne filait pas moins de six nœuds à l'heure. Au bout de deux jours, il nous fut accordé deux heures de promenade sur le pont ; deux jours plus tard, on nous épargna les fers dans la journée, et enfin on finit par nous en dispenser tout à fait, sans pourtant nous permettre le pont qu'à des heures déterminées.

Remarquez que l'*Yonne* est une gabare de la grandeur d'une frégate, capable de porter un millier d'hommes, et qui, avec moins de cent hommes d'équipage et notre convoi, faisait l'effet d'une vaste maison où s'agitaient quelques rares locataires.

En perdant la société des forçats, dont je n'étais séparé d'ailleurs que par un treillis, j'avais l'honneur de jouir de la compagnie de MM. les gardes-chiourme, et vraiment, à juger par la conversation de ces estimables fonctionnaires, j'avais plutôt perdu que gagné. Heureusement, comme je l'ai dit, c'était là le poste des seconds maîtres, et la plupart étaient des hommes de cœur. En outre, le capitaine d'armes avait mis à ma disposition un matelas de hamac et, avec l'aide de mon caban, qui me protégeait contre le courant d'air venant de l'échelle, je me trouvai relativement assez bien. Condamné à l'immobilité comme à l'inaction, je me livrai à mes méditations, heureux quand je pouvais m'abstraire et m'arracher au milieu qui m'entourait.

Il n'y a pas de cantine à bord des vaisseaux de l'État, et je me trouvais réduit à la ration : du porc salé à midi avec un quart de pain, des gourganes à quatre heures et du café le matin avec du biscuit, tel était notre ordinaire. Après avoir été mis à l'eau pendant quatre ou cinq jours, on finit par nous accorder un quart de vin au repas de midi, et le second prit sur lui de m'en faire délivrer un second quart le soir. De sorte qu'à part le tafia, que je ne regrettais guère, j'avais la ration réglementaire du matelot.

Défense avait été faite à l'équipage de parler avec les condamnés, et c'était presque en tremblant que quelques-uns se hasardaient à me glisser un mot à la dérobée. Plusieurs d'entre eux avaient eu des frères ou des parents transportés en Afrique, et leur sympathie s'éveillait naturellement en faveur d'un homme frappé au même titre. Je trouvai un matelot que la conscription avait pris dans un village auprès de Valenciennes, pour le jeter à bord de l'*Yonne*, et qui m'avait vu avant ou pendant 1848. Ce brave garçon ne tenait aucun compte des recommandations de la consigne et se croyait obligé de me donner tous les moments de liberté que lui laissait son service. Tant qu'il n'était aperçu que par les seconds maîtres, il n'avait rien à risquer, mais le capitaine d'armes était moins indulgent, et il lui en coûta bien des quarts de vin pour m'avoir parlé du département du Nord. Je ne sais pas même s'il n'eut pas l'agrément de passer une nuit ou deux aux fers après s'être oublié près de moi ; et certes ce témoignage courageux de sympathie m'est demeuré précieux. Le pauvre matelot me donnait tout ce qu'il pouvait, sa bonne volonté.

Je n'ai jamais vu de navire plus mal installé et plus mal tenu que l'*Yonne*, je pourrais dire plus mal commandé. Rien de délabré comme l'aspect que présentaient son vaste pont, sa profonde batterie. On sentait que l'âme du commandement intelligent manquait à cette lourde machine. Les matelots, toujours punis, ne se mettaient aux manœuvres qu'avec la plus grande répugnance, avec une lenteur compromettante ; et quand chaque soir on prenait les ris de chasse, il fallait un temps infini pour exécuter une manœuvre qui demande à peine quelques minutes pour un équipage qui répond à un commandement sympathique et respecté. Tout le monde servait mal, et ce concours de mauvaises volontés accusé toujours l'insuffisance du chef, on ne le sait que trop. Au surplus, rien ne donne mieux la mesure de la capacité du Chastenay que les accidents qu'éprouva l'*Yonne*. Je sais bien que le commandant ne tient pas la barre, et qu'on ne peut pas lui demander de rester jour et nuit sur son banc de quart, la lunette à la main ; mais un commandant qui connaît et aime son métier, qui sait manier les hommes, inspire à son équipage comme à son état-major un esprit nouveau qui tourne au bien du service. Depuis le mousse jusqu'au maître d'équipage, depuis l'aspirant jusqu'au lieutenant, chacun s'efforce, chacun s'étudie à bien faire, et le zèle des subordonnés, qui rend tout possible, ne manque jamais à une direction capable. Supprimez, au contraire, cette impulsion bienfaisante, et tout va de mal en pis ; les accidents se succèdent, et parfois même viennent les sinistres.

L'*Yonne* paya plus d'une fois son tribut à l'insuffisance du commandement. Elle eut deux abordages ; le premier, en pleine mer et sans grand résultat, avec un vaisseau marchand qui venait par le travers, à bâbord. Quant au second, il fut plus grave et menaça d'avoir des conséquences sérieuses. Nous étions à l'embouchure du détroit de Gibraltar. C'était pendant la nuit ; nous marchions à la machine. Un choc épouvantable me réveilla en sursaut. Nous avions été donner contre un navire allant en sens contraire. Un sourd craquement se fit entendre, et, un instant, on put craindre pour la sûreté de l'*Yonne*. On en fut quitte pour la perte du mât de beaupré, avec quelques avaries dans la guibre et au bossoir de tribord. Cet accident, tout insignifiant qu'il fût, devait avoir d'assez ennuyeuses conséquences pour moi et les autres transportés.

Le commandant, qui avait ses raisons pour ne pas accepter la responsabilité de la fausse manœuvre, et qui voulait coucher sur son journal une justification en règle, prétendit que la faute était au navire abordé. Le navire n'avait pas répondu quand on l'avait hélé avant la rencontre ; il avait eu l'insigne méchanceté de ne pas répondre davantage quand, après l'accident, on lui avait demandé son nom, et nul n'était en mesure de connaître son pavillon. Le commandant, dont la judiciaire n'était jamais embarrassée, jugea que ce devait être un navire anglais venant de Gibraltar, et, fort de cette mirifique découverte, il fit jeter l'ancre, armer sa baleinière, et s'achemina vers Gibraltar en grand uniforme. Rien de mieux, assurément ; le brave homme, qui dormait parfaitement au moment de l'abordage, croyait à son innocence, et il avait ses raisons pour cela. Mais ce qui n'était pas aussi bien, c'est que, sous le prétexte que l'*Yonne* était mouillée à trois quarts de lieue environ de la terre anglaise, nous fûmes remis aux fers pour toute la journée et même jusqu'au lendemain matin.

A bien dire, cette rigueur n'avait d'utilité qu'à mon endroit, car, seul, j'aurais pu trouver asile sur le sol de l'Angleterre, les condamnés politiques étant jusqu'à ce jour exceptés du droit d'extradition convenu entre les gouvernements de France et d'Angleterre relativement aux condamnés de droit commun. Or, si déterminé nageur qu'on pût me supposer, la responsabilité de M. Chastenay eût-elle été bien compromise s'il m'avait épargné ce désagrément? En plein jour, le pont ne nous était permis qu'à certaines heures, et alors il n'était pas bien facile de se jeter à la mer sans être vu; il l'était encore moins d'échapper à la poursuite d'une embarcation montée par six à huit rameurs. Pendant la nuit, j'avais un garde-chiourme en faction à mes pieds, et, comme on le voit, il y eût eu folie de ma part à risquer une tentative qui ne pouvait pas réussir et qui, en me laissant le ridicule de l'insuccès, aurait autorisé tout un système de mauvais traitements.

Quant aux repris de justice, ils savaient trop bien que le sol anglais ne leur offrait aucune sécurité, et ce qui le prouve, c'est qu'aucun d'eux n'a essayé de recouvrer la liberté par la fuite à la nage. Les obstacles qui pour moi étaient insurmontables n'étaient rien pour eux. Il y avait des plongeurs, des nageurs de première force; l'un avait même été gracié une première fois pour avoir retiré de la mer trois personnes. Je ne crois pas qu'il leur eût fallu beaucoup de temps pour se débarrasser de la barre à laquelle ils étaient attachés, pour ouvrir un sabord, et les moyens ne leur manquaient pas pour tromper la surveillance du factionnaire ou pour la rendre inutile.

Enfin, c'était surtout à l'égard des forçats invalides que la mesure était injustifiable. Comme je l'ai dit, ceux que l'*Yonne* avait pris à Marseille étaient des vieillards, dont beaucoup ne semblaient tenir à la vie que par un fil. L'un d'entre eux notamment, d'une taille élevée — il avait au moins cinq pieds sept pouces — était remarquable par une émaciation qui semblait à sa dernière période. Presque toujours assis sur le plancher de l'entrepont, car il avait à peine la force de se lever, il appuyait son menton sur ses genoux et restait ainsi jour et nuit, sans dire un mot, sans bouger, si ce n'est au moment des repas. Il était aisé de voir que sa poitrine, profondément rentrée, ne contenait plus qu'un dernier reste de poumons et que son estomac, comme un sac sans fond, ne pouvait plus digérer. Jamais je n'avais vu rien qui exprimât mieux les tortures de la faim, non la faim qui tue au bout de quelques jours les plus robustes, mais la faim que laisse chaque jour une nourriture insuffisante et qui peu à peu mine les sources de l'existence. La nuit qui suivit le jour où nous quittâmes Gibraltar, ce pauvre malheureux termina sa vie de misère. Il s'éteignit dans la position bizarre qu'il préférait, sans qu'un mouvement, un cri annonçât son agonie. Son voisin l'ayant poussé par mégarde en se remuant, il tomba de côté pour ne plus se relever. Son corps était déjà refroidi, et vingt-quatre heures plus tôt la mort l'eût surpris dans les fers : M. Chastenay eût eu à faire détacher son cadavre.

Le médecin prévenu n'avait pas à se déranger pour si peu ; il envoya son élève, qui ne put retenir un sentiment de pitié en voyant la misérable fin d'une si misérable vie. — Si on avait su qu'il fût si mal, dit-il avec une incroyable naïveté, on lui eût donné quelques douceurs.— Il paraît qu'à ses yeux, pour avoir quelques douceurs, probablement un verre de tisane, il fallait non-seulement être malade, mais moribond!

Le temps s'écoulait et l'*Yonne* avançait péniblement; enfin elle traversa le golfe de Gascogne sans nouveaux accidents, et, le 20 août, c'est-à-dire vingt-quatre jours après notre départ de Toulon, elle jetait l'ancre dans la rade de Brest. Quelques heures auparavant, j'avais vu passer à toutes voiles et à toute vapeur l'escadre de la Méditerranée, qui, venue pour parader dans la rade de Brest, sous les yeux du vainqueur de décembre, s'en allait reprendre son mouillage aux îles d'Hyères. Le colosse de la marine française, la *Grande-Bretagne*, battait pavillon d'amiral et tenait la tête du convoi qui se composait de cinq vaisseaux de ligne à vapeur et à hélice, et d'une frégate ; j'arrivais à temps. Un jour plus tôt, j'aurais entendu les salves joyeuses qui célébraient ce glorieux voyage ; mieux valait pour moi le morne aspect d'une rade déserte et le silence fatigué qui suit les solennités officielles.

Dix ans auparavant, je m'étais trouvé, sans le savoir, avec l'élu du 10 décembre. C'était deux jours après la révolution de février : j'allais de Valenciennes à Paris pour prendre mes instructions comme commissaire général des départements du Nord et du Pas-de-Calais. Je me rencontrai à Amiens avec les détenus politiques de Doullens, auxquels les événements venaient de rendre la liberté, et lorsqu'à Baumont-sur-Oise la rupture des ponts arrêta la marche du convoi, j'appris que l'ancien prisonnier de Ham, lui aussi, se dirigeait sur Paris. On sait qu'accueilli par Marrast et présenté par lui au gouvernement provisoire, il fut obligé de reprendre pour quelques mois sa résidence en Angleterre. A quoi tiennent les destinées !

XIII

Déjeuner au bagne de Brest. —Le zèle d'un geôlier intelligent. — Le préfet maritime.—Encore un mot sur le commandant de l'*Yonne*.

Le 21 août, les embarcations de l'*Yonne* nous conduisirent dans le port. Nous traversâmes le fameux goulet de Brest, avec ses batteries superposées en étages, dont les feux croisés dévoreraient une flotte entière, si jamais flotte osait se hasarder dans ce périlleux passage, et au bout de vingt minutes, nous prenions terre au pied de l'arsenal.

Par son étendue, l'arsenal de Brest répond à l'importance des services qu'on y a successivement rassemblés; ses établissements, qui couvrent un espace immense, bordent une suite de bassins garnis de vaisseaux en construction, en armement ou en réparation. Les quais de granit qui longent les bassins sont remplis de canons symétriquement rangés, de mortiers de toute grandeur, et de pyramides de boulets et de bombes de tous calibres. Partout l'aspect de la guerre, auquel vient se joindre celui de la hideuse servitude des bagnes.

La suppression du bagne de Brest avait été résolue et déjà elle avait reçu un commencement d'exécution. Il était bien qu'à sa dernière heure, avant de s'affranchir du séjour des forçats, l'arsenal de Brest vît une dernière fois entrer dans son bagne un prisonnier politique. Ce fut, en effet, au bagne que l'on nous conduisit; j'avais déjeuné trois semaines auparavant au bagne de Toulon; il était dans l'ordre que je fisse aussi un repas à celui de Brest.

Les bâtiments qui servaient alors encore au logement des derniers forçats sont bâtis sur les rochers qui servent de ceinture à la mer de Bretagne, et il faut plus de cinq minutes d'une ascension fatigante pour parvenir au corps de logis qui devait me servir d'asile pour quelques heures. Je ne trouvai pas auprès de l'administration de Brest les égards que j'avais rencontrés à Toulon, et je subis dans tous ses agréments la conséquence de la compagnie qui m'était faite. A l'arrivée, on nous fit monter au troisième étage, dans une longue salle garnie de cellules en bois, dont l'intérieur orné d'un banc ressemblait à une guérite. Au bout de deux heures, on nous ouvrit les portes, sans que j'aie jamais pu me rendre compte des raisons qui nous avaient imposé cette station préliminaire. On nous distribua un morceau de pain et la cantine nous fournit, en payant, bien entendu, quelques comestibles.

Les approvisionnements de la cantine me montrèrent que le régime du bagne était, à tout prendre, beaucoup moins pénible que celui du fort Lamalgue. On pouvait s'y procurer du lait, du café, de la viande très-mangeable, toute espèce de fruits, et, à la différence de l'arsenal de Toulon, il était permis de fumer partout.

Vers les deux heures, on nous fit descendre, à l'exception des forçats destinés pour Belle-Ile, qui devaient jouir de l'hospitalité du bagne jusqu'à leur départ, et nous fûmes remis aux mains de la gendarmerie. J'eus l'avantage d'être l'objet d'une sévérité toute spéciale de la part du chef du détachement, qui me fit fouiller comme un criminel, et qui poussa la précaution jusqu'à visiter mes deux malles avec une sollicitude vraiment louable. C'était, s'il m'en souvient, un jeune sous-lieutenant qui, sans doute, avait à cœur de justifier son récent avancement par un zèle qu'il s'efforça de rendre blessant, sans parvenir à troubler ma dédaigneuse indifférence.

Comme ses préférences se bornèrent à mon individu et ne s'adressèrent pas aux repris de justice, la cérémonie fut bientôt terminée et l'on se mit en route, avec accompagnement de gendarmes, pour la maison d'arrêt du port, située par delà le bassin, sur une espèce de plateau auquel conduisent des rues escarpées et un escalier en spirale d'une trentaine de marches.

De nouvelles surprises m'attendaient dans cette résidence, la dernière qui dût s'ouvrir pour moi avant de quitter la France. Les repris de justice avaient été installés dans deux salles du rez-de-chaussée, et je ne m'effrayais pas trop d'être dispensé de coucher et de manger avec eux. Mais je ne pouvais prévoir le traitement qui m'était réservé. Quand on en eut fini avec mes compagnons, un gardien ouvrit une porte en m'invitant à entrer; puis, sans me laisser le temps de dire un seul mot, il referma la porte sur moi : j'étais dans l'obscurité la plus profonde. Quelque temps, j'attendis avec une confiance sublime, pensant que l'on allait ouvrir du dehors le contrevent qui, dans ma pensée, empêchait le jour de m'arriver. J'attendis en vain, j'étais dans un cachot hermétiquement défendu contre les rayons de la lumière. Je cherchai à m'orienter, et, en tâtonnant, j'arrivai à un lit de camp sur lequel je m'installai de mon mieux, me faisant un oreiller de ma malle, et m'enveloppant de mon manteau. Bien que nous ne fussions qu'au 21 août, il faisait presque froid dans la boîte où j'étais renfermé, et l'humidité habituelle du climat de Brest ne faisait que m'en rendre le séjour plus désagréable.

Je commençais à me trouver victime d'une plaisanterie trop prolongée; le régime du cachot, succédant aux délicates attentions que j'avais rencontrées sur l'*Eclaireur* et sur l'*Yonne* et toujours sans avoir donné la moindre prise aux rigueurs du règlement, il y avait là quelque chose d'intolérable. Que devrais-je attendre désormais, et pendant le long voyage que j'avais à faire et pendant mon séjour à Cayenne ? J'étais réduit à envier le sort de mes compagnons de transportation qui, du moins, n'étaient pas privés de la lumière du jour et ne se voyaient pas traités avec un pareil luxe de sévérité.

Vers les quatre heures du soir, un gardien vint m'apporter un morceau de pain, et je profitai de sa présence pour demander à parler au geôlier, non sans me plaindre, comme de raison, de l'exception dont j'avais été l'objet. Ma requête demeura sans effet, et je dus me résigner à passer la nuit dans cette désagréable position. Cependant j'étais fatigué, et, à tout prendre, je n'avais pas à regretter beaucoup l'entrepont de l'*Yonne;* plancher pour plancher, autant valait un lit de camp qui, du moins, avait l'avantage de ne pas être soumis à une oscillation perpétuelle. Je m'endormis donc sans peine du sommeil du juste, remettant au lendemain les affaires sérieuses.

Le lendemain, si mes yeux ne purent m'annoncer le lever du soleil, le mouvement de la prison m'avertit qu'il faisait jour et grand jour, partout ailleurs que chez moi. J'appelai le gardien et, sans plus lui parler du geôlier, je me bornai à lui dire que je voulais parler à l'officier de ronde; je ne doutais pas qu'à l'exemple de ce qui se pratique dans les prisons militaires, un officier de marine ne vînt chaque jour visiter les prisonniers et entendre leurs réclamations. Il me tardait de savoir si, après une traversée si fatigante, je devais rester indéfiniment dans un cachot humide et malsain, privé d'air et avec les mille inconvénients qu'entraîne l'obscurité.

Quelques heures après, le geôlier me fit enfin l'honneur de venir me trouver. Je ne lui demandai pas pourquoi il me traitait avec si peu de ménagement, mais je le sommai seulement de me mettre en présence de l'officier de ronde. Au lieu de répondre à ce que je lui demandais, il répondit à ce que je ne lui demandais pas, en disant qu'il était bien fâché, mais qu'il avait reçu des ordres et qu'il les exécutait. — « On m'a recommandé, ajouta-t-il, de ne pas vous mettre avec les autres, *de vous mettre à part*, et nécessairement j'ai dû vous mettre au cachot. »

Je ne pus m'empêcher de sourire devant cet effort de logique interprétative et je persistai à réclamer l'officier de ronde. Il n'en fallut pas davantage pour inquiéter mon geôlier, fin Normand, s'il en fût, mais bonhomme au demeurant. — « Après tout, dit-il, je puis bien m'être trompé. Peut-être aurais-je bien fait de vous donner une chambre au lieu d'un cachot, d'autant plus qu'on parle de vous dans le journal, à ce que ma fille m'a dit, et que vous avez été préfet. Ainsi, c'est dit : vous n'aurez pas besoin de parler à l'officier ; je vais vous faire préparer une chambre, où vous serez à votre aise. » Et, en effet, au bout d'une demi-heure, je quittais mon cachot pour m'installer dans une grande chambre, où je trouvai un hamac et toutes les commodités qu'on peut raisonnablement désirer en prison, une cruche d'eau et un banc. Il n'y avait qu'une fenêtre, mais elle était haute et me versait toute la lumière que peut donner l'atmosphère brumeuse des côtes de Bretagne. De plus, la pièce était assez vaste pour me servir de promenoir, et je me trouvais, toute proportion gardée, dans une sorte de paradis.

Une fois délivré du cachot, je pus améliorer ma nourriture; quoique la ration réglementaire fût relativement très mangeable, mon estomac avait trop souffert des privations de la traversée pour ne pas demander quelques suppléments; mon geôlier s'y prêta de la meilleure grâce du monde, et, durant tout mon séjour, je ne cessai pas d'avoir à m'en louer.

Je trouvai là matière à plus d'une réflexion; j'y voyais une preuve nouvelle des inconvénients qui s'attachent inévitablement à tout régime exclusivement préoccupé de répression. Les subalternes interprètent toujours dans le sens le plus rigoureux les instructions qu'ils reçoivent, dans la crainte d'encourir des reproches de tiédeur et d'indifférence, et, comme cela se pratique à tous les degrés de l'échelle administrative, on comprend comment, à la suite de ces aggravations successives, la position d'un prisonnier ne tarde pas à se changer en supplice.

Le lendemain de mon déménagement, un capitaine de frégate vint faire sa ronde et se présenta dans ma chambre. Il me demanda avec une convenance parfaite si j'avais des réclamations à faire, si j'avais été convenablement traité. A cette question, le geôlier, qui se tenait derrière le commandant, rougit comme un coupable pris en faute. Qu'allais-je répondre? Parlerais-je du cachot que j'avais habité pendant trente-six heures? Il fut bientôt rassuré. Je dis que je n'avais pas à me plaindre, et à l'instant je vis s'évanouir le nuage qui assombrissait le front du geôlier. A quoi bon, en effet, signaler un grief spontanément réparé? Qu'eussé-je gagné à des récriminations désormais sans objet? le plaisir d'attirer des reproches sur un homme qui s'était efforcé de réparer une bévue commise par inintelligence. En vérité, cela n'en valait pas la peine, et, de plus, mes habitudes de caractère me défendaient de descendre à ce point.

Deux jours après, je reçus la visite du vice-amiral Laplace, préfet maritime à Brest. La distinction de ses manières, le calme de sa parole ne permettaient pas de le ranger parmi ces tranche-montagnes à vide dont les commandants de l'*Eclaireur* et de l'*Yonne* m'avaient montré les types accomplis. On voyait qu'il n'était pas inspiré par ce zèle brutal qu'affichent les incapacités pour se recommander aux faveurs des gouvernements, et qu'il n'avait pas dépouillé dans un long service les sentiments de tolérance et de bienveillance qui caractérisent une bonne éducation et vont si bien aux positions élevées. L'amiral s'annonça lui-même avec une simplicité de bon goût et me fit connaître qu'il avait ordre de me faire partir pour Cayenne par la gabare la *Seine*, qui devait appareiller dans quelques jours. Puis il me demanda si j'avais trouvé à Brest les égards que réclamait ma position. Je répondis de manière à satisfaire mon geôlier, qui était là, tremblant encore, et bien à tort assurément, qu'une indiscrétion de ma part ne vînt à attirer sur lui les reproches de la première autorité du port. Ma réserve et le laconisme de mes réponses ne découragèrent pas l'amiral. Il voulut savoir si, dans le voyage de Toulon à Brest, j'avais été convenablement traité. Ma réponse fut ce qu'elle devait être, je le crois. Je racontai en peu de mots, sans emphase, les indignités dont j'avais été l'objet de la part des commandants de l'*Eclaireur* et de l'*Yonne*, sans oublier les actes d'inhumanité que j'avais vu

commettre à l'égard des forçats et repris de justice, et qui étaient d'autant moins excusables à mes yeux, qu'ils ne pouvaient s'expliquer par l'entraînement des passions politiques ni même par la crainte de déplaire au pouvoir.
— « On m'avait affirmé le contraire, dit l'amiral, et ce que vous dites m'étonne grandement; au surplus, je prendrai des informations et j'aviserai. Mais, à propos du long voyage que vous avez à faire, n'avez-vous rien à demander ? Non, monsieur, lui répondis-je, si ce n'est l'autorisation d'emporter mes malles, dont l'une contient des effets et l'autre des livres; car on m'a prévenu que je pourrais éprouver à cet égard quelques difficultés de la part du commandant. — Je donnerai des ordres en conséquence, répondit l'amiral; mais ne désirez-vous rien de plus ? » Je répondis négativement et remerciai l'amiral, fort satisfait d'avoir assuré le passage de mes malles, ou plutôt de mes livres, la seule ressource qui me restât contre les ennuis de la traversée et l'isolement de la prison.

Je n'ai plus qu'à expliquer maintenant comment l'amiral Laplace avait été trompé sur la réception qui m'avait été faite à bord de l'*Yonne*. A son débarquement, M. Chastenay, le commandant de cette gabare, n'avait pas tardé à reconnaître que l'opinion de la ville, de ses collègues peut-être, était peu disposée à admettre comme nécessaire et honorable le régime auquel j'avais été soumis de par sa volonté. Dans cette situation, l'habile commandant n'avait pas manqué de vanter les attentions qu'il avait eues pour moi; il donna même à penser qu'il m'avait nourri de sa table, ne se doutant pas que j'aurais l'occasion de faire connaître la vérité à l'amiral et de mettre même quelques autres personnes en état de contredire ses hypocrites fanfaronnades quand elles vinrent à ma connaissance avant mon départ de Brest.

Il convient d'ajouter que, si je n'avais pas été interrogé très-directement sur ce point par l'amiral, j'aurais gardé le silence. La plainte m'a toujours paru indigne d'un homme qui se respecte, mais je ne pouvais consciencieusement laisser l'amiral dans l'erreur où l'avaient jeté d'officieux mensonges. Quant à M. Chastenay, en déguisant aussi manifestement la vérité, il s'était condamné lui-même, et je ne pouvais demander pour moi une satisfaction plus éclatante, pour lui un châtiment plus complet. Quand un homme est réduit à se glorifier du contraire de ce qu'il a fait, n'est-il pas jugé?

Depuis quelque quinze ans, poëtes et romanciers se sont abattus sur la Bretagne; on ne cesse de célébrer, en vers comme en prose, ses bruyères et ses horizons, ses gentilshommes et ses châtelaines, ses paysans et ses marins. Je m'associe de grand cœur à ces éloges, sans me tromper cependant sur le secret de cette croisade littéraire, dernier effort du romantisme aux abois. Mais, je suis forcé de dire qu'en fait de climat, j'ai des réserves à faire pour la bonne ville de Brest. J'y ai passé dix jours entiers, à une époque où le reste de la France jouit presque toujours d'un splendide soleil, et jamais je n'ai vu de tristesse comparable à celle de l'atmosphère qui m'entourait de ses lourdes vapeurs. De la pluie à chaque instant, de l'humidité toujours et un froid pénétrant par-dessus le marché, voilà tout ce que j'ai trouvé à Brest. C'est le seul côté par lequel j'ai d'ailleurs pu connaître cette partie de la Bretagne; je n'avais pas le loisir d'aspirer le parfum de ses bruyères, de parcourir ses grèves imprégnées des âpres saveurs de la mer, d'apprécier la cordialité de ses habitants, d'admirer la grâce si vantée de ses femmes.

Tout cela est enlevé au prisonnier, auquel l'isolement crée artificiellement la même vie dans les lieux les plus divers. La seule chose par laquelle il se rattache aux conditions de la vie libre, c'est le climat. Même au fond d'un cachot obscur, si une dernière rigueur lui enlève la vue du ciel et le condamne par avance aux ténèbres du tombeau, son organisme subit encore l'action des variations de la température.

À vrai dire, il souffre de la chaleur autant que du froid, sans pouvoir les combattre ou s'en distraire par l'activité du corps et de l'esprit. Mais ce qu'il y a de plus triste pour lui, c'est l'absence du soleil. Quand on n'a pas passé une longue suite de jours dans un étroit cabanon, il est impossible de se faire une idée du bonheur avec lequel on accueille le rayon de soleil qui parvient à s'y glisser à travers grilles et barreaux. On attend son apparition avec impatience; on ne se croit plus seul quand il arrive. C'est l'ami qu'on a vainement attendu la veille et qu'on ne verra peut-être pas le lendemain. Sa présence donne aux regrets la couleur de l'espérance.

A Brest, le prisonnier n'a pas souvent de ces innocentes consolations ; le brouillard ou la pluie le tient incessamment emprisonné dans les pensées les plus tristes, et je m'étonne que le pouvoir n'ait pas placé à Brest une prison cellulaire à l'usage des politiques. Son but serait bientôt atteint ; le prisonnier le mieux trempé n'y résisterait pas six mois.

Tout se réunissait pour me livrer aux influences du climat; ma santé plus ou moins altérée, le chagrin de ma famille, qui, malgré tous mes soins, malgré l'importance qu'elle attachait elle-même au respect de mon caractère, ne voyait pas arriver sans effroi le moment d'une séparation qui pouvait être éternelle.

Heureusement, j'avais la confiance la plus absolue de ne pas succomber dans l'épreuve, et cette confiance, exprimée dans mes lettres avec une sincérité qui n'avait rien de factice, réussit à tempérer les inquiétudes de ceux qui m'aimaient. Cette conviction, je le dis sans honte, ne me coûta aucun effort. Elle était tout instinctive, et je n'eus pas même la satisfaction de la devoir à un acte de ma raison. Ma pensée ne s'arrêta pas un seul instant sur les dangers possibles, sur la durée de cette expatriation. Je n'eus pas à tendre toutes les forces de ma volonté pour réagir contre les menaces d'un avenir de dix années. Je n'avais d'autre préoccupation que celle du retour, et ma seule crainte était de trouver des places vides au foyer que mon absence livrait à l'abandon, peut-être au désespoir. Je ne savais pas encore tout ce qu'il y a de force dans le cœur d'un père, d'une mère, d'une sœur qui voulaient conserver au prisonnier ce qui vaut mieux que la fortune, la protection de leur infatigable dévouement.

D'un autre côté, je ne quittais pas le sol natal sans une douloureuse émotion. Quoique jetée dans les voies qui n'étaient pas les miennes, la France était toujours pour moi la grande patrie, la mère aimée dont le souffle animait mes plus chères espérances et mon orgueil de citoyen. L'abandonner, même sous la contrainte de la force, ne faisait que rouvrir mes blessures, ajouter aux douleurs de la défaite. France bien-aimée, tu ne sauras

12.

jamais combien tu m'as coûté de douleurs solitaires!

Quand je te regardais marcher comme un homme ivre, hors du droit chemin, emportée tour à tour par les instincts les plus opposés, tantôt cédant à la peur, à l'égal de l'enfant qui tremble sous le fouet du maître, tantôt possédée de l'esprit des batailles, aujourd'hui te roulant sans vergogne dans les flots impurs d'un matérialisme immonde, demain t'agenouillant devant le passé contre lequel avait si fièrement protesté ta raison souveraine, il me semblait voir l'Hercule antique faisant succéder à ses nobles travaux le spectacle lamentable de ses passions et de ses fureurs. Je me demandais alors si c'était bien là cette France qui avait nourri ma jeunesse de son lait généreux et qui m'avait inspiré les saintes audaces du devoir, pour laquelle tant de grands cœurs avaient combattu et souffert, par laquelle tant de merveilleuses espérances avaient germé dans le monde labouré de ses fortes pensées!

Mais pourquoi s'étonner et se plaindre? N'est-ce pas une des lois fatales et justes tout à la fois de notre pauvre humanité, que la grandeur s'expie par des défaillances? Comme les individus, les nations passent de l'action au sommeil, pour revenir de l'abaissement à l'énergie, pour épuiser successivement le bien et le mal, et il en sera ainsi tant que la démocratie, en supprimant l'inégalité éducationnelle, n'aura pas substitué l'équilibre raisonné des volontés et des intelligences aux agitations désordonnées des priviléges et des cupidités. D'ailleurs, il est peut-être bien que la France ne se soit pas maintenue, sans faillir, à la hauteur de son idéal; les nations lui pardonneraient difficilement une supériorité injurieuse pour leur jalousie. Depuis moins d'un siècle, elle a donné trois fois le signal de marche, et trois fois, au lieu de la suivre et de la soutenir, les peuples l'ont combattue ou maudite. Puis, quand, fatiguée de son essor solitaire, elle est retombée à terre, sacrifiant à son tour aux sauvages instincts dont elle avait voulu s'affranchir, il n'y a pas eu assez d'anathèmes pour la flétrir. Eh bien, soit! puisque le dévouement lui-même est un privilége et que la démocratie repousse tous les priviléges, qu'il n'y ait plus de grande nation, de peuple initiateur! Les Athéniens se sont bien fatigués d'Aristide le Juste; pourquoi l'Europe n'aurait-elle pas la même susceptibilité, pourquoi ne se lasserait-elle pas de mesurer les pas de la mère des Révolutions?

L'Europe doit être contente désormais : la France a vu briser dans ses mains le sceptre de l'idée et de la parole. La carrière est libre maintenant, l'initiative à qui veut la prendre; et nous, les vaincus, les maudits, que la voix des peuples trompés a mis au ban de l'humanité, nous sommes là, comme le chœur antique, pour voir passer les armées de la liberté, pour les acclamer après la victoire. Il y a plus; si, écrasé par le poids de ses chaînes, un peuple s'agite sur son lit de torture, sans pouvoir échapper à ses bourreaux, la France oubliera ses propres blessures pour s'enflammer aux ardentes inspirations de son infatigable sympathie. Quoique mise en dehors des conseils de la politique, elle trouvera moyen d'y faire entendre la voix de son génie libérateur, et, sans s'arrêter à l'ingratitude que lui réserve le lendemain, joyeuse, elle donnera sans compter son or et son sang pour préparer le réveil des nationalités asservies. Divisée et impuissante en ce qui touche son organisme intérieur, elle ne dépouillera pas ses qualités chevaleresques dans les questions du dehors, et jamais le calcul ne viendra poindre sous son désintéressement séculaire. Elle sait que la récompense est dans le devoir accompli, et ce n'est pas elle qui parlera jamais de salaire ou de reconnaissance; elle a le cœur trop haut pour descendre au trafic; le sang de ses enfants est trop précieux à ses yeux pour qu'elle en fasse l'objet d'une demande en dommages-intérêts. Ne trouvera-t-elle pas d'ailleurs le juste prix de ses efforts, en revenant, par le dévouement, au sentiment épuré de la liberté?

C'est ainsi que j'oubliais les longues heures

de la prison, que j'échappais aux préoccupations qui voltigeaient autour de mon esprit, au moment suprême de la séparation. Je pouvais dès lors m'éloigner tranquille des rivages aimés du pays natal : je voyais plus certain que jamais le succès de l'idée dont la France tient le dépôt sacré depuis 1789. Sûr de son avenir, qu'avais-je à craindre d'un lointain voyage? Les privations? je les connaissais. L'ennui? celui qui laisse derrière lui des cœurs fidèles, qui emporte dans son sein le souvenir vivant de la patrie et la certitude de son réveil, celui-là n'a pas à compter avec l'ennui, châtiment des égoïsmes blasés et corrompus. L'espérance l'éclaire de son flambeau et le devoir le soutient quand ses pieds saignent aux pierres du chemin.

Souvent, bien souvent, je me suis retrempé dans ces eaux fortifiantes. Lorsqu'aux plus mauvais jours, le désespoir menaçait d'envahir mon âme, quand j'étais près de vouloir ne plus vivre, pour échapper à tout prix au naufrage de toutes mes croyances, il m'a suffi de puiser à la source immortelle de l'amour et du devoir pour retrouver une foi plus ardente que jamais.

— Tout le monde à son poste d'appareillage! Mettez le cap sur Cayenne!

XIV

Départ de Brest pour la Guyane. — La *Seine* et son commandant. — Les passagers. — Ma position à bord. — Incidents du voyage. — Arrivée aux îles du Salut.

Il y avait déjà cinq jours que la *Seine* avait reçu sa cargaison de chair humaine, forçats et transportés de toute espèce; elle attendait en grande rade que l'état de la mer lui permît de prendre le large, lorsque enfin, le 5 septembre, arriva l'ordre d'appareiller. La *Seine* est un des grands transports qu'on a construits ou refondus, dans ces derniers temps, pour le service des colonies; gréée en frégate, elle était munie d'une hélice et d'une machine à vapeur de 160 chevaux, sans compter les gaillards qu'elle portait à l'arrière et à l'avant. Une espèce de pavillon se dressait sur le pont et contenait la cuisine de l'équipage; les installations avaient eu nécessairement pour but de réserver le faux-pont aux passagers qui ne manquent jamais d'encombrer ces sortes de navires, transportés, fonctionnaires ou soldats au départ, malades et convalescents au retour.

Quand je mis le pied sur le pont de la *Seine*, le 1ᵉʳ septembre, à sept heures du matin, il tombait une de ces pluies battantes qu'on appelle du brouillard dans la bonne ville de Brest et que partout ailleurs on nomme des averses; pendant les trois quarts d'heure que mit le chaland à nous transporter du quai en grande rade, je n'en perdis pas une goutte. L'augure ne m'annonçait rien qui vaille, et un Romain du vieux temps en eût tiré les plus sinistres pressentiments. Je me contentai, moi, d'être fort mouillé et passablement ennuyé. Je commençais à me faire à ma nouvelle prison, et je me retrouvais en face de l'imprévu, peu rassuré surtout par l'expérience que j'avais faite à bord de l'*Eclaireur* et de l'*Yonne*. Cinq cents forçats nous avaient précédés sur la *Seine* et ils étaient déjà parqués ou plutôt encaqués dans les cages qui leur étaient destinées, lorsque l'on s'occupa de nous. L'opération ne fut pas longue : on nous enleva tout ce que nous avions, malles, boîtes, sacs, livres ; on vida nos poches et on nous introduisit dans un compartiment du faux-pont à tribord. J'allais donc retomber dans cette promiscuité qui m'effrayait si fort et qui me promettait de nouvelles et plus pénibles épreuves. Il me faudrait coucher sur la planche pendant sept ou huit semaines; car, de partager un hamac, je ne pouvais y songer, ces habitudes de matelotage me semblant la pire des incommodités. Comme j'agitais tristement ces questions, on vint nous distribuer des effets, que nous devions endosser immédiatement. Cette fois, cependant, ces vêtements n'avaient point été profanés par un long usage. C'étaient simplement des vareuses, des pantalons et des chemises qui semblaient taillés dans de la toile à voile, mais qui, du moins, avaient le mérite de la virginité la moins contestable.

A voir le ciel gris de la Bretagne, un semblable uniforme paraissait une mauvaise plaisanterie ; mais encore quelques jours et le changement de latitude allait nous en faire sentir l'avantage. Seulement, par une de ces bizarreries administratives qui se rencontrent trop fréquemment, à cet habillement de toile que nous recevions en double, on ajoutait un énorme bonnet de laine, qui bientôt devait devenir un supplice en raison de la chaleur, et sans même nous protéger contre les rayons d'un soleil impitoyable.

Comme j'allais dépouiller mes habits pour revêtir ceux que je venais de recevoir, le second me fit appeler et m'annonça que je ne serais pas soumis au traitement des autres transportés. Il me fit délivrer un hamac, m'assigna une place aussi convenable que possible, et je me trouvai dès lors assimilé à ceux des passagers qui n'avaient pas place au carré. J'appris que le préfet maritime de Brest, le vice-amiral Laplace, qui m'avait visité dans la prison du port m'avait recommandé au commandant Kerverlo de Rosbo, et que ce dernier, s'associant de la meilleure grâce aux bonnes intentions de son supérieur, voulait m'épargner les rigueurs inutiles que j'avais souffertes ailleurs. Ma première pensée fut de laisser de côté le trousseau qu'on m'avait si généreusement octroyé ; mais j'en fus détourné par le lieutenant, qui, tout en me laissant liberté entière, m'engagea à ne pas dédaigner ces vêtements que la chaleur n'aurait pas tardé à me faire regretter. Je suivis son conseil, sauf pourtant en ce qui concernait le bonnet de laine, et, quelques jours après, j'eus à m'en applaudir, comme il l'avait prévu. Il est d'ailleurs si difficile de se tenir propre à bord, qu'on est heureux de porter des vêtements qui puissent se laver et se changer à volonté.

Autant j'avais eu à me plaindre dans ma dernière traversée, autant j'eus à me louer de celle-ci, et je me plais à rendre hommage au traitement que j'ai rencontré à bord de la *Seine*. Le commandant de Rosbo se montra envers moi d'une convenance parfaite, et me témoigna des attentions dont j'ai gardé une vive reconnaissance. En même temps, je trouvai dans l'équipage et dans les passagers tous les égards, tous les petits services imaginables. Pour tout dire, il était impossible d'aller dans de meilleures conditions vers un séjour qui n'était pas précisément un lieu de plaisance.

Et, chaque jour, je pouvais de mieux en mieux apprécier les avantages de la situation qui m'avait été faite, en voyant quel était le sort des autres transportés, forçats et repris de justice. Leur nombre — ils n'étaient pas moins de 550 — ne permettait pas de les faire monter sur le pont tous les jours, et c'est à peine s'ils pouvaient, à tour de rôle, y paraître chaque fois. Et encore, ne leur était-il pas possible alors de prendre même un semblant d'exercice. Serrés les uns contre les autres sur la partie du pont que les manœuvres laissaient libre, ils étaient forcés de se tenir immobiles, heureux cependant de humer l'air purifiant de la mer, quand l'ardeur du soleil ne leur faisait pas payer trop cher ce délassement.

Et dans le faux-pont, exposés aux feux des cuisines et de la boulangerie, auxquels venait s'ajouter parfois le brûlant foyer de la machine, privés d'air et d'espace, ils étaient là haletants, inondés de sueur et rongés par la vermine. Comment ne pas avoir pitié, à la vue d'un tel supplice, qui devait durer sept semaines? Assurément, il était difficile de loger ces malheureux plus au large; mais n'aurait-on pu leur permettre de monter plus souvent sur le pont, et surtout à des heures où le soleil avait cessé de se montrer? Malheureusement, la marine n'a qu'une confiance modérée dans les forçats, et on ne s'étonnera pas qu'un commandant ne veuille pas, avec cent hommes d'équipage, se mettre à la discrétion de cinq à six cents condamnés, qui pourraient tenter un coup de désespoir. D'ailleurs, les traditions de bord ont des légendes aussi invraisemblables que formidables sur des projets de révolte conçus pendant la traversée de France à Cayenne et déjoués par le hasard ou la surveillance. Je ne m'étonne donc pas, tout en le regrettant, que le soin d'une haute responsabilité conseille des précautions que l'humanité serait heureuse de voir écarter.

En dehors de ces tristes nécessités, le régime auquel ils étaient soumis n'était pas mauvais ; ils avaient les mêmes distributions que l'équipage, sauf le vin et l'eau-de-vie, et encore leur allouait-on chaque jour un quart de vin ; de plus, ils avaient tous les dix jours 100 grammes de tabac, et quant à la propreté, ils changeaient de vêtements chaque semaine et recevaient du savon et de l'eau douce pour laver ceux qu'ils quittaient.

Le service se faisait d'ailleurs comme en présence de l'ennemi ; l'équipage, ainsi que l'état-major, portait le poignard ; tous les soirs, on faisait branle-bas de combat et les matelots s'armaient de fusils pour répondre à l'appel.

Un détachement d'infanterie de marine, renforcé de quelques gardes-chiourme, fournissait des sentinelles dans le faux-pont, de distance en distance ; quand une portion de transportés venait sur le pont, les gendarmes qui se trouvaient à bord, en destination des colonies, faisaient faction le pistolet au poing et le sabre au côté. En même temps, une pièce de 2 ou 3 livres de balles, chargée à mitraille, était braquée sur le point du pont occupé par les transportés, et un matelot se tenait à portée de faire jouer l'amorce. Dans l'entre-pont, de petits fauconneaux à pivot étaient toujours prêts à promener leur gueule du côté où se produirait un tumulte. La nuit, les rondes se multipliaient d'heure en heure, et je me rappelle que, pour avoir dormi en faction, un bon gendarme fut bel et bien condamné, par le conseil de justice du bord, à vingt-neuf jours de prison, qu'il passa consciencieusement aux fers, sans même jouir des avantages faits aux forçats.

Je ne suis pas de ceux qui condamnent les précautions, parce qu'elles n'ont pas eu à se changer en mesures de répression. C'est précisément ce qu'elles ont pour but de prévenir; et si on doit les approuver quand elles découragent les tentatives coupables, il faut surtout y applaudir quand elles n'excluent pas l'humanité. Je sais qu'il y a là une limite très-difficile à observer et je fais la part des rigueurs du service à la mer en pareille situation. Aussi suis-je heureux de constater qu'à une exception près, il n'y eut pas une seule punition encourue par les transportés. Ils étaient, d'ailleurs, il faut le dire, trop accablés par la chaleur et le manque d'air pour conserver l'ombre d'une idée d'insubordination, et la seule crainte de perdre leur quart de vin suffisait pour les maintenir dans la plus complète soumission.

Depuis longtemps nous avions quitté le golfe de Gascogne et bientôt nous mouillâmes dans la baie de Ténériffe. C'est toujours un événement que l'approche de la terre pour des passagers entassés dans un navire ; aussi, bien avant que le pic de Ténériffe dégageât son front du sein de l'atmosphère limpide des Canaries, nos yeux impatients interrogeaient l'horizon. Le premier goëland qui nous apparut fut salué comme un messager de bonne nouvelle, et quand la *Seine* jeta l'ancre à quelques encâblures de la ville, nul ne se lassait de contempler le panorama enchanteur que présentent les villas bâties sur le rivage quand le soleil du Midi fait jouer ses rayons sur leurs blanches façades.

D'autres intérêts que celui d'une curiosité stérile s'attachaient à cette halte : depuis notre départ, nous vivions de salaisons, et Ténériffe nous promettait de la viande fraîche, non-seulement pour un jour, mais pour toute la traversée. Or, la viande fraîche à bord, c'est un régal à nul autre pareil. J'ai rarement vu de plus beau bétail que les vingt-quatre bœufs qui devinrent nos hôtes avant de devenir nos victimes, et ce fut un jour de fête quand on les guinda sur le pont. C'est qu'en effet rien n'est drôle comme de voir enlever un bœuf à l'aide d'un palan. A la première secousse qu'il éprouve, l'animal veut essayer une vaine résistance ; mais l'inflexible machine poursuit imperturbablement son œuvre ; et le plancher du chaland se dérobe sous les pieds de l'animal. Une fois en l'air, le bœuf le plus intraitable ne hasarde plus un mouvement; suspendu par les cornes, il laisse retomber ses pieds de devant et monte en pirouettant sur lui-même, sans sortir de son immobilité. Maintenant, on file le câble, et le bœuf est déposé sur le pont; à peine a-t-il senti le plancher sous ses pieds, qu'il fait un mouvement précipité, comme pour ressaisir le sol, puis il s'arrête devant les bastingages, car déjà l'oscillation du navire à l'ancre lui inspire de nouvelles inquiétudes ; on en profite pour l'attacher à un anneau scellé sur le pont, et bientôt les vingt-quatre bœufs sont amarrés en rond tête contre tête.

Ce qu'il y a d'étonnant dans ce spectacle, qu'il est impossible de contempler sans rire, c'est que jamais il ne varie; on enlèverait cent bœufs l'un après l'autre, que vous verriez reproduire les mêmes mouvements et la même immobilité ; c'est à peine si, quand ils reprennent terre, on aperçoit de temps à autre quelque diversité. La présence de vingt-quatre bœufs entre le grand mât et le gaillard d'avant n'était pas assurément de nature à embellir l'étroit espace où se bornait notre vie ; quand la mer était houleuse, ces pauvres bêtes glissaient et roulaient que c'était pitié, et alors malheur à qui se fût trouvé derrière elles. Il eût infailliblement été jeté sur les canons et contre les cages à poules adossées aux bastingages et qui souvent se mettaient elles-mêmes en danse.

Cependant personne ne se plaignit ; chacun appréciait trop bien l'importance des services que ce convoi de viande fraîche rendrait à la santé générale. Je n'hésite pas à penser que, s'il ne mourut que deux hommes dans cette traversée si longue et si pénible pour ceux qui n'arrivaient à l'air que deux fois par semaine et pour une heure chaque fois, on le doit à l'usage constant de la viande fraîche. On tuait quatre bœufs par semaine, et cela suffisait pour donner tous les jours, sauf le *vendredi*, de la viande fraîche à l'équipage et aux passagers et de deux jours l'un aux forçats et repris de justice.

La rade de Ténériffe est excellente, mais les brisants de la côte y rendent le débarquement très-difficile et parfois dangereux. Il faut saisir l'embellie pour se faire échouer et encore ne le fait-on presque jamais sans être inondé. Vous avions à bord une armée de curés et de nonnes qui ne voulurent pas manquer d'aller à terre, pour visiter les églises — elles sont nombreuses et riches dans ce pays — et du bord j'ai eu la douleur de voir un canot chargé de ces saintes personnes rouler le ressac sur le sable de la grève, ni plus ni moins que si c'eût été de vulgaires infidèles.

Il ne nous fallut pas moins de trois jours pour terminer les approvisionnements que nous avions à demander à Ténériffe, et, cela fait, nous remîmes le cap sur la Guyane.

Si le temps continuait d'être magnifique, la chaleur n'avait pas attendu jusqu'à ce jour pour se faire sentir. Encore un pas et nous allions rencontrer les vents alizés qui devaient nous porter à la Guyane. Une fois dans cette région, nous n'avions plus à craindre que le calme, et si le calme est pour les navires à voiles un plus dangereux ennemi que la tempête, ce ne devait être qu'un obstacle indifférent pour les navires à vapeur. Par son caractère mixte, la *Seine* n'avait donc point à redouter le voyage ; avec un vent favorable, elle n'avait qu'à tendre ses voiles pour faire en moyenne sept ou huit nœuds à l'heure, soit cinquante et quelques lieues par vingt-quatre heures. Dans le cas contraire, elle pouvait allumer ses fourneaux et atteindre la même allure avec la puissance de sa vapeur. Il n'y avait à cela qu'une toute petite difficulté, c'est que les navires mixtes, d'après les instantes recommandations du ministère de la marine, doivent brûler du charbon le moins possible et seulement dans les circonstances les plus graves.

Les navires qui font le service de la Guyane n'emportent jamais que dix jours de charbon, c'est-à-dire autant de tonnes à charbon que le navire compte de chevaux-vapeur ; mais pour peu qu'un commandant ne soit pas fâché de prolonger un voyage qui lui rapporte des frais de table considérables, ou qu'il tienne à se faire donner de bonnes notes au ministère, il économisera son charbon de manière à pouvoir en rapporter en France. Peu importe que cette économie mal entendue rende la traversée plus longue et plus dangereuse, que l'administration perde en solde, en frais de nourriture, etc., beaucoup plus qu'elle n'épargnera sur le charbon, l'administration sera satisfaite, et les commandants ne veulent pas lui déplaire.

Il semble cependant que l'on pourrait tirer meilleur parti des navires mixtes. Sous l'empire de la réglementation qui prévaut aujourd'hui et des longueurs qu'elle impose, un voyage à Cayenne et retour avec relâche à la Martinique et à la Guadeloupe demande en moyenne cent jours. En emportant quinze jours d'approvisionnement en charbon, et en utilisant sa vapeur quand le vent est contraire ou qu'il fait défaut, il est certain que soixante-quinze jours suffiraient largement pour l'aller et le retour ; il y aurait donc une dépense en plus de 3,000 fr. en charbon, mais en revanche on gagnerait vingt-cinq jours sur la durée du voyage, et cette moindre durée représente, pour un équipage de cent hommes, soldes et vivres seulement, une dépense en moins de 6,000 francs environ, de sorte que l'administration gagnerait tout à la fois du temps et de l'argent.

Et je ne mets pas en compte les économies de solde et de nourriture qu'il y aurait à faire sur le passage des fonctionnaires et autres, qui sont toujours beaucoup plus nombreux que l'équipage, et surtout mieux payés, sur celui des soldats et transportés. Je me borne à considérer en dernière analyse qu'un navire qui ne fait aujourd'hui que cinq voyages en deux années au maximum, pourrait en faire sept dans le même espace de temps, et que le nombre des transports à la mer pourrait être diminué à proportion, sans préjudice aucun pour le service.

Qu'arrive-t-il avec le système de lésinerie imposé par l'administration ? Les commandants ne chauffent qu'à la dernière extrémité, et encore n'allument-ils que la moitié des fourneaux. Tandis qu'en pouvant répartir sur chaque traversée, à l'aller comme au retour, huit jours de chauffe avec tous les fourneaux, on serait sûr de ne pas mettre plus de trente à trente-deux jours pour franchir les 1,500 lieues qui séparent la France de la Guyane, ce qui revient à rapprocher de plus de 25 0/0 les colonies de la métropole.

Que dire de la monotonie du voyage? En mer, on n'est pas difficile sur les distractions, mais quand on veut rechercher dans ses souvenirs les impressions gardées, on est tout étonné de ne trouver rien. La vue de quelques bandes de marsouins, la prise d'un poisson volant, la découverte des raisins du tropique, ces végétaux marins qui sont semés sur les mers des deux côtés de l'Equateur, voilà toutes les diversions que la mer offre aux ennuis des passagers. Il est vrai que le bord a sa chronique, parfois ses scandales, mais ce sont là d'insuffisantes ressources pour ceux qui n'y apportent qu'une oreille indifférente ou rebelle.

Le soir, les matelots nous donnaient assez souvent un spectacle qui avait bien son mérite; il y avait école de danse, de boxe, de contre-pointe, et, pour ma part, je ne me lassais pas de ces exercices; je n'ai jamais rien vu d'aussi majestueux, d'aussi sérieusement cérémonieux, d'aussi grotesquement gracieux que les poses des professeurs, et quant aux efforts tentés par les élèves pour atteindre à cette suprême élégance, il y avait de quoi dérider les fronts les plus soucieux. Puis c'étaient de ces interminables chansons bretonnes dont les couplets se déroulent comme les grains d'un rosaire, avec ces modulations qui donnent aux mélopées rustiques une sorte de charme énervant; d'autres fois, un vieux quartier-maître racontait la guerre de Crimée, et, franchement, j'aimais autant ces récits que les narrations plus ou moins exactes des écrivains qui parlent de ce qu'ils n'ont pas vu ; souvent un trait échappé à cet improvisateur sans prétention peignait mieux une situation que n'eussent pu le faire tous les artifices du langage étudié.

La nuit venue, il y avait place au gaillard d'avant ; à cette heure, on est généralement sobre de manœuvres sur les navires de l'Etat, et quand une fois on a pris le ris de chasse réglementaire, il est assez rare, surtout dans ces parages, que l'on éprouve le besoin de changer d'amures. On pouvait donc causer, et, parmi les passagers qui n'étaient pas admis à l'arrière, ainsi que parmi les maîtres, on trouvait à qui parler.

Quelques jours après notre départ de Brest, nous avions vu apparaître cette fameuse comète qui a si fort préoccupé les savants et les ignorants, et qui eut la politesse de nous accompagner jusqu'à la Guyane. Au temps jadis, alors que l'homme ne craignait pas de se faire le centre et le but de tout l'univers, l'apparition d'une comète était accueillie par les nations épouvantées comme la menace des plus formidables catastrophes, et, il est triste de le dire, à cet égard, la superstition n'a presque rien perdu de sa force. Par extraordinaire, l'histoire a servi à maintenir cette crédulité, en rappelant que l'apparition des comètes a toujours ou presque toujours précédé les grands événements. Sans remonter dans les siècles antérieurs, personne ne contestera que la comète de 1811 n'ait été regardée par la très-grande majorité de la nation française comme le présage certain de la chute prochaine de l'empire, et il n'est pas absolument impossible que, pour beaucoup d'esprits encore disposés à compter avec le surnaturel, celle de 1858 ait ramené dans une situation plus ou moins semblable les mêmes prévisions. Il faut le dire, la science astronomique est un peu responsable de ces aberrations que l'on ne saurait s'empêcher de regretter, quelles que puissent en être les conséquences, puisqu'elles placent en dehors de l'humanité la solution des questions qui l'intéressent, et que seule elle peut résoudre. Si personne n'est plus effrayé des éclipses, ce n'est pas parce qu'elles ne durent que quelques instants, car l'intensité du phénomène compense et au delà la brièveté de sa durée; c'est parce que, prédites longtemps à l'avance, elles n'ont pas ce caractère de spontanéité qui semble correspondre à une volonté, c'est parce que tout le monde sait aujourd'hui qu'elles résultent du mouvement régulier du système solaire.

A la différence des éclipses, les comètes paraissent sans se faire annoncer; nos savants, qui connaissent, dit-on, beaucoup mieux ce qui se passe dans les cieux que ce qui se passe sur la terre, et qui découvrent tous les jours de nouvelles planètes, sont ignorants comme le premier venu en ce qui concerne les comètes, et n'en sont pas les moins surpris. Pour sauver l'honneur du corps, ils se mettent à faire force calculs après coup ; ils établissent fort doctement, et preuves à l'appui, la position, l'étendue de l'astre chevelu, mesurent sa marche et vont même jusqu'à prédire gravement, à quelques minutes près, son retour à deux ou trois siècles de distance. Malheureusement, ils se trompent si souvent qu'on dirait que, sans le moindre respect de la science, les comètes se plaisent à déjouer toutes les prévisions. Celles qui sont annoncées se gardent bien de paraître et celles qui paraissent continuent d'arriver sans être attendues ; d'où résulte le maintien des folles croyances jusqu'au milieu de notre siècle de positivisme. Loin de moi la pensée que la loi suprême qui maintient les mondes et les soleils puisse éprouver des défaillances ou céder aux fantaisies d'un caprice surnaturel ; la science saura combler cette lacune et rattacher les comètes au système général des lois physiques ; elle en suivra l'éclosion, annoncera leur naissance et les suivra jusqu'au bout de leur ellipse infinie, pour montrer que, loin de faire obstacle à la régularité de l'ensemble, elles ne font que le compléter et le manifester. Jusque-là, il restera une dernière racine à l'arbre de la superstition humaine ; jusque-là, les peuples n'auront conscience ni de leur liberté ni de leur dignité, et, niaisement confiants dans une intervention supérieure, ils ne feront pas leurs destinées, comme ils en ont le droit et le devoir.

Mais laissons la comète et ses présages trompeurs. Alors que prisonnier, je voguais vers l'exil, je n'avais pas besoin d'allumer mes espérances au foyer lointain d'un astre impuissant. Fils de la Révolution, j'emportais ses merveilleux enseignements et ses infaillibles oracles ; je savais que l'humanité ne pouvait pas reculer et que, sans rétracter aucune de ses promesses, sans rien abdiquer de son programme, le progrès continuait invinciblement son œuvre, profitant de tout, du mal comme du bien, s'imposant quand même à tous les systèmes, fût-ce aux plus réfractaires, utilisant les sympathies aussi bien que les colères, le dévouement comme l'indifférence, la vérité comme le mensonge, et de tous ces éléments ennemis fondus à son creuset, préparant l'avenir. Et il en est toujours ainsi : quand une idée vraie a jailli lumineuse sur les nations, tout vient la servir, jusqu'à ce qu'elle devienne souveraine, pour servir ensuite de point de départ à de nouvelles conquêtes.

« Voyez l'esprit, dit Hegel, il marche sans
» cesse, car *esprit* c'est *progrès*. Souvent il
» semble s'être égaré, oublié. Ne vous y trom-

» pez pas, il n'a fait que rentrer *chez lui*, et il
» va travailler assidûment, invisiblement sous
» la surface des choses existantes, jusqu'à ce
» qu'il éclate. C'est comme lorsque Hamlet dit
» à l'âme de son père défunt : *Tu as bien tra-*
» *vaillé, brave taupe*. Une époque arrive, tôt
» ou tard, où l'esprit de l'Univers quitte son
» souterrain, en poussant de bas en haut
» l'écorce de terre qui l'avait séparé de son
» soleil. Alors la terre s'affaisse, l'esprit a mis
» les *bottes de sept lieues;* il se lève rajeuni et
» marche à travers les peuples, tandis qu'elle,
» dépourvue d'âme et d'énergie, s'écroule à
» jamais dans l'abîme du passé. »

Il ne faut pas cependant que cette vérité consolante serve de prétexte ou d'excuse à l'indifférence et à la lâcheté. Malheur au peuple qui, se laissant endormir aux bras d'un fatalisme déshonorant, attendrait stupidement l'heure de la moisson sans l'avoir nourrie de ses sueurs! Si le progrès est immortel, il ne se donne qu'à ceux qui savent le conquérir, et délaisse impitoyablement les nations sans courage et sans persévérance. Il n'a de préférence ni pour les climats ni pour les races; le globe est sa patrie, et ses élus sont les forts. Souvent il s'éloigne, et sans retour, des lieux où il semblait avoir établi son empire à jamais, pour aller à l'autre bout du monde planter son drapeau, dans quelque bourgade inconnue la veille, et dont il fera la reine des nations.

Puisse la France ne pas abandonner plus longtemps le glorieux héritage de la Révolution, dont elle a conservé longtemps le foyer ! Il y va non-seulement de sa gloire, mais de la civilisation tout entière, car nul peuple en Europe n'est prêt à saisir le sceptre des idées si elle le laisse échapper de ses mains, et son abdication serait le signal d'un abaissement considérable dans le niveau de l'esprit moderne. Seule, elle a traversé la série d'épreuves qui permettent de s'élever logiquement à un idéal supérieur au passé ; seule, elle est assez forte et par le nombre et par la virilité de sa population pour offrir un asile assuré à la Révolution, en même temps que sa position centrale lui permet d'agir efficacement sur toutes les nations d'Europe, dont elle résume pour ainsi dire en elle-même les diverses aptitudes.

Que la France ne l'oublie donc pas ! elle a charge d'âmes, et s'il est vrai que noblesse oblige, jamais peuple n'a été plus obligé au grand œuvre d'émancipation dont elle a donné le signal il y a soixante années.

Sans doute, en se prolongeant, sa défaillance n'enchaînerait pas l'avenir, mais quel recul ! Il faudrait qu'une autre nation recommençât le cycle que la France a déjà accompli, avant de pouvoir recommander son initiative à l'Europe. Peut-être même faudrait-il désespérer de l'Europe en même temps que de la France et demander à d'autres continents le salut lointain de l'humanité. Je ne crains pas de le dire, en dehors de la France, le mouvement européen n'a plus de signification ni de logique, et nous retombons dans le chaos des évolutions préparatoires. Certaines nationalités pourront renaître à la vie ; la carte politique de l'Europe pourra être remaniée dans quelques-unes de ses parties, mais, si désirable que soit ce résultat, depuis longtemps réclamé au nom de la justice, il peut entraîner, il entraînera une rétrogradation funeste, à moins qu'il ne s'allie à la grande et universelle réformation dont la France a posé les premiers termes.

En émettant ces craintes, je n'obéis pas, que je sache, aux aspirations sans grandeur d'un étroit patriotisme. Je crois avoir l'exacte mesure de la situation, et les événements qui sont en voie de s'accomplir ont déjà justifié ces appréciations. J'aime la France, mais j'aime plus encore l'humanité. Si donc, sur un autre point du continent européen, je voyais briller l'aurore de l'avenir que je rêve pour les nations, j'y porterais et mes vœux et mes efforts, et, tout en regrettant de voir ma patrie renoncer au prix de tant de luttes glorieuses et manquer à sa mission, je bénirais encore le peuple qui, s'emparant de la sublime devise de nos pères, appellerait l'Europe libre au banquet de paix et de la fraternité.

Cependant, en dépit des calmes, la *Seine* s'avançait vers le terme de son voyage ; déjà l'Océan prenait cette couleur troublée que lui communiquent à longue distance les eaux chargées de l'Amazone, le roi des fleuves. A cet indice infaillible, on prit à bord les précautions d'usage ; mais alors le vent fit complétement défaut, et force fut, après une longue attente, de se décider à entamer la maigre provision de houille confiée à la discrétion du commandant. Enfin, le cap Nord fut signalé ; le lendemain, nous étions à la hauteur du cap Orange, placé à l'est de l'embouchure de l'Oyapok. Nous étions enfin dans les eaux de la Guyane et bientôt nous eûmes connaissance des Connétables. Ce sont deux énormes rochers qui montrent leurs têtes chauves et inégales au-dessus des flots jaunis. Il y a le grand et le petit Connétable, et tous deux servent d'asile à des quantités innombrables d'oiseaux de mer. Il est d'usage de saluer ce lieu d'un coup de canon, et la *Seine* ne manqua pas à cette coutume, dont le véritable but est de signaler à Cayenne l'approche d'un navire d'Europe, et qui sert en outre à égayer l'équipage, fatigué d'une longue traversée. En effet, au bruit du canon, on voit des myriades d'oiseaux de mer s'échapper des fissures de ces rochers, s'élever en tourbillonnant et rester suspendus comme d'épais nuages. Il y a des légendes, s'il m'en souvient, sur les noms étranges donnés à ces deux îlots ; mais les détails m'échappent et j'aime mieux m'abstenir que de les donner inexactes.

Nous avions dépassé Cayenne, mais le peu de profondeur que présente sa rade envasée ne permet pas aux navires de guerre d'y pénétrer, et force nous fut de prolonger notre route au nord-ouest, jusqu'aux îles du Salut, qui offrent un bon mouillage, et, de plus, sont le siége principal des établissements pénitentiaires de la Guyane.

Le pilote vient de monter à bord, et, sous sa direction, la *Seine* ne tarde pas à mouiller en face du triangle formé par les îles du Salut, ainsi nommées sans doute à raison du refuge assuré qu'elles offrent aux navires. Pour un navire à vapeur, c'est un jeu de choisir son ancrage, mais il n'en est pas de même pour les navires à voiles, et souvent, faute d'avoir saisi le moment propice, un navire est sousventé, pour employer une expression locale ; forcé de suivre l'impulsion des vents alizés, il se voit emporter jusqu'à la région des vents variables et rabat bon gré mal gré sur l'Europe pour reprendre les vents qui le ramènent à la hauteur de la Guyane. Ces accidents, qui se renouvellent assez fréquemment et que j'ai vus deux fois se reproduire pendant mon séjour à Cayenne, ne contribuent pas médiocrement à élever le fret, en même temps que l'insignifiance des produits exportés permet difficilement aux capitaines marchands de trouver sur place un chargement de retour.

Le moment était arrivé de me séparer du navire qui m'avait été si hospitalier, et j'éprouvais, à l'heure de l'adieu, des émotions bien différentes de celles que m'avait laissées l'*Yonne*. Sur la *Seine*, j'avais trouvé cent fois plus que je ne pouvais l'espérer, et le voyage n'avait eu pour moi d'autres ennuis que ceux qu'entraîne une longue traversée pour tous les passagers, quelle que soit leur position. Non-seulement le commandant m'avait complétement exempté des mille désagréments qui pesaient sur les transportés, mais il m'avait témoigné des attentions soutenues, donnant aux recommandations de l'amiral Laplace l'interprétation la plus large et la plus honorable. Son second, le lieutenant de vaisseau Goujart, à part quelques velléités promptement étouffées, ne manqua envers moi ni d'égards ni même de complaisance, et je le constate avec d'autant plus d'empressement, qu'il avait à faire violence aux entraînements habituels de son caractère. En même temps, tout l'équipage, employés d'administration, maîtres et matelots, s'efforçaient à l'envi de me faire oublier, par leur cordiale affabilité, la triste perspective qui m'attendait au terme du voyage. J'ai reçu de ce côté maint et maint petit service, maint et maint témoignage de sympathie, dont le précieux souvenir ne me quittera jamais. Parmi ces matelots au cœur simple, aux passions naïves, j'ai trouvé un bon vouloir infatigable et des procédés qu'on chercherait souvent en vain dans des classes plus élevées et mieux préparées en apparence aux sentiments délicats. Quels noms portaient ces hommes qui, à un des plus durs moments de ma vie, ont pu, malgré leur position subalterne, contribuer à adoucir ma situation, qui n'ont eu que de bonnes paroles pour le proscrit, qui se sont empressés toujours de m'épargner les petites misères de la vie de bord? Je l'ignore, et sans doute je n'aurais jamais l'occasion de redire, même à quelques-uns d'entre eux, combien j'ai été pénétré de leur obligeance désintéressée. Pour acquitter la dette que j'ai contractée envers eux, il ne me reste qu'un moyen, c'est de plaider, chaque fois que je le pourrai, devant l'opinion publique, les droits de cette intéressante population de matelots dont j'ai vu de près les souffrances et les rudes travaux.

En arrachant les marins au régime des coups de corde, la République de 1848 a fait beaucoup pour relever leur dignité trop longtemps outragée par ces ignobles sévices; mais il reste encore beaucoup à faire et je l'indiquerai. D'ailleurs si humble que soit et que doive rester ma position, après avoir vu que de plus humbles encore avaient pu se montrer mes bienfaiteurs, je ne désespère pas de pouvoir reporter ce que j'ai reçu sur les malheureux ou les faibles que le hasard, ou plutôt ma bonne fortune, jettera sur mon chemin. Le service rendu par un ami n'emporte qu'une reconnaissance toute personnelle; celui qu'on doit à un inconnu vous oblige, et pour toujours, envers tous ceux qui souffrent.

XV

Débarquement à l'île du Diable. — Régime des prisonniers politiques. — Catégories. — Tibaldi. — Les deux Sénégalais. — Le commandant supérieur. — Le ras de marée. — La poste aux lettres.

Le jour était sur son déclin lorsque nous rangeâmes les îles du Salut ; le soleil inondait de ses derniers rayons le paysage enchanteur qui se développait sous mes yeux, et, devant ce magnifique spectacle, je ne pus me défendre d'un mouvement d'admiration. Si peu rassurante que fût la perspective sous laquelle je devais envisager la résidence qui m'était imposée, si triste que fût la légende dont les feuillets se rouvraient pour moi, j'oubliai tout, préoccupations personnelles, souvenirs lamentables, pour céder à des impressions tout opposées. En effet, à contempler ces îlots jetés comme autant d'oasis au milieu de l'Océan, et livrant à la brise du soir une végétation luxuriante, était-il possible de résister tout d'abord au charme tout-puissant que respirent les beautés de la nature ? Mais bientôt, hélas ! le sentiment de réalité m'arracha aux premières illusions de la surprise. Derrière ces arbres aux bras gigantesques, aux feuillages éternellement épanouis, il y a, me disais-je, des cris de désespoir et des malédictions. Ces maisons aux parois soigneusement blanchies, qui reflètent si gaiement la lumière, et dont on aimerait à voir sortir une ménagère au milieu de ses heureux enfants, ce sont des prisons et des cachots. Ces chemins qui serpentent mollement aux flancs arrondis des collines et qui semblent appeler le pas joyeux du libre travailleur ne sont foulés que par des forçats ou des gardes-chiourme. Etrange anomalie! A l'aspect de ces lieux charmants, on se prend à songer que les esprits fatigués ne sauraient demander un lieu plus propice au repos, et voilà qu'après avoir commencé par en faire un désert, la civilisation en fait maintenant un bagne!

C'est le samedi 16 octobre 1858 que s'opéra notre débarquement. Les forçats et les repris de justice avaient déjà pris terre, lorsqu'à six heures du matin je fus conduit à l'île Royale, où je stationnai trois ou quatre heures, pour être en fin de compte dirigé sur l'île du Diable, résidence des détenus et transportés politiques.

Je voudrais bien n'avoir plus à parler de moi; j'ai hâte d'aborder les questions générales qui se rattachent à la déplorable histoire de la transportation, et cependant il faut que je mette un frein à ma légitime impatience, que j'achève le récit de mon pénible pèlerinage. Venu le dernier sur les tables de la proscription, je n'ai pas eu de part aux luttes qui s'engagèrent inévitablement au début, entre l'administration et les victimes d'un régime exceptionnel et extralégal; je n'ai point eu à combattre les fantaisies, les colères des geôliers, heureux de faire du zèle ou de constater leur douteuse importance; j'ai trouvé une situation qui avait la prétention d'être régulière et équitable, une situation sanctionnée par le gouvernement métropolitain. Il importe donc que je fasse connaître ce qui se passait de mon temps à l'île du Diable; on en pourra mieux comprendre quel dut être, pendant de longues années, le sort fait à la plupart des transportés politiques qui m'avaient précédé à la Guyane.

Moins grande de beaucoup que ses voisines, derrière lesquelles elle se tient discrètement cachée, l'île du Diable, vue du canot qui m'y conduisait, m'offrit l'aspect le plus saisissant de la misère et de la désolation. Là, point de grands arbres pour arrêter les rayons du soleil, mais des arbustes rabougris, presque des broussailles; pas de routes sablées, mais des rochers chauves, pas d'édifices pittoresques, mais quelques rares constructions tenant le milieu entre la caserne et l'écurie. Voilà comment m'apparut le séjour où j'avais à passer dix années de ma vie, à l'âge où l'homme est moins que jamais sûr de récolter la moisson qu'il a semée.

Pendant le trajet de l'île Royale à l'île du Diable, j'eus à supporter l'éloquence obséquieuse d'un garde-chiourme en goguette, qui semblait tenir infiniment à me donner de lui une opinion favorable et qui m'accablait de renseignements et de conseils, quoi que je fisse pour mettre un terme à ces frais d'amabilité. Mais le moyen de fermer la bouche à un ivrogne, surtout quand il est en veine de protection ? Force me fut donc de le laisser dire, sauf à ne pas l'écouter, tout en concluant à part moi de cette première rencontre que là, comme dans la plupart des prisons où j'avais passé, je trouverais autant de gens prêts à me faire la cour qu'à me tracasser.

C'est assurément fâcheux pour le gouvernement actuel, mais aucun de ses employés n'en parle comme s'il croyait à sa durée. Ils obéissent, font au besoin des excès de zèle, parce que le soin du présent est la grande préoccupation de cette armée d'affamés qui se disputent les miettes du budget ; mais presque toujours le fonctionnaire, quel que soit son grade, fait son possible pour se ménager des circonstances atténuantes, dont un secret instinct lui fait deviner le besoin qu'il pourrait bien en avoir un jour.

Je puis même en appeler à un souvenir personnel qui a bien sa valeur, parce qu'il porte avec lui la preuve de son exactitude, bien qu'un sentiment facile à comprendre me défende de donner les noms et les lieux.

Dans une des nombreuses prisons que j'ai traversées, je vis un beau jour le geôlier arriver dans ma chambre avec un air passablement embarrassé. Après s'être enquis de ma santé, m'avoir demandé si j'avais besoin de quelque chose, mon homme s'assit et me demanda la permission de me raconter le singulier rêve qu'il avait fait la nuit précédente. Je me hâtai de dire que je n'entendais rien aux songes, espérant m'épargner un récit peu récréatif, assez peu disposé, d'ailleurs, à la familiarité que ce début annonçait.

— C'est, reprit-il en m'interrompant, qu'il est question de vous. J'ai servi dans l'armée et dans la gendarmerie avant d'être geôlier, et, sans me vanter, j'ai des titres à la croix. Mon chef ne l'ignore pas et il m'avait promis de profiter d'une circonstance toute récente pour faire valoir mes droits. Il n'avait qu'un mot à dire, vous comprenez bien. Tous ceux qu'il a présentés ont été décorés, mais il a manqué à sa parole et m'a laissé de côté. J'en suis tourmenté et j'y pense la nuit comme le jour, car jamais pareille occasion ne se représentera, et, vous savez, la croix, c'est 250 francs de rente. J'arrive à mon rêve. Cette nuit, j'ai donc rêvé que j'étais sur la promenade de la ville, occupé à remâcher mon chagrin, lorsque je rencontrai un ami de vingt ans, un pays qui a servi avec moi.

« — Qu'as-tu donc, me dit-il toujours dans mon rêve, avec ta figure d'enterrement? On te prendrait pour un homme qui veut faire un mauvais coup.

» — Ne m'en parle pas, lui répondis-je; je suis au désespoir; on m'avait promis la croix, et on me l'a fait passer devant le nez.

» — Ce n'est que ça, refit-il toujours dans mon rêve, et tu te tracasses pour si peu de chose ?

» — Mais repris-je, l'occasion est passée, et il faut que j'en fasse mon deuil.

» — Imbécile, continua-t-il toujours dans mon rêve, si tu ne l'as pas eue aujourd'hui, tu l'auras demain; si quelqu'un t'a manqué de parole, un autre sera plus juste. Est-ce que tu n'as pas le bonheur d'avoir en ce moment chez toi M. Delescluze, qu'on envoie à Cayenne parce qu'il est républicain, mais qui, pour la même raison, ne tardera pas à avoir le bras long? Eh bien ! va le trouver, conte-lui ton affaire; on dit que c'est un brave homme, et, aussi vrai que je suis ton ami, il te fera avoir la croix avant peu. — N'est-ce pas, monsieur Delescluze, que c'est un drôle de rêve?... »

Je ne pus m'empêcher de sourire dans ma barbe à cette finasserie de geôlier, qui me donnait la mesure de la foi commune dans la durée du régime vainqueur. Je ne pus toute-

14.

fois me dispenser de lui dire qu'il ferait bien de ne pas compter sur la protection que lui promettait son rêve, que la Révolution, si elle arrivait, pourrait avoir autre chose à faire qu'à récompenser les services d'un ancien gendarme durant l'empire ; que d'ailleurs les décorations ne survivraient pas au régime actuel ; qu'enfin, et quoi qu'il pût arriver, l'influence et la volonté me manqueraient également pour obtenir ou solliciter des faveurs.

— Ce que je vous en dis, riposta mon geôlier, c'est histoire de rire. Cependant, à l'occasion, monsieur Delescluze, je vous rappellerai mon rêve. — Et il partit, avec l'air d'un homme qui vient de faire une excellente affaire.

Je reviens à l'île du Diable. La première autorité de l'île était, depuis quelques mois, un simple brigadier de gendarmerie, et c'est à lui que je fus remis par mon garde-chiourme. La réception fut convenable, et je pus voir dès ce moment que, de ce côté non plus, je n'aurais pas à essuyer des désagréments. C'était un homme encore jeune, et, à ce qu'il me semblait, valant mieux que son triste métier. Il me dit qu'il y avait trois appels par jour, le premier à cinq heures du matin, les deux autres à six heures et à huit heures du soir, et que, sauf l'obligation de passer la nuit au dortoir commun, j'étais libre dans l'île.

La liberté est assurément quelque chose, même dans une île qui n'a que 2,500 à 3,000 mètres de tour, sur une largeur moyenne de 400 ; mais on ne peut pas passer douze heures en état de vagabondage, et je me demandais avec une profonde inquiétude comment j'emploierais les loisirs que le gouvernement me faisait. Je voyais bien une espèce d'arche de Noé en bois, supportée par des poteaux pour la préserver de l'humidité, mais cet asile, qui pouvait à la rigueur suffire pendant le temps consacré au sommeil, me paraissait assez peu favorable comme cabinet de travail et je cherchais en vain l'abri que rendait impérieusement nécessaire la température élevée de la Guyane. Les quelques bâtiments qui s'offraient à ma vue n'étaient évidemment pas destinés à l'usage des détenus.

C'était d'abord le corps de garde, où une demi-douzaine de soldats de marine jouaient nonchalamment aux cartes ; puis le logement du brigadier et de son gendarme ; plus loin, la maison jadis occupée par le commandant et désormais vacante.

A part cela, je n'apercevais que des rochers, étalant leurs écailles blanchissantes. Si le paysage me parut aussi sauvage qu'un désert, je ne fus guère rassuré en voyant passer au loin des hommes aux pieds nus, aux traits brûlés par le soleil, aux vêtements en lambeaux ; c'étaient mes futurs compagnons. Si à ce moment une immense commisération s'éleva dans mon cœur, je mesurai tout aussitôt le sort qui m'était réservé, et je ne cacherai pas que j'en fus médiocrement satisfait. Serai-je donc ainsi dans quelque temps? me disais-je. Vais-je, moi aussi, dépouiller mes habitudes pour me plier aux nécessités de la vie sauvage? Et j'étais là en plein soleil, ne sachant où déposer mes malles, assez inquiet surtout de savoir si je pourrais déjeuner.

Enfin, un déporté qui survint par hasard m'offrit de partager sa case, et, guidé par lui, je me dirigeai vers l'intérieur de l'île. Je rencontrai sur mon chemin des cabanes capricieusement semées à droite et à gauche, toutes bâties de pierres et de boue, à peine couvertes de paille de maïs, ornées de trous qui, suivant la grandeur, figuraient la porte ou la fenêtre. C'étaient les résidences de jour de mes compagnons, et près d'elles assurément les dernières masures de nos paysans auraient passé pour des palais. Arrivé au logis de mon hôte, la vue de l'intérieur ne fit qu'ajouter à mes perplexités. Le mobilier se composait d'une table boiteuse et d'un escabeau, et, sauf la satisfaction que j'éprouvais d'échapper à l'ardeur du soleil, je ne prévoyais pas que ce triste aménagement pût en offrir d'autre. Quoi qu'il en soit, j'étais trop familiarisé avec les ennuis et les privations pour m'effrayer de si peu; puis je savais par expérience que, s'il est prudent de ne jamais prendre au comptant les apparences favorables, la situation la moins séduisante comporte une somme de ressources qu'il suffit de savoir trouver. Fort de cette réflexion philosophique, j'attendis patiemment la distribution des vivres, et je profitai de ce répit pour recueillir quelques renseignements sur le personnel auquel je venais de m'adjoindre et sur les conditions du régime que j'avais à subir.

Au moment de mon arrivée, les détenus de l'île du Diable étaient au nombre de 36, moi compris; ils se divisaient en plusieurs catégories : la première, en date comme par le nombre, se composait de citoyens frappés au 2 décembre 1851; puis venaient des transportés de juin 1848, que, sous un prétexte ou sous un autre, on avait transportés d'Afrique à la Guyane; enfin, les condamnés des ardoisières d'Angers, plus quelques condamnés pour sociétés secrètes, et l'infortuné Tibaldi, condamné judiciairement à la déportation, le seul de nous tous pour lequel l'amnistie du 16 août 1859 n'ait apporté que de nouvelles rigueurs! J'allais oublier deux noirs du Sénégal qui avaient été expatriés et transformés en prisonniers politiques, parce que leur séjour dans nos possessions de l'Afrique occidentale portait ombrage aux autorités.

Cette petite colonie, formée d'éléments passablement disparates, ne me semblait pas sentir aussi vivement que je le faisais les rigueurs et les humiliations du régime auquel elle était soumise. Mais je ne tardai pas à comprendre les motifs de cette différence d'appréciation. Les horribles épreuves que mes compagnons avaient traversées précédemment les rendaient moins sensibles aux inconvénients devant lesquels s'effarouchait ma susceptibilité de nouveau débarqué ; en songeant au passé, ils se trouvaient presque heureux du présent. Naguère, obligés de travailler comme les forçats, ils jouissaient maintenant d'une liberté relative et disposaient de leurs temps à leur gré. Cette concession tardive, qui n'était en somme que l'abandon d'une monstrueuse violence et qui laissait subsister toutes les misères de la séquestration dans l'exil au désert, cette concession, si chèrement achetée, avait en quelque sorte réconcilié mes compagnons avec le détestable séjour de l'île du Diable.

Mais parce que le prisonnier politique souffre sans se plaindre, faut-il amnistier ses geôliers, qui, ne pouvant triompher de la résistance passive opposée à leurs fureurs, ont, de guerre lasse, dû modifier un système aussi injustifiable devant la loi que devant l'humanité ? En vérité, ce serait faire la part trop belle aux serviteurs éternels de toutes les tyrannies, et ce n'est pas à cette balance qu'il faut peser les actions qui affectent la dignité et la liberté des citoyens. Ne l'oublions pas, le dogme commode de l'obéissance passive ne détruit pas la responsabilité individuelle, car la responsabilité individuelle est la condition indispensable de la moralité publique ; elle ne se rachète pas avec des accès d'humanité partiels, avec des caprices qui se rencontrent de loin avec la justice. Nul ne peut se faire le ministre de l'iniquité. Voilà le principe, et l'adoucissement d'une consigne barbare ne suffit point pour absoudre celui qui n'a pas craint de l'accepter, et qui, par un retour en arrière, cherche moins à servir la justice qu'à ménager sa sécurité.

Nous vivons, qui ne le sait? dans une époque où l'éducation sociale est à refaire de fond en comble, où les plus déplorables préjugés dominent tous les esprits ; mais, avant quelques années, on aura peine à comprendre comment la France a pu, depuis 1848, fournir tant de mouchards, de geôliers et de bourreaux !

Si le régime alimentaire des prisons politiques de France a toujours été insuffisant, que dire de celui de l'île du Diable? Chaque jour, un canot apportait de l'île Royale les provisions en nature, et la distribution s'en faisait par les détenus eux-mêmes, qui s'arrangeaient à leur gré pour les préparer.

La nourriture se composait d'une livre et demie de pain plus ou moins irréprochable ou de 450 grammes de biscuit en général avarié, parfois remplacé par du couac ou farine de manioc, de viande fraîche quelquefois, le plus souvent de bœuf ou de porc salé ou de bacaliau, de haricots ou de riz, avec une petite quantité d'huile et de graisse, et six centilitres de tafia.

Si maintenant j'ajoute que la viande fraîche était rarement mangeable, que le porc et le bœuf salé ne l'étaient presque jamais, que le bacaliau, que les haricots défiaient les appétits les plus intrépides, que le riz était encombré de vers, on comprendra que cet abominable ordinaire n'était autre chose qu'un empoisonnement permanent.

Joignez à cela une série de corvées qui étaient la dernière expression du travail répugnant, et, délicatesse à part, on comprendra tout ce qu'avait d'épouvantable la vie à l'île du Diable.

A tour de rôle, il fallait aller recevoir au débarcadère les provisions de la journée, les porter à plus de cent pas de distance, couper la viande, faire et peser les parts de chaque plat, autant que possible composé de dix personnes comme dans la marine, et enfin se livrer à une foule d'exercices aussi fatigants que désagréables. J'ajoute l'obligation de hisser sur un plan incliné, qui pouvait mesurer une centaine de mètres, deux tonnes d'eau et de les vider dans une citerne en fer.

En dehors de cette corvée générale, qui roulait sur tout le personnel, il y avait encore les corvées particulières, qui consistaient à répéter sur une proportion réduite le transport et la distribution des parts afférentes à chaque plat. Quand je me trouvai en présence de ces nécessités, que je me vis réduit à faire mon jour et successivement le métier de portefaix, de boucher, de commissionnaire, que de plus j'eus la perspective inquiétante de manger la cuisine faite de mes propres mains, j'éprouvai un véritable découragement. La fatigue n'était pas ce qui m'épouvantait, la bonne volonté ne me faisait pas défaut, mais cela ne suffisait pas. Quand je me représentais en face d'un quartier de bœuf ou de porc à diviser exactement et scientifiquement, de manière à ne pas mécontenter mes compagnons, qui n'entendaient pas raillerie à cet endroit, je maudissais de bon cœur les habitudes de ma vie et l'insuffisance de mon éducation. Par bonheur, un de mes camarades de plat voulut bien se charger de toutes mes corvées, en échange de ma portion quotidienne de tafia, et quand j'eus conclu cette affaire, qui, pour moi, avait une importance, je crus avoir fait un marché d'or. En effet, je venais de conquérir ma tranquillité. Restait bien ma cuisine, mais je serais seul à en souffrir; c'était donc peu de chose.

Toutefois, le premier jour où je reçus ma portion de victuailles, je me sentis bien embarrassé. Parfois, à Belle-Ile et à Corte, quand je me trouvais en veine de gourmandise et d'imagination, il m'était arrivé de composer des ragoûts impossibles avec la ration de viande

15

bouillie que nous recevions chaque matin. Dans mes rares moments d'opulence, je m'étais même hasardé jusqu'à fabriquer des semblants d'omelette que l'amour-propre d'auteur m'engageait à trouver délectables ; mais ma pratique culinaire n'allait pas plus loin, et qu'allais-je faire de cette macédoine de comestibles que j'emportais tristement dans des feuilles de bananier ? Je n'avais pas l'ombre d'un ustensile de ménage, pas de fourneau ni rien qui pût y suppléer ; et par-dessus le marché j'étais affligé de cette inaptitude naturelle qui accroît les difficultés en les faisant paraître insurmontables.

Le détenu qui m'avait offert la moitié de sa case me vint heureusement en aide sur ce point et me proposa de manger avec lui. Quoique sachant par expérience qu'en prison il faut soigneusement éviter les rapprochements trop fréquents et surtout les rapprochements forcés, je ne pouvais pas hésiter ; il y allait pour moi de l'existence. Comme Hamlet, et aussi sérieusement sans aucun doute, je pouvais dire : *To be or not to be, that is the question.*

Le plaisir d'être débarrassé d'une aussi grave inquiétude ne me dispensa pas de mesurer avec effroi l'abîme de mon impuissance, en même temps que je concevais une vénération sans bornes pour la capacité de mon amphitryon.

Cette case, qui me paraissait si peu hospitalière, prit, sous sa main intelligente, une forme toute nouvelle. Dans l'un des angles, des pierres convenablement étagées faisaient office de foyer et bientôt quelques morceaux de bois y dégagèrent une flamme dont la fumée disparaissait tant bien que mal à travers les fissures ménagées dans le mur.

En un mot, au bout d'une demi-heure, je pris ma part d'un déjeuner qui n'était peut-être pas de nature à flatter le palais d'un gourmet, mais qui suffisait largement à mes habitudes de sobriété, et je compris qu'à tout prendre on pouvait ne pas mourir de faim à l'île du Diable.

Mais combien de connaissances ne devait-on pas réunir et qui toutes dépassaient mes forces de cent coudées ! Mon amphitryon n'était pas seulement familiarisé avec la science culinaire ; il entendait passablement la culture et déployait à la pêche ainsi qu'à la chasse un talent de premier ordre. Quand nous voulions du poisson, quelques coups d'épervier lui procuraient notre dîner ; il savait trouver des crabes et des langoustes, et il ne s'écoulait pas de semaine qu'il ne surprît des tortues de mer.

S'il s'abattait dans l'île un vol de tourterelles bleues ou de perroquets, il était bien rare qu'il ne parvînt pas à en attraper au moins la moitié. Malheureusement, les armes à feu n'étaient pas permises à l'île du Diable ; sans cela, il m'eût nourri de gibier à plumes et n'aurait jamais laissé manquer notre table de ces énormes lézards qui habitaient les rochers du rivage et qui fournissaient un manger exquis. Si maintenant j'ajoute qu'il récoltait les fruits et les légumes que comportait le sol, tels que patates, pois de sept ans, giraumonts, tomates, pastèques, bananes, bacoves, etc., qu'il avait un poulailler et un colombier, voire des lapins, on verra qu'il n'avait pas à envier l'opulence de Robinson.

Voilà donc ce que peut l'industrie, me disais-je, et, avant d'arriver à force d'écoles à la moitié des talents que possédait mon compagnon, je mourrais d'épuisement, en vivant de pain sec, sans même pouvoir tirer parti des rations qui m'étaient allouées, sans pouvoir surtout y ajouter les importants suppléments que son travail intelligent lui procurait !

Comme je prenais alors en pitié mes études passées qui, à l'île du Diable, me laissaient au-dessous et pour ainsi dire à la discrétion de tous ! Comme j'enviais l'habileté de ceux qui, habitués au travail des champs ou de l'atelier, savaient se conformer sans peine aux nécessités de la situation ! Ils n'avaient pas employé de longues années à pâlir sur les livres, mais ils n'éprouvaient aucun embarras à se suffire à eux-mêmes, et cela valait bien mieux que mon mince bagage d'homme de lettres *in partibus*.

Et que pouvais-je faire pour échapper au rôle de parasite, pour empêcher l'association d'être léonine? Je me chargeai des dépenses de la cantine, de sorte que l'équilibre fût au moins rétabli, ce qui n'était que justice. Mais si, par ce moyen, je parvenais à satisfaire des scrupules tout naturels, je n'étais pas moins profondément humilié d'être obligé de payer en argent la rançon de mon incapacité, de ne pouvoir reconnaître en services équivalents les services que je recevais. Au demeurant, j'étais une bouche inutile, un frelon dans la ruche industrieuse de l'île du Diable.

On sait que, dans un certain monde, les favoris de l'éducation ou de la fortune tiennent en souverain mépris quiconque se livre aux travaux manuels. Enivrés de la fausse civilisation qui les enveloppe, enorgueillis de leur importance de hasard, ils oublient qu'ils sont, au fond, dans la dépendance absolue de ceux qu'ils exploitent et qu'ils outragent, et que si un jour, un seul jour, le peuple arrêtait ses bras infatigables, c'en serait fait de leurs savants loisirs et de leur facile opulence. Oui, je voudrais les voir, ces contempteurs du travail, abandonnés à leurs propres forces, dans les savanes du Nouveau-Monde! Comme ils prendraient en pitié leur prétendue supériorité, comme ils expieraient leurs dédains, comme ils apprendraient à apprécier la sainteté du travail!

Et qu'on ne m'accuse pas de faire ici litière des droits de l'intelligence, de subordonner le travail intellectuel au travail physique! Si les privilégiés sont reprochables en n'accordant pas au labeur la place qui lui appartient, les travailleurs tombent dans une erreur non moins funeste quand ils traitent de fainéants ceux qui consacrent leur vie aux spéculations de l'esprit. J'ai voulu seulement dire que, dans l'ordre des nécessités de notre nature, le travail physique a la priorité, et qu'en dehors du milieu dans lequel il a vécu, l'homme qui n'a pas été habitué à déployer son activité corporelle est bien petit devant les besoins qui l'assiégent.

Un temps viendra, j'en ai la ferme confiance, où l'éducation, cessant d'être un privilége pour utiliser toutes les aptitudes, sortira du cercle étroit des spécialités exclusives; alors, l'ouvrier des champs et de l'atelier verra mûrir pour lui les fruits de la science, pendant que l'homme de cabinet, habitué à chercher d'utiles distractions dans le travail manuel, heureux de satisfaire ainsi à sa double nature, ne sera jamais étranger aux conditions de la vie réelle.

Ceux de mes lecteurs qui n'ont jamais quitté les pays de haute civilisation s'inquièteront peu de mes doléances et ne manqueront pas de se dire que je n'étais pas si à plaindre, après tout, et qu'au besoin j'aurais pu me mettre en pension chez le Véry de l'endroit. Mais à cela il y avait deux ou trois petites difficultés également décisives et dont une seule aurait parfaitement suffi pour me défendre de recourir à ce moyen séduisant. D'abord, si les démocrates — on leur en fait souvent un crime — ne sont pas en général cousus d'or, ils ont encore moins d'argent en prison qu'en liberté, ce qui se conçoit aisément, puisque la plupart n'ont d'autre ressource que le travail, et que, si quelques-uns font exception, ils sont bientôt ramenés à la condition commune (1). Sans fortune personnelle, dépouillé en 1849 du journal où j'avais mis tout ce que j'avais, après quatre ans d'exil et cinq ans de prison, j'eusse été fort embarrassé, je le confesse, de me permettre des

---

(1) Je ne puis m'empêcher, à ce propos, de citer un fait pris entre mille, qui prouve ce que j'avance ; un honorable démocrate qui avait une grande position industrielle dans un département, ayant été expulsé après décembre, se vit mettre en faillite pour un engagement qui n'était exigible que trois ans après, et notez que si dette il y avait, en dépit de l'axiome : qui a terme ne doit rien, la dette était unique et nullement commerciale, puisqu'elle avait pour cause une soulte après règlement de succession. Mais la passion parlait et la faillite suivit son cours. Les propriétés du proscrit furent vendues dans les plus mauvaises conditions, c'est-à-dire peut-être à 20 pour 100 de leur valeur. Les frais de faillite atteignirent le chiffre monstrueux de 50,000 francs, et cependant, la fameuse dette payée, le proscrit, je devrais dire le failli, eut à toucher quelque chose comme 60,000 francs. On voit que les démocrates ont de bonnes raisons pour ne pas être riches.

dépenses de ce genre. D'ailleurs, l'administration paternelle qui avait rédigé le règlement intérieur des pénitenciers avait pris ses mesures pour prévenir de semblables prodigalités. Sur les fonds envoyés par sa famille, chaque détenu ne pouvait toucher que 3 francs par semaine, et, pour obtenir accidentellement une allocation supérieure, 5 francs par exemple, il fallait pétitionner et justifier de besoins impérieux. Heureusement ou malheureusement pour moi, je ne restai pas assez longtemps à l'île du Diable pour jouir de l'économie rigoureuse avec laquelle l'administration ménageait l'argent des prisonniers, et les quelques pièces de 20 francs que j'avais en débarquant suffirent à défrayer mes besoins pendant mon séjour aux îles du Salut.

D'autre part, ni Véry ni Chevet n'avaient encore, à ce moment, établi de succursale aux îles du Salut, et la cantine se bornait à vendre de l'ail, de l'oignon, des chandelles, du café, du thé, du tabac, du sucre, du vin et des allumettes chimiques, tous objets utiles sans contredit, mais peu susceptibles de constituer un menu un peu présentable.

J'ai parlé de vin, et tout aussitôt on pourra croire que les détenus de l'île du Diable pouvaient se livrer à des orgies pantagruéliques. Qu'on se rassure ! le règlement y avait mis bon ordre. Le dimanche, et le dimanche seulement, nous étions autorisés à acheter chacun 25 centilitres de vin, et certes, à ce compte, nos agapes ne risquaient pas de dégénérer en débauches. Ainsi, l'infatigable sollicitude de l'administration s'étendait aux plus petits détails et ne négligeait rien pour nous mettre dans l'impossibilité de mal faire. On pourrait objecter qu'à la Guyane, la chaleur, combinée avec l'humidité, épuise promptement les forces, maintient le corps en état de transpiration permanente, et que le vin est un cordial indispensable aux Européens; mais l'administration n'a pas à s'occuper de la santé des détenus; pourvu qu'elle leur soit désagréable, elle croit avoir fait son devoir.

Le soir venu, un embarras nouveau se présenta pour moi. J'allais être réduit à coucher sur le parquet, parce que l'aimable employé chargé du matériel n'avait pas songé à me délivrer les fournitures réglementaires. Une nuit de plus sur la planche, c'était peu de chose pour un homme qui, depuis sept mois et demi, n'avait pas couché dans un lit, et je songeais à m'accommoder dans mon caban, lorsque le brigadier mit à ma disposition le canapé qui se trouvait dans le logement du commandant. Or, un canapé, si foulés que fussent les coussins, était un précieux coucher auprès du lit administratif, si l'on peut donner ce nom au système rudimentaire et économique qui présidait au couchage des détenus et qui vaut bien la peine d'être décrit.

Le dortoir était une grande salle oblongue, de 18 à 20 mètres de long sur 6 de large, s'ouvrant aux deux extrémités sur un escalier de quelques marches. A droite et à gauche, dans le sens de la longueur, se trouvaient établies deux fortes barres de bois, soutenues par des poteaux et distantes de 2 mètres environ.

Chaque détenu y accrochait un morceau de toile à voile, le tendait fortement à l'aide d'une espèce d'araignée, pour me servir du terme usité dans la marine, et son lit était fait. Il ne lui restait plus qu'à s'y étendre dans sa couverture de laine, et rien ne l'empêchait de goûter les douceurs du sommeil et de s'abandonner aux rêves les plus enchanteurs, pourvu toutefois que le pied ou la main d'un de ses voisins ne vînt pas le réveiller en sursaut, ce qui se présentait assez fréquemment d'ailleurs, puisqu'il n'y avait pas plus de 20 centimètres entre les toiles. C'était l'économie et la simplicité à la plus haute expression, et les Indiens qui suspendent leurs hamacs de bambou aux lianes des forêts vierges n'avaient pas, sous ce rapport, à envier les civilisés de l'île du Diable.

Dès ma première nuit, je fis connaissance avec les sclérostomes de la Guyane, moustiques et maringouins, et quand je songe à l'effroyable guerre qu'ils me firent, je regrette d'avoir exalté leur mansuétude, en les comparant aux puces de Toulon. Je cédais alors à la vivacité des cuisants souvenirs que m'avait laissés le fort

Lamalgue et la passion m'entraînait à l'injustice. Aujourd'hui, quand les efforts de ma mémoire se reportent spécialement sur les moustiques et les maringouins, ma conscience retrouve ses droits, et, ne sachant trop lequel de ces abominables ennemis de l'homme mérite la palme, je suis forcé de les mettre *ex æquo* pour la voracité. A la Guyane, on s'accorde pour redouter le moustique beaucoup plus que le maringouin, et je crois, en effet, que les morsures du premier sont plus douloureuses. Mais, en revanche, tandis que le moustique, muet comme une carpe, vous plante et replante silencieusement son aiguillon dans les chairs, le maringouin vous assourdit d'une musique qui n'est pas précisément amusante et qui vous fait souffrir par avance du coup qui vous menace. De plus, la douleur produite par le moustique ne dure pas une seconde et disparaît sans laisser de trace; la blessure faite par le maringouin cause une démangeaison qui lui survit longtemps, et a de plus le désagrément de vous diaprer le corps de boutons.

Quoi qu'il en soit, ma nuit se passa tant bien que mal, et, le lendemain, je pus visiter à loisir le petit domaine où devait se renfermer mon existence. J'en fus médiocrement enchanté. Moins heureuse que ses deux sœurs, l'île du Diable n'avait pas un arbre, et les arbrisseaux qui croissaient dans les parties non cultivées n'étaient pas de taille à procurer l'ombrage si nécessaire à la Guyane. Je voulus savoir la cause de cette dissemblance, et j'appris que l'île du Diable devait sa nudité à une mesure administrative et non à la nature de son sol. Lorsque les transportés politiques vinrent en prendre possession, ils y trouvèrent des arbres de toute espèce, et s'en servirent naturellement pour construire leurs cases d'abord, et bientôt après des goëlettes, à l'aide desquelles s'opérèrent heureusement quelques évasions. Au lieu de fermer les yeux, comme elle aurait dû le faire, sur un expédient qui la débarrassait d'hôtes incommodes, l'administration se fâcha et fit tomber sa colère sur les arbres qui avaient fourni les moyens d'évasion. Un abattis général fut ordonné et impitoyablement exécuté. Privés du chantier naturel qu'ils avaient sous la main, les transportés se rappelèrent que leurs cases avaient une charpente, et, sans craindre de risquer la solidité de leurs constructions, ils en tirèrent les matériaux que l'île ne pouvait plus leur donner, pour construire des canots de plus belle. Cette fois encore, l'administration, plus que jamais courroucée, recourut au procédé héroïque dont elle avait déjà fait usage. Les cases furent démolies, et tout ce qui restait de bois susceptible d'être mis en œuvre fut soigneusement enlevé. Mais je m'aperçois que j'anticipe sur un sujet qui trouvera plus loin sa place, et j'ai hâte un petit épisode qui m'a laissé de terribles souvenirs.

Si, après un long voyage, on aspire, dans nos froids climats, à se plonger dans un bain, je laisse à penser quel degré de vivacité prend ce désir sous un climat comme celui de la Guyane. Le premier jour de mon installation, il m'avait été impossible d'y songer, mais dès le lendemain, je manifestai l'intention de me donner ce plaisir nécessaire. Mes nouveaux compagnons me firent connaître que l'abondance des requins sur les côtes de la Guyane et leur prédilection pour les abords des îles du Salut rendaient la natation fort dangereuse sinon impossible et m'engagèrent à faire comme eux, c'est-à-dire à prendre un bain dans les creux que laissaient entre eux les rochers du rivage et que remplissait la marée montante. Je ne suis pas, — il s'en faut — un féroce nageur, et, tout en regrettant un exercice utile, je n'avais nulle envie de lutter avec les requins, attirés spécialement dans ces parages par les cadavres qu'on y jette, l'administration ayant depuis longtemps renoncé à les faire enterrer, pour cause de salubrité. Je me conformai donc aux avis que j'avais reçus et je m'installai tout simplement dans une des baignoires naturelles que m'offrait le rivage.

Le flot montait et me retombait en gerbes sur la tête, et je trouvais un certain plaisir à ces douches qui n'avaient rien d'artificiel. Tout à coup, une vague énorme vint remplacer la pluie inoffensive qui me charmait, et m'aveugla. Peu satisfait de cette caresse, je quittai l'espèce de cuvette où j'étais assis, pour aller reprendre mes habits; mais à ce moment une nouvelle vague, plus puissante que celle qui l'avait précédée, me jeta sur les rochers voisins. Tout étourdi que j'étais, je me cramponnai de toutes mes forces pour résister au renversement de la vague et me précipitai derrière une anfractuosité qui semblait devoir m'offrir un abri assuré.

L'asile que j'avais choisi était manifestement en dehors des visites régulières du flot, et je m'y croyais en sûreté, quand une montagne d'eau, s'élançant de la mer avec un effroyable mugissement, vint me poursuivre dans ma retraite, m'enleva comme une plume, malgré l'effort suprême que je fis en m'arc-boutant contre les rochers, et m'entraîna dans la mer.

Je n'essayerai pas de décrire les sentiments qui traversèrent mon esprit pendant cette course désordonnée; ils n'avaient rien de bien enchanteur, et je croyais toujours que j'allais m'arrêter dans la gueule impitoyable d'un requin. Cependant, le tourbillon qui m'emportait se fondit pour ainsi dire, et je me retrouvai à une centaine de mètres du rivage, libre de mes mouvements.

Sans perdre une seconde, je poussai vers la

côte, et, en quelques brassées, j'abordai, plus ou moins meurtri, plus ou moins essoufflé, mais sans avoir fait de mauvaises rencontres. Je dois l'avouer, je ne songeai pas à aller redemander à la mer le chapeau que j'y avais laissé ; je sautai sur mes vêtements et m'élançai pieds nus vers un endroit hors de toute atteinte. Là, je respirai enfin, et je m'habillai mélancoliquement, pendant qu'à mes pieds la mer recommençait ses prouesses, faisant rejaillir à cent pieds son écume blanchissante.

Comme je revenais l'oreille basse, ainsi qu'il convient après une bataille perdue, j'entendis une voix prononcer ces paroles :

— Venez donc voir le ras de marée ; c'est magnifique.

A ce moment, je débouchais d'un sentier, et je me trouvais en face de Tibaldi, qui m'adressa la même invitation.

— Ah ! c'est le ras de marée, lui répondis-je ; eh bien ! je sors d'en prendre.

Alors je lui racontai ce qui venait de m'arriver, et l'effroi que lui causa mon récit me permit seulement alors de mesurer le danger que j'avais couru.

Puis, s'apercevant que je marchais nu-tête en plein soleil, il me demanda si, après avoir dix fois risqué de me noyer, je voulais, le même jour, risquer encore une fièvre chaude, et m'avertit qu'à continuer ainsi, je ne vivrais pas longtemps à la Guyane, où nul, excepté les noirs, ne peut impunément s'exposer nu-tête au soleil.

Je m'inclinai devant cette leçon méritée, et je le questionnai sur le ras de marée dont j'avais senti les effets avant même d'avoir su son existence. En y réfléchissant, ma mémoire me disait bien que certains voyageurs avaient parlé d'accidents de mer qui répondaient à ce nom, mais j'avais toujours pensé que c'était quelque chose comme les typhons qui désolent la mer des Indes. Quant à ceux qui se produisent sur notre littoral continental, ils sont si rares et se présentent à des époques si peu déterminées, qu'ils restent à l'état de phénomènes inexpliqués.

J'ai su plus tard que le ras de marée se fait sentir presque régulièrement à deux époques de l'année sur les côtes de la Guyane, c'est-à-dire à la suite des équinoxes. Je l'ai vu, au printemps de 1859, prendre pendant plus d'une semaine des proportions effrayantes. J'étais alors à Cayenne, et je me rendis plus d'une fois à un endroit de la grève qu'on appelle *l'Anse*, pour assister à cet imposant spectacle, qu'il m'a toujours été impossible de contempler sans une sorte d'effroi.

Qu'on se représente, par une mer tranquille, avec un ciel sans nuages, au milieu du silence des vents, une suite de vagues ou plutôt de montagnes d'eau qui partent du bout de l'horizon, se rejoignent, se mêlent et s'élèvent sans cesse, jusqu'à ce qu'elles viennent se briser contre le rivage, avec un fracas épouvantable. Ce n'est pas la tempête ni l'ouragan avec leurs fureurs désordonnées ; c'est quelque chose de calme et d'impitoyable comme une progression géométrique en action. Aussi, malheur aux embarcations que surprend le ras de marée ! Elles sont submergées, et les bâtiments pontés eux-mêmes, goëlettes ou avisos, sont bien heureux quand ils en sont quittes pour des avaries.

A part ce petit incident, qui résume la partie dramatique de mon séjour à l'île du Diable, rien ne vint plus troubler l'uniformité de mes journées. Au bout de quelque temps, je me trouvai engagé dans la vie végétative à laquelle étaient réduits mes compagnons. Vêtu comme eux, si, comme la plupart d'entre eux, je n'en étais pas encore arrivé à marcher pieds nus, j'avais du moins renoncé à l'usage de ces superfluités qu'on appelle des chaussettes, et dont une courte expérience m'avait démontré les inconvénients. J'avais ma place au dortoir, je répondais aux appels, me levais et me couchais au coup de canon ; en un mot, je fonctionnais avec la régularité d'un vétéran des îles du Salut.

La formalité des appels m'avait d'abord souverainement déplu, et si je n'avais pas vu tous mes compagnons s'y soumettre comme s'il se fût agi de la chose la plus naturelle du monde, il est peu probable que j'eusse accepté une obligation qui n'avait jamais pu se faire admettre dans nos prisons politiques. Prévenus ou même condamnés, les Républicains se considéraient toujours et avec raison comme protégés par un droit supérieur à ce qui constituait la base du règlement. Ils subissaient le fait violent, brutal, qui les privait de leur liberté, mais en protestant dans leur conscience, et jamais ils n'auraient consenti à faciliter l'œuvre des geôliers préposés à leur garde. Cette tradition, soigneusement maintenue à Pélagie ainsi qu'à Belle-Ile, transportée par nous à Corte, n'était pas seulement une puérilité, comme on serait tenté de le penser. Les relations qui s'établissent forcément entre les prisonniers et les gardiens en étaient grandement modifiées. L'appel constitue le droit au commandement pour les gardiens, en même temps qu'il implique une sorte de soumission volontaire de la part des détenus. Quand, au contraire, à Pélagie, à Belle-Ile ou à Corte, les gardiens entraient dans nos chambres pour s'assurer qu'elles n'étaient pas vides, ils frappaient discrètement et se faisaient précéder par des paroles de politesse, rendant ainsi hommage à la situation exceptionnelle du détenu politique.

Quoi qu'il en soit, le pli était pris quand j'arrivai à l'île du Diable, et je me dispensai d'élever une résistance qui n'aurait été comprise par personne et qui m'eût fait accuser de prétentions personnelles peu compatibles avec mes habitudes de réserve et de discrétion. Au surplus, je n'eus pas longtemps à subir les petits désagréments du régime établi à l'île du Diable. Le chef de bataillon qui commandait aux îles du Salut, M. Plane, ne tarda pas à nous faire visite, et sa venue fut pour moi comme pour mes compagnons l'occasion d'un changement notable dans le régime. L'appel de six heures du soir fut supprimé d'une manière générale, et chaque détenu obtint ce dont il avait besoin comme instrument de travail, pelles, pioches, etc. Quant à moi, qui n'avais rien à demander et qui ne demandais rien, le commandant me ménagea spontanément d'autres compensations. Il m'exempta absolument de tous appels et m'autorisa à coucher dans ma case. C'était assurément quelque chose d'important pour moi, d'échapper à la promiscuité du dortoir commun, et rien ne pouvait m'être plus agréable. Il n'y avait qu'un inconvénient, c'est que je n'avais pas de case et qu'il m'eût été difficile de passer la nuit dans celle que je partageais pendant le jour avec mon amphitryon ordinaire. Je déclinai donc l'offre du commandant, mais il para à la difficulté en me donnant pour logement la chambre vacante du commandant particulier, jusqu'à ce que je fusse en possession d'une case, pour laquelle il m'alloua les matériaux et le mobilier nécessaires.

Je fus d'autant plus sensible à ces gracieusetés que rien n'avait pu me les faire présager. J'avais bien vu, à la conduite des subalternes à mon endroit, qu'il ne devait pas y avoir parti pris d'hostilité contre moi; la recommandation de l'amiral Laplace m'avait suivi à la Guyane; le commandant de Rosbo avait eu le soin de la transmettre aux îles du Salut. Mais de là à rencontrer des égards, des prévenances chez la première autorité des pénitenciers, il y avait un monde. J'hésitai d'autant moins à profiter de cette facilité, qu'elle ne constituait pas une exception de nature à éveiller les jalousies. Déjà deux autres détenus jouissaient du privilége de coucher dans leur case, avec dispense des appels, et ce double précédent, en enlevant un caractère exclusif à la mesure dont j'étais l'objet, me défendit contre des scrupules que chacun comprendra.

J'avais maintenant à résoudre une question qui, pour ne pas toucher à l'ordre moral, n'en avait pas moins sa gravité. Cette case où je dormirais si bien parce que je serais seul, où je m'enfermerais pour travailler, il fallait la construire, et ce n'était pas un médiocre embarras pour moi, qui n'avais jamais manié la truelle ni l'herminette; et qui, je ne puis trop le redire à ma honte, manquais complétement de l'aptitude et de l'audace qui parfois peuvent suppléer à la pratique. Mon embarras fut compris, et deux ou trois de mes camarades mirent obligeamment à ma disposition leurs talents déjà éprouvés de maçons, de charpentiers et de couvreurs. Au milieu de l'île et à l'extrémité du petit plateau qui en occupait la partie la plus élevée, il y avait une case depuis longtemps déserte et en fort mauvais état. Les murs étaient en partie écroulés, la toiture défoncée; en un mot, elle était de tout point inhabitable. Bientôt cependant je pus m'y installer, grâce à l'obligeante activité déployée par les camarades qui m'avaient offert leur concours; cette fois même, j'eus la satisfaction de pouvoir reconnaître leurs bons offices, en leur donnant des leçons de français et d'histoire.

A partir de mon installation, le séjour de l'île me parut moins affreux. Mon logement n'avait rien d'un palais; c'était un petit réduit de trois mètres carrés environ, où certes n'abondaient ni les recherches du luxe ni même les commodités les plus vulgaires. Ma porte se composait d'une espèce de treillage destiné à défendre mon sanctuaire contre l'invasion des poules de mes voisins. Ma fenêtre était ornée d'un contrevent, c'est-à-dire d'une planche mobile, que je levais le jour et que je fermais le soir au moyen d'un bâton fiché dans le sol. La terre battue qui me servait de parquet laissait percer çà et là des pointes de rocher que j'avais grand'peine à rendre inoffensives. Quant à mon mobilier, il se composait d'un lit de sangle sans matelas ni paillasse, mais j'avais un oreiller bourré de feuilles de maïs et quand les cancrelas voulaient bien par hasard ne pas courir sur ma figure et se contenter de ronger la mèche de ma lampe ou mes souliers, je dormais mieux qu'on ne dort dans les palais, car ni le remords ni la crainte n'assiégeaient mon sommeil.

J'avais de plus deux tables, deux bancs et un escabeau, un bidon et une gamelle de fer-blanc qui servaient à mes besoins de toilette, une lampe en fer taillée sur le modèle de celles qu'on retrouve dans les tumulus romains, et l'on verra que j'avais l'indispensable, si je n'avais pas le confort.

J'étais toujours prisonnier, mais enfin je m'appartenais. Je n'avais plus à compter avec les pénibles nécessités de la chambrée, et je ne donnais plus à la vie commune que ce que je voulais ne pas lui retirer. J'avais une retraite où je pouvais évoquer mes souvenirs, exhaler mes espérances, occuper mon esprit et mon cœur. Il m'était enfin permis de satisfaire au besoin de recueillement qui me poursuivait depuis huit mois et qui ne se concilie pas mieux avec l'isolement du cachot qu'avec le brouhaha de la promiscuité.

Le canon de retraite n'avait plus pour moi la signification d'une consigne impérieuse, brutale; il m'apportait la liberté! A partir de ce moment, nul autre pas que le mien ne retentissait dans toute la partie de l'île située hors des limites de la sentinelle, et je pouvais me croire dans mon domaine.

Quelles bonnes causeries j'ai faites avec moi-même, en parcourant les sentiers rocailleux de l'île ou couché sur les rochers du rivage, où venait expirer l'Océan ! C'est là pour la première fois que j'ai connu la mystérieuse beauté des splendides nuits de la Guyane, quand la lune mêle les flots argentés de sa lumière discrète au rayonnement étincelant des étoiles. Comme alors la volonté se dégageait lumineuse et puissante dans ce milieu éthéré qui, à force de limpidité, semblait supprimer la distance ! Qui pouvait empêcher, disais-je parfois, le souffle de mon esprit d'aller caresser ceux que j'aimais, fraterniser avec la pensée des serviteurs de la cause sainte pour réveiller avec eux notre malheureuse patrie, si grande naguère devant les peuples, si déplorablement abaissée aujourd'hui ?

Hélas ! si les ardentes aspirations du proscrit avaient traversé les mers sur l'aile de sa volonté, quel accueil auraient-elles rencontré ? Bien venues au foyer de la famille, où règnent sans partage le dévouement et la confiance, elles seraient allées, partout ailleurs peut-être, se heurter contre des consciences fatiguées et disposées à demander crédit au devoir. Mais mon enthousiasme ne s'arrêtait pas pour si peu, et, franchissant le temps aussi bien que l'espace, je voyais se dérouler sous mes yeux les merveilleux événements que la société moderne porte dans ses flancs, et qui n'attendent plus pour se manifester que le moment où le concert passera des intelligences dans les volontés. Puis, après avoir ainsi donné la fête à mes pensées, je regagnais ma case le cœur satisfait, sans autre regret que celui de me voir réduit à ne plus servir la démocratie que par mes vœux impuissants.

Les îles du Salut sont situées sous le 5°, 20 de latitude ouest du méridien de Paris, et l'on conçoit qu'à si peu de distance de l'Equateur les jours ne soient pas, quant à la durée, sensiblement différents des nuits. L'écart ne dépasse jamais 50 minutes, qui se répartissent entre le matin et le soir. Dans ce qu'on appelle l'été, c'est-à-dire à l'époque de l'année où le beau temps est invariable, depuis juillet jusqu'à octobre, le jour commence à 5 heures et demie environ et se prolonge jusqu'à 6 heures. Mais pendant la plus grande partie de l'année, les 24 heures de la journée se partagent à peu de chose près également entre la lumière et les ténèbres.

A la différence de nos climats, où le crépuscule annonce une heure à l'avance le lever et le coucher du soleil, en ménageant par degrés la croissance et la retraite de la lumière, sous l'équateur, le jour et la nuit se succèdent comme dans un changement à vue; on passe instantanément de la nuit au jour et du jour à la nuit, et si, aux îles du Salut, la transition s'opère d'une manière un peu moins brusque, elle n'en garde pas moins le caractère d'une surprise pour les Européens.

Personne n'ignore les différences qu'apporte dans nos habitudes l'alternative des saisons; dans l'hiver, par exemple, on vit tout autrement qu'en été; même le printemps et l'automne, qui ne sont cependant que des époques intermédiaires, des périodes de transition, n'en modifient pas moins considérablement les besoins et les conditions de la vie au point de vue social comme au point de vue individuel. Dès lors, il est facile de penser combien l'existence est changée dans un climat où l'égalité des jours et des nuits est en quelque sorte permanente, où, de plus, il est impossible d'écrire ou de lire à la lumière d'une manière quelque peu suivie. Force est bien d'accepter la règle tracée par la nature, de se lever avec le soleil et de ne pas prolonger les veilles trop longtemps après son coucher.

J'étais donc devenu matinal, et, pour la première fois de ma vie, je me levais sans effort et sans peine dès que le jour venait me visiter sur ma couchette à la spartiate. La fraîcheur relative que l'on éprouvait d'ailleurs à ce moment de la journée m'était une raison suffisante pour ne pas regretter les grasses matinées si fort goûtées en Europe, et, de plus, comme la vie active finissait forcément avec le jour, on ne pouvait penser à la réduire encore.

Ma journée se passait donc sans trop d'ennui. Je consacrais quelques heures à ceux de mes compagnons qui sentaient le besoin d'utiliser leur temps d'exil pour ajouter quelques connaissances aux études incomplètes de leur première enfance. Je relisais le petit nombre de livres que j'avais emportés; j'écrivais un peu; je réfléchissais beaucoup, et, quand le soir arrivait, je pouvais me dire que je n'avais pas entièrement perdu ma journée.

Le commandant supérieur que j'avais trouvé à mon arrivée et dont j'ai dit les bons procédés à mon endroit comme envers mes compagnons, avait quitté les îles du Salut. Comme avant et depuis, ce poste n'avait jamais été rempli par un chef de bataillon, il se disait aux îles qu'il n'y avait été détaché momentanément que pour réprimer le désordre et les abus qui avaient élu domicile dans les pénitenciers. S'il en était ainsi, je ne crains pas d'affirmer que la mission du commandant a été infructueuse, quelque zèle et quelque sévérité qu'il ait voulu mettre à la remplir.

En effet, comme on le verra plus tard, le mal n'était pas de ceux qu'on peut arrêter ou guérir avec des mesures partielles; il était dans le système tout entier, dans l'administration supérieure aussi bien que dans les directions particulières ; il remontait même de proche en proche par une filiation toute logique, jusqu'au gouvernement central, et je laisse à penser si les plus légitimes rigueurs, appliquées à des friponneaux de troisième ou de quatrième ordre pouvaient avoir un résultat sérieux. Pour nettoyer les écuries d'Augias, Hercule y fit passer les eaux d'un torrent, et ces moyens héroïques ne sont pas de mise dans un temps où la maladresse seule est punissable.

Quoi qu'il en soit, les améliorations introduites depuis mon arrivée dans la discipline de l'île du Diable survécurent au départ du commandant Plane, et le capitaine Danos, qui le remplaça, n'osa pas les retirer, quelqu'envie qu'il en eût d'ailleurs.

C'est à ce moment que se présenta pour moi une des épreuves les plus désagréables que m'ait apportées la transportation.

Le départ du courrier mensuel approchait et je voulais en profiter pour rassurer ma famille et la réconcilier autant que possible avec la situation qui m'était faite. Mes lettres finies, je les couvris d'une seule enveloppe à l'adresse de ma mère, et je déposai le tout non cacheté dans la boîte. Quoique cinq ou six années de prison eussent dû me familiariser avec cette humiliante obligation, je n'ai jamais pu m'y soumettre sans éprouver chaque fois une profonde indignation. Laisser parler son cœur pour ceux qu'on aime, et savoir que l'expression de sentiments destinés à l'âme sympathique et discrète de la famille, va passer sous les yeux d'argousins et de geôliers, pour servir de texte à leurs habitudes d'espionnage ou à leurs ignobles railleries, n'est-ce pas une des plus douloureuses nécessités qu'entraîne la prison? Eh bien, à l'île du Diable, l'administration avait trouvé le moyen d'ajouter de nouveaux désagréments au régime suivi partout ailleurs.

Mes lettres me furent renvoyées par l'intermédiaire d'un garde-chiourme, parce que je ne m'étais pas conformé à je ne sais quel article d'un règlement qui m'était parfaitement inconnu. Pour pouvoir correspondre avec sa famille, il fallait: 1º ne pas se servir d'enveloppe; 2º écrire à tiers de marge; 3º écrire en vedette son nom, en y ajoutant la qualité de *transporté* et les numéros de la catégorie et de la section à laquelle on appartenait.

En présence de ces exigences aussi odieuses que ridicules, dont le seul but pouvait être de tourmenter et de blesser un prisonnier, ma première pensée fut de renoncer à écrire. Pouvais-je accepter cette situation déshonorante, aller au-devant de la dégradation que l'administration se plaisait à m'infliger, me faire en quelque sorte son complice, en me parant de mes propres mains d'une qualification qui me faisait marcher l'égal des galériens, au numéro près?

Certes il y avait de quoi troubler l'homme le

plus préparé au calme et à la patience; cependant la réflexion me rappela bientôt à d'autres idées. Je n'avais pas le droit d'immoler à mon amour-propre, si légitime qu'il fût, la tranquillité, peut-être la vie de ma famille. La priver de mes nouvelles, c'était lui enlever sa consolation suprême, justifier ses inquiétudes et ses craintes; c'était l'autoriser à croire que j'avais succombé au climat ou au régime de l'île du Diable; c'était en un mot rouvrir pour elle les portes du désespoir. Devais-je hésiter entre le devoir et ma susceptibilité? J'écrivis.

Jamais je n'avais fait, — je puis le dire — de sacrifice aussi pénible aux saintes affections de la famille, et le ton de la lettre que j'écrivis précipitamment pour ne pas manquer le courrier se ressentait beaucoup plus que je ne l'aurais voulu du tumulte de mes pensées. Heureusement, elle voyagea à petites journées, s'arrêtant de police en police, si bien que, lorsqu'elle parvint à sa destination après trois mois, par l'intermédiaire du ministre de l'intérieur, elle avait été précédée de la nouvelle de ma translation à Cayenne.

XVI

Encore le commandant Plane. — Départ de l'île du Diable. — Passage à l'île Saint-Joseph. — Mortalité : onze morts sur trente-six en vingt-huit jours. — La goëlette à voiles l'*Ile-d'Aix*.— Le ponton le *Gardien*. — Arrivée à Cayenne. — M. Franconie et son hospitalité.— Ma vie à Cayenne.

Lorsque j'écrivais, il y a sept ans, le chapitre qui précède, je regrettais amèrement de ne pouvoir laisser parler ma reconnaissance envers le commandant Plane, de ne pas dire assez haut combien ce loyal et excellent homme s'était montré pour moi sympathique et fraternel. A ce moment, il était encore au service, et quelque mesure que j'eusse gardée, l'expression de mes sentiments eût été pour lui un brevet de disgrâce. Hélas! je regrette plus amèrement aujourd'hui de retrouver toute ma liberté de parole. Dégoûté plutôt que fatigué de l'état militaire, le commandant Plane n'avait pas attendu, pour prendre sa retraite, que l'âge lui en imposât la nécessité. Il avait hâte de ressaisir son indépendance; il voulait ne plus avoir à compter avec les tracasseries et les déboires d'une situation qui ne laisse à la dignité d'un homme d'honneur que de trop rares satisfactions. A son retour de Cayenne, il passa par Paris, et sa première visite fut pour l'ancien proscrit qu'il avait si bien accueilli aux îles du Salut en 1858. C'est alors seulement que je pus apprécier sa valeur morale et son patriotisme éclairé. Entré simple soldat au 3e régiment d'infanterie de marine, parce que la conscription l'avait frappé, il avait gagné tous ses grades sans rien devoir à la faveur.

Aimé de ses subordonnés, respecté par ses collègues, il était le modèle du soldat-citoyen. Républicain convaincu, il ne faisait pas mystère de ses opinions et savait les faire respecter de ses chefs. Jamais il ne courba sa dignité devant les jésuites, aujourd'hui seuls dispensateurs de l'avancement dans la marine et dans les colonies, et jamais les pachas qui représentaient à Cayenne l'autorité métropolitaine ne le comptèrent parmi leurs complaisants. Il fallait l'entendre lorsqu'enfin délivré de l'uniforme, n'ayant plus ni à recevoir d'ordres, ni à en donner, il aspirait l'air de la liberté. Comme il déplorait la nécessité qui l'avait si longtemps enchaîné à une profession à laquelle il avait dû sacrifier ce qu'il considérait comme le premier devoir qui s'impose au citoyen! Comme il se promettait de racheter tant d'années perdues et de consacrer son épée à la cause du droit! Malheureusement, il souffrait déjà de la maladie qui devait bientôt l'emporter et que lui avaient inoculée vingt ans de séjour aux Antilles et à la Guyane. Je le revis un an après, lorsque déjà la douleur avait brisé son corps sans ébranler son énergie. Il ne croyait plus à la vie, et, s'il s'y rattachait encore à force de volonté, c'était pour veiller sur son fils, qu'il devait bientôt laisser orphelin, et que sa mort menaçait de livrer à des influences qu'il regardait comme dangereuses pour son éducation; c'était aussi dans l'espoir d'assister au réveil de la liberté en France et de combattre pour son triomphe. Le temps lui manqua pour accomplir ce double devoir. En me quittant pour reprendre le chemin de ses montagnes, il ne se faisait pas d'illusion, et, quelques mois après, j'appris qu'il avait succombé. J'en fus profondément affligé, car on ne saurait trop honorer ceux qui, engagés au début de la vie dans une profession où se perd trop souvent le sentiment du vrai et du bien, savent réagir contre ce milieu contagieux et conservent dans leur intégrité la pureté native du cœur et la droiture de l'esprit.

Je ne tardai pas, grâce au commandant Plane, — je l'ai su plus tard, — à quitter l'île du Diable, et j'appréciai d'autant plus ce changement de position que rien ne semblait me le présager. Je savais bien que bon nombre de détenus politiques résidaient à Cayenne; j'en voyais autour de moi qui, après avoir vécu plus ou moins de temps hors de l'île du Diable, y étaient revenus volontairement, pour une raison ou pour une autre. Mais les uns ou les autres avaient trouvé à se faire réclamer ou cautionner, et moi je ne connaissais personne qui pût me rendre ce service, que j'étais, d'ailleurs, peu disposé à solliciter. Puis, que ferais-je à Cayenne ? N'ayant pas plus de fortune que de métier, comment y vivrais-je, en attendant qu'un jour pût se faire pour mon actiité ? J'entendais bien dire que plusieurs politiques avaient trouvé de l'occupation dans les ureaux de l'administration coloniale. Mais les raisons les plus puissantes à mes yeux me défendaient d'accepter une semblable position. Républicain, je ne pouvais pactiser de près ni de loin avec les hommes de décembre, devenir à n'importe quel titre, à n'importe quel degré, agent du gouvernement métropolitain. Proscrit, je ne pouvais lécher la main qui m'avait frappé; émarger au budget de l'empire. Tout m'était donc fermé, et, bien convaincu qu'une révolution seule pourrait me tirer de l'île du Diable, j'organisais très-sérieusement dans ma tête une série de travaux suffisants pour me tenir en haleine et me protéger contre le découragement de l'ennui, jusqu'à ce qu'il plût à la France de me rouvrir ses portes.

C'était le jeudi 11 novembre 1858 : le canon venait d'annoncer l'heure du lever, et j'attendais le jour pour quitter mon grabat, lorsque je vis entrer dans ma case deux de mes compagnons; leur visite ultra-matinale ne m'étonna pas d'ailleurs, car, depuis quelques jours, ils attendaient leur ordre de départ. Familiers l'un et l'autre avec les travaux et la vie des champs, l'un d'eux était mon amphitryon; ils avaient demandé au gouverneur une concession de terrain, et l'administration de l'île Royale leur avait laissé croire que leur demande était accordée. Je pensai donc tout naturellement qu'ils venaient me faire leurs adieux et je leur parlai dans ce sens.

—Il s'agit bien de nous, me répondirent-ils; c'est vous qui partez. L'ordre est venu de vous diriger sur Cayenne, et le canot viendra vous chercher dans deux heures.

Je ne pouvais croire à ces paroles; bientôt cependant mon incrédulité dut cesser devant la multiplicité des témoignages, que ne tarda pas à confirmer d'ailleurs l'attestation d'un gendarme.

Depuis pas mal d'années, j'étais peu habitué à me repaître d'illusions, et, avant de m'arrêter à ce qu'il pouvait y avoir de favorable dans la solution, je commençai par me demander si ce déplacement ne pouvait pas tout aussi bien répondre à un redoublement de rigueur. Peut-être me trouvait-on trop heureux ou du moins dans de trop bonnes conditions à l'île du Diable, et songeait-on à m'expédier dans un quartier plus malsain; ce qui n'est pas difficile à trouver à la Guyane.

Ainsi prémuni contre les surprises désagréables, je m'occupai de mes préparatifs. J'exhumai de ma malle les vêtements que j'avais apportés d'Europe et j'eus bientôt fait de terminer ma toilette et mes paquets.

Des divers compagnons que j'avais rencontrés à l'île du Diable, celui pour lequel j'avais le plus de sympathie, le seul que je visse le plus habituellement, c'était Tibaldi. La douceur de son caractère, la distinction de ses manières et la dignité de sa conduite l'avaient, autant que son infortune, désigné tout spécialement à mon estime et à mon affection. Jeune encore, Tibaldi portait dans les yeux l'énergie et la douceur, et sa belle et noble figure respirait la forte et digne résignation qui se retrouve chez tous les hommes habitués au sacrifice. Sans nouvelles de sa famille, n'entendant plus parler de ses amis de France, il n'accusa jamais personne; jamais plainte ni regret ne sortit de sa bouche. Son empressement à obliger, l'égalité de son humeur étaient de nature à le faire aimer partout, et ce qui le prouve mieux que toutes les paroles, c'est qu'à l'île du Diable, où les caractères n'étaient pas généralement empreints d'une excessive aménité, il avait beaucoup d'amis, et pas un ennemi.

Pour ma part, en quittant l'île du Diable, je regrettai vivement de l'y laisser derrière moi; il me semblait qu'après mon départ il sentirait encore plus son isolement, et je me promis bien de ne rien négliger, une fois à Cayenne, pour l'y faire venir près de moi.

J'avais en effet fini par m'habituer à penser que je ne reviendrais plus à l'île du Diable et que j'allais prendre ma résidence à Cayenne. Les diverses *autorités* de l'île, gendarmes et gardes-chiourme, m'accablaient de prévenances, de manière à me défendre le doute, et, sans attacher d'importance à ces démonstrations, je ne pouvais m'empêcher d'y voir l'écho des instructions parvenues à la direction des pénitenciers.

Le canot m'attendait, et j'y montai, non sans éprouver un certain serrement de cœur. Qui pouvait me dire alors que je ne regretterais pas un jour mes promenades de nuit et la tranquille solitude de ce rocher perdu aux dernières limites de l'Océan Atlantique ?

La goëlette l'*Ile-d'Aix* était en partance pour Cayenne; il semblait donc tout naturel qu'en quittant l'île du Diable, je me rendisse directement à son bord. Mais dans la pratique administrative, surtout aux Colonies, la ligne droite ne jouit pas d'une bien grande faveur, et je pourrais même ajouter que la simplicité dans les moyens y est évitée avec le plus grand soin. Ainsi, parce que le pénitencier politique relevait du commandant particulier de Saint-Joseph, la règle voulait que je passasse par Saint-Joseph, où je n'avais absolument rien à faire.

J'y restai une bonne partie de la journée, m'ennuyant fort, et de plus, gênant l'administration, qui ne savait comment me nourrir, et qui se fût épargné tous ces tracas en me laissant à l'île du Diable jusqu'au moment de mon embarquement. Cependant je n'eus pas à regretter cette halte. Le commandant de l'île Saint-Joseph était un jeune sous-lieutenant d'infanterie de marine, aux manières ouvertes et engageantes, dont le bon vouloir s'était déjà manifesté à mon endroit, et la franchise des félicitations qu'il m'adressa ne me permit plus de craindre désormais de déconvenue.

Condamné à une inaction complète, n'ayant à qui parler, j'utilisai ces loisirs forcés à la visite de l'île Saint-Joseph, dont je ne connaissais pas l'intérieur. Indépendamment du chemin de ronde qui embrassait tout le pourtour de l'île, je vis des routes bien tracées, bien entretenues, des potagers satisfaisants, voire des parterres chargés de fleurs, mais, à l'exception d'un four à chaux, je n'aperçus rien qui ressemblât à des travaux industriels.

Je retrouvai dans les ateliers une partie des repris de justice venus en même temps que moi de Toulon, et j'appris que, sur 36, il n'en restait plus que 25. Le reste était mort dans les trois semaines qui avaient suivi le débarquement! Ce sinistre résultat montre assez à quel affreux régime étaient soumis ces malheureux et, soit dit en passant, il n'en faut

pas davantage pour apprécier le système qu
s'est poursuivi depuis tant d'années dans les
pénitenciers de la Guyane, et qui peut se peindre en deux mots : sottise et cruauté !... On a
beau dire que ces gens sont un danger pour la
société, qu'il faut en purger la métropole à
tout prix, toutes ces belles raisons, développées, avec le talent qu'on leur connaît, par les
écrivains plus ou moins décorés de la presse
impérialiste, ne sont d'aucun poids quand il
s'agit de justice et d'humanité. Dans un temps
autre que celui sous lequel nous vivons, la
presse et la tribune n'auraient pas eu assez de
colères pour dénoncer ces hécatombes impunément renouvelées depuis 1852; mais, en se
courbant sous le joug de décembre, la France
a dépouillé son généreux caractère; elle ne
sait plus que se taire quand le maître a parlé.
D'ailleurs, après avoir laissé frapper, sans
mot dire, cent mille de ses plus dignes enfants,
à la suite du 2 décembre, pouvait-elle réclamer
plus de justice pour des condamnés de droit
commun ?

Le jour finissait lorsque je montai sur l'*Ile
d'Aix*, avec l'espoir de me réveiller le lendemain matin à Cayenne. Mais j'avais compté
sans les vents, qui nous forcèrent à garder
notre ancrage. Ce début était quelque peu menaçant, car j'avais ouï dire que parfois il ne
fallait pas moins de six à sept jours pour franchir, sur un navire à voiles, les douze lieues

qui séparent les îles du Salut de Cayenne; et la perspective n'était rien moins qu'amusante, pour peu que la pluie se mît de la partie, car sur ces goëlettes dépourvues de batterie et d'entre-pont, matelots et passagers sont réduits à coucher sur le pont, sous la protection d'un bastingage élevé de cinquante centimètres environ. Heureusement, j'en fus quitte à meilleur marché. L'*Ile d'Aix* mit à la voile le 12 au matin et, le soir, nous étions à la hauteur de Cayenne. Toutefois, il nous fut impossible de pénétrer dans la rade. Le chenal avait été envasé à la suite d'un ras de marée survenu la veille, et l'heure avancée de la journée, — il était six heures du soir — ne nous permettait pas de chercher notre route.

Nous jetâmes donc l'ancre à quelques encâblures du port, et, le lendemain, nous n'eûmes pas trop de toute la journée pour arriver au mouillage quelques minutes seulement avant la fermeture du port. Cela me donna le temps de considérer tout à mon aise l'aspect pittoresque de la rade de Cayenne, avec ses bordures de palétuviers qui plongent leurs pieds dans la mer, avec les collines chargées de verdure qui la couronnent et lui servent d'amphithéâtre. La seule chose qui pût attrister le regard dans ce séduisant paysage, c'était la couleur jaunâtre des eaux chargées de débris enlevés par les pluies au sol friable de l'Amérique méridionale.

Cependant, prolongé pendant douze heures, ce spectacle ne laissait pas de devenir monotone, surtout pour un prisonnier qui, après cinq ans de prison, n'était plus séparé que par quelques brasses de la demi-liberté qui l'attendait dans la demi-civilisation d'une colonie française.

Enfin, le dimanche matin, une embarcation vint me prendre pour me conduire, toujours par respect pour les formes administratives, à bord du ponton le *Gardien*, antichambre obligée du débarquement et de l'embarquement pour les transportés. Par bonheur, j'en fus quitte pour une dernière station d'une heure ou deux dans cet étrange milieu de forçats et d'argousins, où je n'avais que trop vécu depuis neuf mois, et je ne tardai pas à être expédié sur Cayenne. Une dernière formalité restait à remplir, me dit-on, avant ma mise en liberté; il me fallait passer à la direction centrale des pénitenciers. Enfin, un quart d'heure après, je sortais des bureaux, et une porte hospitalière, la porte d'un ami inconnu jusqu'alors, s'ouvrait devant le proscrit; j'avais trouvé le port.

Rien ne m'avait été épargné dans ces derniers temps, et l'année 1858 peut à bon droit compter dans ma vie, déjà si tourmentée, comme une des plus néfastes; j'avais successivement subi toutes les épreuves, toutes les brutalités, toutes les misères qui sont le patrimoine des vaincus. Tout ce que j'avais de délicatesse dans les sentiments et dans les habitudes, il m'avait fallu en faire litière à la nécessité. Cependant, enveloppé de ma dignité comme de la triple cuirasse dont parle le poëte, j'avais assisté à cette longue orgie de la force et de l'iniquité, sans que ma dédaigneuse indifférence se fût jamais démentie, sans que jamais lettres ou paroles eussent accusé l'irritation ou la plainte, et je puis me rendre cette justice que j'ai accompli le devoir républicain avec une simplicité d'assez bon goût, sans m'être hissé sur les échasses du martyr.

Cette déclaration, qui peut paraître ambitieuse, je dois la faire, pour ne pas encourir un reproche qui accuserait bien plus l'immodestie et me rendrait suspect du plus haïssable de tous les vices, l'hypocrisie. Si je parle sans colère du traitement qui m'avait été imposé, ce n'est pas que je veuille poser pour le stoïcisme ou la vertu chrétienne de l'oubli des injures, c'est tout bonnement que je n'ai jamais éprouvé que du mépris pour les auteurs et les complices de ces infamies, c'est que jamais je ne me suis senti atteint par les rigueurs ou les humiliations qui m'étaient infligées. Eh bien! je dois le confesser, si j'ai été calme et ferme durant l'infortune, je me suis senti la faiblesse d'un enfant devant l'accueil fraternel et cordial que je rencontrai à Cayenne. Oui, mon cœur battait à briser ma poitrine quand, après avoir franchi le seuil de mon sauveur, je me vis entouré des prévenances les plus délicates, des égards les plus empressés. Et je le dis, il n'y avait rien d'égoïste dans mes impressions. Ce qui me ravissait et me pénétrait jusqu'au fond des entrailles, ce n'était pas la surprise d'une délivrance inespérée, c'était cette pensée qu'à 1,800 lieues de mon pays, alors que je semblais condamné à l'abandon et à l'oubli, un homme s'était rencontré qui, sans me connaître autrement que par le renom qui s'attache aux persécutés, s'était mis généreusement entre le malheur et moi, m'ouvrant ses bras et son cœur.

N'y avait-il pas là de quoi réconcilier avec l'humanité et le devoir quiconque eût pu être tenté de les maudire? Par bonheur, je ne suis jamais tombé dans ces faiblesses, et déjà, en commençant le douloureux pèlerinage qui devait m'amener à Cayenne, les consolations ne m'avaient pas manqué. Venues du côté d'où je devais le moins les attendre, elles n'en avaient eu, sous un rapport, que plus de mérite à mes yeux. A voir m'arriver, des points les plus éloignés de ma foi politique, des sympathies qui pouvaient passer pour des actes de suprême audace à notre époque de défaillance universelle, je me demandais avec angoisse si l'esprit de vaillance et d'équité qui réside dans les âmes honnêtes valait mieux que la fraternité politique, si le courage était plus facile à ceux qui obéissent aux généreux instincts de la nature humaine qu'à ceux qui poursuivent la réalisation d'un idéal et qui devraient, à ce titre, être toujours prêts à se donner la main : Chacun pour tous, tous pour chacun.

Plus heureux à Cayenne, je n'eus point de réserve à faire ; tout s'y trouvait réuni à souhait, et la conformité des croyances politiques donnait à l'intervention qui m'avait été si secourable un caractère doublement précieux : la main qui m'avait tiré de l'île du Diable était la main d'un démocrate.

M. Alexandre Franconie est né à la Guyane française, mais c'est en France qu'il a fait son éducation. Rentré à Cayenne dans les premières années qui suivirent 1830, il y rapporta des idées et des études qui, fécondées par un caractère élevé et généreux, ne tardèrent pas à en faire le représentant et l'apôtre du progrès dans la colonie. Doué d'une grande force de volonté, il sut triompher de ses penchants qui l'emportaient vers les spéculations philosophiques et artistiques, et s'imposa des habitudes toutes nouvelles. Il avait à refaire la fortune de sa famille, il se fit commerçant. Il n'eut pas à regretter sa confiance et bientôt son exemple prouva que, même aux colonies, la probité éclairée par l'intelligence est encore le meilleur moyen pour arriver au succès.

Depuis, sa position et son influence n'ont cessé de grandir, et la netteté de ses opinions démocratiques n'a fait que mieux consacrer l'importance de la place qu'il tient dans la colonie par sa capacité incontestée, et la légitime popularité dont il jouit dans toutes les classes de la population. Tel était l'homme qui m'avait réclamé, et qui, avec l'aide de ses deux fils, me fit si complétement les honneurs de l'hospitalité cayennaise.

Jamais je n'oublierai cette journée du 14 novembre, qui fut pour moi une sorte de résurrection. La veille encore, j'étais un numéro, j'étais habillé, nourri comme les forçats, plus ou moins exposé aux caprices de l'argousin que l'ivresse aurait mis de mauvaise humeur, et voilà que je me trouvais dans une maison amie, au milieu de visages sympathiques, bercé par la musique d'une conversation polie, entouré des recherches de la civilisation et du confort.

Et pour que rien ne vînt plus me rappeler un passé si triste à tous égards, quand je sortis du bain où j'avais déposé les souillures de tant de contacts hideux, des vêtements m'attendaient qui complétèrent pour moi le changement et l'illusion. Il me semblait que je sortais d'un long rêve.

Par une coïncidence singulière, qui ne fait qu'ajouter à l'émotion de mes souvenirs, ces lignes où j'essaye de retracer les impressions que m'a laissées cette date, devenue sacrée pour moi, je les ai écrites précisément le 14 novembre 1860, c'est-à-dire deux ans jour pour jour après ma bienvenue chez M. Franconie.

Le moment ne saurait donc être mieux choisi pour exprimer toute ma reconnaissance à l'homme qui fut mon bienfaiteur avant de savoir si je pourrais être son ami, et qui, depuis, je le dis avec orgueil, s'est hautement félicité des événements qui ont mis sa main dans la mienne. Et, pour tout concourût à mûrir et que à cimenter cette liaison, commencée sous de si favorables auspices, les deux fils rivalisaient avec le père pour me combler d'attentions.

L'aîné, jeune homme de 25 ans, dirigeait une partie de l'importante maison de commerce fondée par son père, et il était facile de voir que les leçons paternelles n'étaient pas tombées sur un sol ingrat.

Je l'ai vu mêler la science des affaires, l'ordre et la régularité, au désintéressement et à la générosité, et il serait grandement à désirer que cette pratique, résultant de l'union de deux éléments supposés incompatibles, se répandît non-seulement à Cayenne mais en Europe. La probité commerciale ne serait plus une chimère.

Quant au plus jeune fils, qui n'avait pas 14 ans ; le père me pria d'en surveiller l'éducation, obligé qu'il était, par l'accroissement de ses affaires, de ne plus s'en occuper personnellement, et ce qui, dans toute autre circonstance, m'eût semblé une corvée, devint un véritable plaisir pour moi. J'aimais à voir cette jeune intelligence, si bien préparée déjà, se développer sous mes yeux et marcher d'un pas égal dans la voie du perfectionnement intellectuel et moral.

Mes relations avec cette excellente famille, la recommandation qu'elles me valaient dans la ville ne me permettaient guère de sentir les inconvénients de la position qui m'était faite par les règlements auxquels j'étais nominalement soumis. Vainement une partie de la population s'acharnait-elle à confondre les détenus politiques dans la catégorie générale des transportés, il était assez difficile de croire qu'un homme aussi respecté que M. Franconie accordât son amitié à quelqu'un qui n'en eût pas été digne. En même temps, il se disait qu'avant et depuis 1848 j'avais été à la tête d'un journal, que j'avais même rempli des fonctions publiques, et aux yeux des réactionnaires les plus enragés, c'est-à-dire de la très-grande majorité des créoles, ces titres, éclipsés depuis si longtemps, n'avaient pas entièrement perdu leur valeur. Bientôt même un certain intérêt sembla se porter sur ma personne; beaucoup de gens qui s'étaient montrés naguère passionnés jusqu'à l'injustice envers les proscrits qui m'avaient précédé, cherchaient à faire oublier ces indignes procédés en me faisant témoigner de leur bonne volonté.

Le directeur de l'intérieur, M. Favard, que j'avais connu dans le monde avant 1830, alors qu'il était délégué de la Guyane à Paris, tout en se gardant bien de reconnaître ces anciennes relations, me fit assurer qu'il n'attendait que la fixation de son budget pour me donner un poste dans ses bureaux. Ma réponse fut un refus, comme on peut le prévoir. Je ne tardai pas cependant à recevoir des offres plus acceptables, puisqu'elles n'engageaient en rien l'indépendance de mon caractère.

Le trésorier avait à remplir un vide dans son personnel et me fit des propositions. Certes, rien n'était plus antipathique à mes goûts comme à mes habitudes qu'une occupation de ce genre. Aligner des chiffres, m'abîmer l'esprit dans des additions sans fin, c'était peu séduisant ; mais l'oisiveté me pesait, et je voulais ne relever que de mon travail ; puis la situation n'avait rien d'officiel ; je n'avais affaire qu'au trésorier, j'étais en dehors des cadres de l'administration proprement dite. J'acceptai.

J'avais été touché d'ailleurs de la délicatesse qui avait accompagné les offres du trésorier, et je n'eus jamais à me repentir d'y avoir cédé. Je fus accueilli au Trésor avec une convenance parfaite, et je me rappelle toujours avec quelle cordialité M. de la Tranchade — c'était le nom du trésorier — me consolait quand, à mes débuts dans la comptabilité, je lui exprimais avec un sérieux qui me semble comique aujourd'hui, la certitude où j'étais de ne jamais pouvoir m'élever à dresser des états irréprochables. Je n'eus également qu'à me louer des employés dont je devenais le compagnon : M. Lepinay, aujourd'hui percepteur à Cayenne, et M. Emilien Cléobie, employé à la trésorerie en Cochinchine.

Voici quel était l'emploi de ma journée : de six à sept heures du matin, je travaillais avec le jeune Franconie; de là je me rendais au Trésor, où je restais jusqu'à dix heures; j'y retournais à midi jusqu'à quatre heures du soir, moment où je reprenais mes leçons chez M. Franconie jusqu'à six heures. Puis venait le dîner, et, à neuf heures, le règlement voulait que je fusse rentré chez moi. Et encore avais-je été gratifié et sans le demander, d'une permission de neuf heures, tandis que l'heure de la retraite générale était annoncée à sept heures et demie par un coup de canon.

Ma journée était passablement remplie et c'était déjà plus de travail que n'en peut supporter un Européen à la Guyane. Cependant, je fus encore amené plus tard à donner deux leçons de plus, une de dix à onze heures le matin, et l'autre de six à sept heures du soir. Il est vrai qu'à ce moment, familiarisé avec la comptabilité du Trésor, je pouvais me dispenser de l'exactitude. Mon travail consistait à résumer chaque mois les dépenses et recettes tant pour l'administration centrale que pour l'administration locale. J'étais donc obligé d'attendre la fin des comptes divers, arrêtés par les autres employés, pour me mettre à l'œuvre, et, dans les derniers temps de mon séjour à Cayenne, j'en étais arrivé à terminer ma besogne mensuelle en dix jours au plus. Sans cette facilité que ne me contestait aucunement le trésorier, il m'eût été impossible de mener de front les occupations que j'avais embrassées, et même avec les économies de temps que je réalisais au Trésor, la fin de juillet me trouva dans un assez pitoyable état de santé. Depuis, je vis ma position s'aggraver pour ainsi dire à vue d'œil, et lorsque la nouvelle de l'amnistie arriva à Cayenne, le 28 septembre 1859, je commençais à me demander de temps en temps si je n'irais pas, moi aussi, prendre, après tant d'autres, mon dernier domicile au cimetière de Cayenne, avant la venue du navire qui devait me ramener en France.

Les amis de M. Franconie, ceux du moins qui partageaient ses idées politiques, étaient naturellement devenus les miens, et, pour n'être pas considérable, leur nombre égalait, s'il ne le dépassait, la proportion qu'on eût pu trouver dans une ville de province en France. Ce noyau d'élite suffisait d'ailleurs largement à mes besoins comme à mes habitudes de sociabilité.

La vie de travail m'avait dès longtemps préparé à la solitude, la prison me la rendit facile et, proscrit, je ne sentais que trop souvent le désir d'échapper même aux relations les plus sûres et les mieux appréciées, pour m'enfermer dans mes souvenirs. Comme toute religion, le culte de la patrie et de la famille absentes a ses jalousies et ses mystères, et s'il m'était doux de vivre à portée d'un groupe sympathique, je sentais que j'aurais mauvaise grâce à me départir de la sage réserve qui sied à la mauvaise fortune. J'avais de plus quelques bonnes relations parmi les camarades que m'avait faits l'exil; j'avais pu rétablir mes correspondances avec mes amis d'Europe; je trouvais chez M. Franconie les journaux de France et une bibliothèque choisie, qui s'accroissait chaque mois des publications nouvelles. Que me fallait-il de plus? Je savais bien que je ne pouvais demander à la Guyane ce que la France seule pouvait me donner : la présence de ceux que je regrettais et l'ineffable douceur de l'air natal.

Maintenant, un champ nouveau s'ouvre devant moi. Je vais, Dieu merci! sortir du cercle étroit des impressions personnelles; je ne vais plus avoir à continuer cette fatigante litanie qu'on a, bon gré, mal gré, l'air de chanter à sa propre louange; je vais parler de la situation faite à ceux qui m'avaient précédé aux pénitenciers de la Guyane, et peut-être cette étude ne paraîtra-t-elle pas absolument indigne d'attention.

Plus d'une fois, j'aurai de tristes et douloureuses révélations à faire, heureux si je puis garder la mesure sans affaiblir la vérité! Mais qui ne le sait? Souvent la plume est prompte et la pensée ne s'assouplit pas toujours au gré d'une réserve préméditée et, quoiqu'on le veuille, il n'est pas toujours aisé de résister à la pression tyrannique d'une situation donnée.

Ce qui toutefois peut me rassurer, c'est que je serai désormais narrateur, témoin quelquefois, mais témoin presque désintéressé. En ce qui me concernait, j'ai scrupuleusement interrogé ma pensée, sans y trouver rien qui ressemble à l'amertume. Pour qui s'attend à tout, les surprises ne sont jamais que favorables, et, dans la part qui m'a été faite, le bien imprévu a si fort dominé le mal prévu, que j'aurais eu plutôt à me prémunir contre un sentiment diamétralement opposé. En parlant du sort fait avant mon arrivée à mes infortunés camarades, je serai plus libre de lâcher la bride à une légitime indignation, et, cependant, je m'efforcerai de laisser la parole aux faits : en leur prêtant des couleurs exagérées, on ne pourrait que les affaiblir.

FIN

TABLE DES MATIÈRES

Avant-Propos...................................... 5
Préface.. 13
Chapitre premier. — Maison centrale de Belle-Ile. — Personnel. — La vie de prison. — Il faut céder la place aux forçats. — Départ pour la Corse............................... 19

Chapitre II. — Embarquement. — La corvette le *Tanger*. — Traversée. — La rade de Cadix. — Évasion de Lignon. — Gibraltar. — Le commandant et l'état-major du *Tanger*. — Arrivée à Ajaccio. — Retour sur les sympathies des Belle-Ilois....................... 30

Chapitre III. — La Corse. — Son aspect. — Voyage en diligence. — Empressement des habitants. — La gendarmerie corse...................... 41

Chapitre IV. — Corte. — Notre nouvelle prison. 45

Chapitre V. — Mon compte avec la justice. — Le décret du 8 décembre 1851. — Assimilation des condamnés politiques aux libérés en rupture de ban............................... 49

Chapitre VI. — Départ de Corte. — La prison d'Ajaccio. — L'hospitalité corse. — La vendetta. — Les Bandits................................ 61

Chapitre VII. — Traversée d'Ajaccio à Marseille. — La prison de Marseille. — Les transportés du 14 janvier. — Petit-Pierre................ 79

Chapitre VIII. — Promenade dans Marseille. — Les gendarmes et les menottes. — M. Besson, préfet des Bouches-du-Rhône. — La voiture cellulaire. — Un convoi de forçats. — Le bagne de Toulon. — La prison civile. — Le fort Lamalgue. — Le doux sergent-major. — Mes nouveaux compagnons. — Les casemates. — La cantine. — La portion congrue. — La gamelle. — L'épileptique. — Les rondes de nuit. — J'ai un cachot pour moi seul. — La surveillance et la rupture de ban. — Les conversations du préau...................... 91

CHAPITRE IX. — Dix ans de Cayenne. — Marin et Lange. — Les invalides du bagne. — Les vétérans de 1805. — Sa Grâce le duc de Devonshire. — La messe du dimanche. — Pâques. — Les jésuites. — Douze communiants pour 2 francs 75. — Le frère Léotade 119

CHAPITRE X. — Les condamnés militaires de Bone. — La justice dans l'armée 147

CHAPITRE XI. — Les nuits du fort Lamalgue. — Les ennemis invisibles. — Les condamnés arabes. — Symptômes de départ. — L'habit bleu barbeau et la poudre de riz ne font pas un homme 159

CHAPITRE XII. — Déjeuner au bagne de Toulon. — Les commandants de l'*Eclaireur* et de l'*Yonne*. — La barre. — Le chirurgien modèle. — Abordage sur abordage. — La mort d'un forçat. — L'escadre de la Méditerranée et les fêtes de Brest....................... 172

CHAPITRE XIII. — Déjeuner au bagne de Brest. — Le zèle d'un geôlier intelligent. — Le préfet maritime. — Encore un mot sur le commandant de l'*Yonne* 196

CHAPITRE XIV. — Départ de Brest pour la Guyane. — La *Seine* et son commandant. — Les passagers. — Ma position à bord. — Incidents du voyage. — Arrivée aux îles du Salut... 214

CHAPITRE XV. — Débarquement à l'île du Diable. — Régime des prisonniers politiques. — Catégories. — Tibaldi. — Les deux Sénégalais. — Le commandant supérieur. — Le ras de marée. — La poste aux lettres........... 240

CHAPITRE XVI. — Encore le commandant Planc. Départ de l'île du Diable. — Passage à l'île Saint-Joseph. — Mortalité : onze morts sur trente-six en vingt-huit jours. — La goëlette à voiles *Vul-d'Air*. — Le ponton le *Gardien*. — Arrivée à Cayenne. — M. Franconie et son hospitalité. — Ma vie à Cayenne........ 282

Paris. — Imprimerie Dubuisson et C°, rue Coq-Héron, 5.

ARMAND LE CHEVALIER

éditeur, rue de Richelieu, 61, Paris

CATALOGUE

I

GRAND ET NOUVEL

ATLAS UNIVERSEL

PHYSIQUE, HISTORIQUE ET POLITIQUE

DE GÉOGRAPHIE ANCIENNE ET MODERNE

Composé et dressé par M. H. DUFOUR,
revu et augmenté par MM. E. CORTAMBERT et VUILLEMIN

Gravé sur acier par M. CH. DYONNET père,

Graveur du Dépôt de la marine
et de l'Atlas de l'Histoire du Consulat et de l'Empire, de M. Thiers

Comprenant les 40 Cartes suivantes,
d'une superficie gravée de 0^m,77 sur 0^m,55.

Géographie ancienne.

1. Géographie sacrée.
2. Monde connu des anciens.
3. Empire d'Alexandre.
4. Empire romain.
5. Gaule ancienne.

Géographie historique.

6. Empire de Charlemagne (VIIIe siècle).
7. Europe sous Charles-Quint (XVIe siècle).
8. Europe en 1789.
9. Empire français en 1812.

Géographie moderne.

10. Mappemonde planisphérique, physique et hydrographique.
11. Europe actuelle.
12. France : région nord-est.
13. France : région nord-ouest.
14. France : région sud-est.
15. France : région sud-ouest.
16. France : carte des chemins de fer.
17. Belgique et Pays-Bas.
18. Iles Britanniques.
19. Angleterre : carte physique et administrative.
20. Allemagne occidentale.
21. Empire d'Autriche.
22. Monarchie prussienne.
23. Suisse et nord de l'Italie.
24. Italie.
25. Espagne et Portugal.
26. Danemark; Suède et Norvége.
27. Russie occidentale.
28. Turquie d'Europe.
29. Grèce moderne.
30. Bassin de la Méditerranée.
31. Russie : carte générale de l'empire, tant en Europe qu'en Asie.

32. Asie.
33. Turquie d'Asie, mer Noire.
34. Indes.—Colonies anglaises.
35. Afrique.
36. Algérie.

37. Amérique du Nord.
38. Amérique du Sud.
39. Mexique, Antilles, États-Unis.
40. Océanie.

ÉDITION DE LUXE

L'ATLAS COMPLET composé des 40 CARTES ci-dessus, coloriées, montées sur onglets et reliées, dos et coins maroquin : **140** francs.

ÉDITION USUELLE DU MÊME ATLAS

Les 40 CARTES tirées sur les mêmes aciers, coloriées à plat avec demi-reliure basane, au lieu de 140 francs, **55** francs.

GRANDES CARTES DE GÉOGRAPHIE ANCIENNE ET MODERNE

Tirées de la Collection de l'Atlas

Chaque Carte vélin : en feuille coloriée à la main........	3 fr.	»
Collée sur toile et en étui, avec gardes...............	5	50
Garnie, collée et montée sur toile avec cylindres pour carte murale...	7	50
Les mêmes, sur papier ordinaire, coloriées à plat, en feuille	1	25

GRANDE CARTE DE FRANCE

Formée des 4 feuilles n°s 12, 13, 14 et 15 de l'Atlas universel

Présentant une superficie gravée de 1m 54 sur 1m 30

Coloriée, collée sur toile, vernie et montée sur cylindres pour carte murale	25 fr.	»
Coloriée, collée sur toile, pliée en étui................	23	»
— en quatre feuilles séparées	12	»

MAPPEMONDE PLANISPHÉRIQUE

Physique, hydrographique, agricole et climatologique

Quatre feuilles réunies, d'une superficie totale de 1m,54 sur 1m,30.

Coloriée, collée sur toile vernie et montée sur cylindres pour carte murale............	25 fr.	»
— — pliée en étui...............	23	»
— quatre feuilles séparées	12	»

II
CAHIERS
D'UNE ÉLÈVE DE SAINT-DENIS
COURS D'ÉTUDES
complet et gradué pour les Jeunes Filles
ET POUR LES GARÇONS QUI NE SUIVENT PAS LES CLASSES DU COLLÉGE

Par deux anciennes Élèves de la Maison de la Légion d'ho et M. **L. BAUDE**, *ancien Professeur au collége Stanislas*

DIVISÉ EN 6 ANNÉES ET 12 SEMESTRES

Précédé de deux Cahiers préliminaires et suivi d'un Cahi complémentaire.

SOMMAIRE ABRÉGÉ DES MATIÈRES
contenues dans chacun de ces 15 volumes

Cours de lecture (volume orné de 175 gravures). — Syllabaire. — Des différentes espèces de lettres. — Des différentes espèces de syllabes. — Prononciations variables, sons équivalents. — Difficultés. — Exceptions. — Premières lectures courantes : contes moraux, lectures instructives, principales fêtes religieuses pendant les quatre saisons de l'année. — Lectures récréatives, etc.

Instruction élémentaire (volume orné de 164 gravures). — De l'éducation. — Premiers nombres et premiers chiffres. — Les cinq sens. — Le temps et ses divisions. — Idée générale de l'univers ou de la création. — Les astres. — Les éclipses. — Les éléments. — Les parties du monde. — Mappemonde. — L'eau, l'air, le feu, la terre. — Phénomènes naturels : le vent, les trombes, le son, l'écho, la lumière, le feu, les volcans, etc., etc. — Fables et contes.

TOME Ier. — 1er sem., 1re ann.

Préface. — Introduction. — Grammaire française. — Définitions. — Lexicographie. — Histoire sainte : *Les trois premières époques*. — Mappemonde ou Notions générales de géographie. — Géographie de l'Histoire sainte — Ancienne division de la France par provinces. — Arithmétique : Notions préliminaires, addition, soustraction.

TOME II. — 2d sem., 1re ann.

Grammaire française (suite et fin de la lexicographie). — Histoire sainte : *4e, 5e et 6e époques*. — Géographie de l'Histoire sainte (*suite*). — Notions sur les Israélites. — Morale de l'Ancien Testament. — Arithmétique (*suite*) : Multiplication, division, etc. — Mappemonde, ou Notions générales de géographie (*suite*) — Division de la France par départements. — Table chronologique des rois de France.

TOME III.—1er sem., 2e ann.

Grammaire française : Syntaxe, modèles de dictées. — Histoire sainte (*suite et fin*). — Géographie de l'Histoire sainte. — *Histoire ancienne* : Égyptiens.—Assyriens. —Mèdes et Perses. — Lydiens et Troyens. — Phéniciens. — Eres chronologiques. — Définitions. — Eléments de cosmographie. — Géographie de l'Asie moderne. — Arithmétique (*suite*) : fractions, etc.—Départements et arrondissements de la France.

TOME IV.— 2d sem., 2e ann.

Grammaire française : Syntaxe (*suite et fin*).— Mythologie : Appendice à la Mythologie. — *Histoire ancienne :* — Grecs. — Royaume de Macédoine.—Expéditions d'Alexandre.—Appendice à l'Histoire des Grecs et des Perses. — Sciences et arts chez les Grecs.—Arithmétique (*suite*) : poids et mesures, etc.— Etude préparatoire de l'Histoire de France. —Géographie de la France.

TOME V.— 1er sem., 3e ann.

Grammaire française : Orthographe. — Récapitulation historique. —*Histoire ancienne :* — — Successeurs d'Alexandre. — Macédoine et Grèce. — Derniers temps. — Royaume d'Egypte ou des Lagides.—Royaume de Syrie ou des Séleucides.—Etats secondaires. — Royaume de Pergame. — Royaume de Cappadoce. — Royaume de Pont. — Royaume d'Arménie.—Royaume de Bithynie.—Appendice à l'Histoire ancienne.—Sicile.—Les Sept Merveilles du monde. —Eléments de cosmographie : Sphère armillaire. — Géographie de l'Afrique moderne. — Etude préparatoire de l'Histoire de France (*suite*) de Pharamond à saint Louis. — Arithmétique (*suite*) : Opérations sur les fractions. — Curiosités historiques.—Blason.—Dictionnaire des termes héraldiques. — Histoire de Paris et de ses principaux monuments.

TOME VI.— 2d sem., 3e ann.

Histoire romaine : *Première période*, royauté; *deuxième période*, république ;—*troisième période*, empire. — Appendice à l'Histoire romaine. — Germains. — Sciences et arts chez les Romains.— Notions diverses sur les Romains. — Histoire de l'Eglise (*première partie*) : Histoire de ses persécutions.— Arithmétique (*suite*) : rapports et proportions, règles de trois, etc. — Eléments de cosmographie : Système solaire. — Etude préparatoire de l'Histoire de France (*suite*) : de Philippe le Hardi à Louis XVI.

TOME VII.—1er sem., 4e ann.

Récapitulation chronologique de l'Histoire ancienne. — Notices géographiques sur l'empire romain à la fin du VIe siècle, pour servir à l'intelligence de l'histoire du moyen âge. — Histoire du moyen âge; *Première partie :* Bas-Empire, Gots et Lombards, Grande-Bretagne, France, Empire d'Orient, Mahométisme, Empire Carlovingien, Francs, Normands, Espagne, Allemagne, Italie.— Idée de la chevalerie.— Histoire de l'Eglise (*suite*)—Géographie de l'Europe moderne.— Introduction à l'étude de l'histoire naturelle. — Précis de l'histoire de la langue française. — Arithmétique (*suite*) : règles d'intérêt, d'escompte, rentes, caisses d'épargne, etc.

TOME VIII.—2d sem., 4e ann.

Histoire du moyen âge. *Deuxième partie* : Histoire des papes. — Histoire des hérésies. — Histoire des Empereurs, etc.—Empire d'Orient, Angleterre, France, Allemagne, Italie, Espagne, Deux-Siciles, etc. — Croisades. — Histoire de l'Eglise (*suite*) : Ordres religieux. — Géographie de l'Europe moderne (*suite et fin*). — Arithmétique (*suite*) : règles de société, d'alliage, etc.—Traité de versification française, suivi d'un appendice.

TOME IX.—1er sem., 5e ann.

Histoire moderne. *Première partie* : Pologne, Hongrie, Russie, royaumes du Nord, Bohême, Turcs, Ottomans. — Découvertes maritimes.—Histoire des Papes. Luther et Calvin. — Angleterre, France, Pays-Bas. — Histoire de l'Eglise (*suite*) : Schismes et ordres religieux. — Géographie de l'Amérique. — Curiosités historiques. — Drapeaux et emblèmes de la France.— Notions élémentaires de botanique.—Arithmétique (*suite*) : Carrés et Cubes.

TOME X.— 2d sem., 5e ann.

Histoire moderne. *Deuxième partie* : Histoire des Papes (*suite*), des Empereurs (*suite*) : Angleterre, France, royaumes du Nord, Russie, Turcs, Ottomans, Pologne, Prusse, Orient, Perse et Chine. — Histoire de l'Eglise (*suite*). — Géographie de l'Océanie. — Navigateurs français et étrangers.—Notions élémentaires de zoologie. — Appendice à la zoologie.—Principales inventions et découvertes.

TOME XI.—1er sem., 6e ann.

Principes de littérature : Poésie, prose, rhétorique, figures. — Histoire de la littérature ancienne. — Appendice à la poésie des Hébreux.—Résumé de l'histoire de la littérature grecque et de la littérature latine.—Appendice aux littératures grecque et latine.—Histoire de la littérature française : Poètes, orateurs chrétiens, historiens divers en prose, polygraphes. — Appendice à la littérature française.— Introduction à la philosophie. — Table chronologique des principaux événements de l'histoire contemporaine depuis 1789.—Bibliographie ou indication de lectures.

TOME XII.—2d sem., 6e ann.

Notions élémentaires de philosophie. — Logique : métaphysique, morale. — Appendice à la théodicée. — Appendice à la morale.—Histoire de la philosophie et des philosophes anciens et modernes.— Complément de la philosophie.—Philologie des langues européennes. — Littérature italienne. — Littérature espagnole. —Littérature portugaise.—Littérature anglaise.—Littérature allemande.—Morceaux de poésie italienne et anglaise. — Précis de l'histoire générale des études. —Biographie des femmes célèbres. — Notions géographiques complémentaires.

TOME XIII. — Volume complémentaire.

Considérations générales.—Algèbre.—Géométrie.—Physique.—Chimie.—Météorologie.—Astronomie.—Géologie et minéralogie. —Vapeur.— Télégraphie.—Aérostation. — Chloroformisation.

— Architecture et principaux architectes. — Sculpture et principaux sculpteurs. — Peinture et principaux peintres. — Gravure, lithographie, lithochromie, etc. — Photographie. — Galvanoplastie. — Musique : principales écoles et principaux compositeurs. — Dictionnaire des termes musicaux.—Archéologie.—Numismatique. — Paléographie et bibliographie.

PRIX DES VOLUMES

	BROCHÉS.	CARTON.
Cours de lect., avec 175 fig.,	2 »	2 25
Instruct. élém. av. 164 fig.,	3 »	3 25
Tome 1er, 1re ann., 1er sem.	1 50	1 75
— 2e, — 2e —	2 50	2 75
— 3e, 2e année, 1er sem.	2 50	2 75
— 4e, — 2e —	2 50	2 75
— 5e, 3e année, 1er sem.	3 »	3 25
— 6e, — 2e —	3 50	3 75

	BROCHÉS.	CART.
Tome 7e, 4e année, 1er sem.	3 50	3 75
— 8e, — 2e —	3 50	3 75
— 9e, 5e année, 1er sem.	3 50	3 75
— 10e, — 2e —	4 »	4 25
— 11e, 6e année, 1er sem.	4 50	4 75
— 12e, — 2e —	4 50	4 75
— 13e, cahier complém.	5 »	5 25

PRIX DE LA COLLECTION COMPLÈTE :
Brochée : 49 francs; cartonnée : 52 francs 75 cent.

On peut prendre séparément chaque volume, et recevoir *franco*, par la poste, les volumes brochés ou cartonnés, en joignant 25 centimes au prix de chaque volume pour l'affranchissement.

Grammaire pour tous, par BESCHERELLE aîné, divisée en deux parties : 1re, des élèves; 2e, du maître. Chaque partie : Brochée.................. 2 »
Cartonnée.................... 2 25
Aide-mémoire d'Orthographe......... » 75
Barême des verbes français........... 1 50
Nouvelles instructives et morales.... 2 »

Satires de Juvénal, traduites en vers français, par M. KERDANIEL. 1 vol. in-8.................. 3 50
Lucrèce : De la nature des choses, traduit en vers français, par DE PONGERVILLE, avec le texte en regard. 2 volumes grand in-8, vélin.................. 15 »
Lermontoff, le poète du Caucase. — *Chefs-d'œuvre poétiques*, traduits du russe en vers français, par M. PELAN (d'Angers). 1 vol. gr. in-8, vélin : broché........ 5 »
Vie de César (Aperçus sur la nouvelle), par M. le comte DE GARDANE. Broch. in-8..................... 1 50

III

Histoire de la Révolution de 1848, par Daniel STERN, illustré de 66 grav. sur bois. 1 vol. gr. in-8, br. 7 50

Encyclopédie militaire et maritime, *Dictionnaire des armées de terre et de mer*, par le colonel DE CHESNEL, Nouv. édit. contenant plus de 1,700 eaux-fortes. 2 très-forts vol. grand in-8. Prix : brochés, au lieu de 32 fr.... 15 »

Tableau de la Cochinchine, par MM. E. CORTAMBERT et Léon de ROSNY. 1 vol. gr. in-8 avec 25 grav.... 10 »

Voyage en Abyssinie, par FERRET et GALINIER. 3 vol. in-8, avec atlas noir et colorié.
Prix des derniers exemplaires, au lieu de 500 fr... 100 »

Souvenirs de campagne. Débuts de l'occupation en Cochinchine, par le docteur A. BENOIST DE LA GRANDIÈRE. 1 vol. in-18................................ 2 50

Mission du général de Gardane en Perse, sous le premier Empire, documents historiques publiés par son fils, le comte Alfred de GARDANE. 1 vol. in-8......... 5 »

IV
PHYSIONOMIES PARISIENNES

Collection elzévirienne de volumes in-32, avec gravures, à 1 fr. le vol.

Acteurs et Actrices, — Artistes et Rapins, — Le Bohême, — Commis et demoiselles de magasin. — Floueurs et Floués. — Les Industriels du macadam, — Les Joueuses, — Le Journal et le Journaliste, — La Parisienne, — Restaurateurs et Restaurés.

Les 10 volumes ensemble, 8 fr. Par la poste........ 9 »

Jolies Filles (Les) de Grovehill, scènes de la vie privée en Angleterre, par AMÉRO. 1 vol. in-18..... 1 »

Femmes (Des), par VELNAC. 1 vol. in-32, elz. vél. 2 »

Nouvelles Chansons politiques, par Paul AVENEL. Volume in-18............................... 1 »

Mémoires d'un Enfant de la Savoie. Nouv. éd. augmentée d'une partie entièrement inédite, avec préface de BÉRANGER, par Claude GENOUX. 1 vol. in-18.... 3 50

Honnêtes gens (Les), comédie en quatre actes, par Gustave SALAVY. 1 vol. in-8................ 4 »

LA CLOCHE HEBDOMADAIRE
PAR FERRAGUS (L. ULBAC)

Prix du n° par unité, 40 c.; 20 n°s au choix, 7 fr.; 40 n°s, 12 fr.; 60 n°s 18 fr. — La collection complète de 71 numéros. 20 »

V

Histoire des crimes du Deux Décembre, par V. Schoelcher, édition publiée en Angleterre sous la direction de l'auteur. 1 vol. in-8 compacte.
Le gouvernement du Deux Décembre, par le même. 1 vol. in-8, compacte.
Les deux volumes.................................. 10 »
Deux Décembre 1851 (Le), ses causes et ses effets, par Pierre Lefranc, représ. du peuple. 1 vol. in-18. 2 50
Paris en Décembre 1851, *étude historique sur le coup d'Etat*, par M. Eugène Ténot. 1 vol. in-8.... 6 »
Le même, édition populaire. 1 vol. in-18............. 1 50
La Province en Décembre 1851, *étude historique sur le coup d'Etat*, par M. Eug. Ténot. 1 vol. in-8. 6 »
Le même, édition populaire, 1 vol. in-18............. 1 50
Le Deux Décembre devant le Code pénal, écrit et publié en exil, par Marc Dufraisse, représentant. 1 vol. in-32. Les derniers exemplaires........... 3 »
Suspects (Les) en 1858, *étude historique sur l'application de la loi de sûreté générale*, par MM. Eugène Ténot et Antonin Dubost, avocat. 1 vol. in-8...... 6 »
Le même, édition populaire, 1 vol. in-18............ 1 50
Mémoires d'exil (Nouvelle série). L'amnistie. — Suisse orientale. — Bords du Léman, par Mme Edgar Quinet. 1 vol. in-18.............................. 3 50
De Paris à Cayenne, journal d'un transporté, par Ch. Delescluze. 1 vol. in-18 (2e édit.)............ 3 50
Les Proscrits français en Belgique, ou *la Belgique contemporaine vue à travers l'exil*, par M. Amédée Saint-Ferréol, représentant. 2 vol. in-18 publiés pendant l'exil.. 5 »
Insurrection du Var (Histoire de l'), en Décembre 1851, par M. N. Blache, avocat. 1 vol. in-18. 2 50
Souscription Baudin (Affaire de la), en première instance, *seul compte rendu complet, revu par les défenseurs*. 1 vol. in-8, 3e édition.............. 1 50
Souscription Baudin (Affaire de la), en appel, plaidoiries de MM. J. Favre et Gambetta. Br. in-8. 1 50
Souscription Baudin (Affaire de la), plaidoiries de MM. Dufaure et Weiss. Broch. in-8, 75 c. Poste. » 85

VI

Article (L') 75 de la Constitution de l'an VIII, sous le régime de la Constitution de 1852, par M. Casimir PERIER. 1 vol. in-8..... 2 »

Censure (La) et le régime correctionnel, *Etude sur la presse contemporaine,* par M. Edouard LAFERRIÈRE, 2ᵉ édit., précédée d'une lettre de M. Pelletan sur la liberté de la presse. 1 vol. in-18............ 2 »

Chemin de la Liberté (Le), par M. SANDON. 1 vol. in-8................................. 2 »

Effets (Des) de la liberté, par M. le comte DE GARDANE. 1 vol. in-8........................ 2 50

Fée Libertas (La) et sa Cour, conte fantastique, par M. Achille POINCELOT. Une brochure in-8...... 1 »

France (La) en 1868, par M. Joseph MICHON. Brochure in-8................................. 1 »

Gouvernement personnel (Le), par M. DUVERGIER DE HAURANNE. Broch. in-32. » 40; par poste........ » 50

Huit années de politique impériale (1860-1868) par M. Henri MERLIN. Broch. in-8............... 1 »

Manuel des réunions publiques électorales et privées, par MM. André ROUSSELLE et Ch. LIMOUSIN, 1 vol. in-32................................ 1 »

Presse (La), l'imprimerie, la librairie, le colportage, guide légal de l'écrivain, du journaliste, de l'imprimeur et du libraire, par M. Hipp. DU BOY, avocat à la Cour de cassation et au Conseil d'Etat. 1 vol. in-18. 2 50

Programme démocratique libéral. Br. in-18, » 25 c.; par poste............................. » 35

Revendication (La), par L. LAFERRIÈRE, 2ᵉ édition. Broch. in-8, » 50 c.; par poste................. » 60

Souveraineté nationale (De la), par M. le comte DE GARDANE. 1 vol. in-8..................... 2 »

Perfectionnement (Du) de la race préfectorale, par le docteur E. ORDINAIRE. Broch. in-18.. 1 »

Ville de Paris (Nouvelle organisation de la), par N. VILLIAUMÉ. Broch. in-8. 20 c. Poste....... » 30

Liberté (La) sans licence, par MENIER. Br. in-8 1 »

VII

Histoire de la campagne de 1815. — *Waterloo*, par le lieutenant-colonel CHARRAS. 6ᵉ édit., 1ʳᵉ édit. publiée en France. 2 volumes grand in-8 vélin avec un atlas.   15 »

Histoire de la guerre de 1813 *en Allemagne*, par le lieutenant-colonel CHARRAS. — Derniers jours de la retraite de Russie. — Insurrection de l'Allemagne. — Armements. — Diplomatie. — Entrée en campagne. 2ᵉ édition, 1ʳᵉ édition publiée en France. Un très-fort volume grand in-8, avec cartes spéciales..................   7 50

Campagne de Russie (1813-1814), par M. Alfred ASSOLANT, édition primitive. 1 vol. in-18..........   2 »

Histoire du Droit de Guerre et de Paix, de 1789 à 1815, par M. Marc DUFRAISSE, représentant (2ᵉ édition). 1 vol. in-18............................   3 50

Armée (L') et la Révolution. — La Paix et la Guerre. — L'enrôlement volontaire. — La levée en masse. — La Conscription, par M. Ch.-L. CHASSIN. 1 volume in-18...............   3 50

Guerre (La), l'organisation de l'armée et l'Equité, par M. D'ESCAYRAC DE LAUTURE. 1 vol. in-8...   3 »

France (La) libre et armée, par M. le comte de GARDANE. Broch. in-18. 50 cent. Poste............   » 60

Loi militaire (La) de 1868, *expliquée par demandes et par réponses*. (**Catéchisme des familles**), par MM. ISAMBERT et COFFINHAL-LAPRADE. 12ᵉ édit. Broch. in-32. 40 c. Poste......................................   » 50

Opinion d'un Electeur sur la loi militaire de 1868, par M. le comte DE GARDANE. Broch. in-8. 50 c. Poste...   » 60

Essai sur une nouvelle organisation de l'armée. Broch. in-12. 50 c. Poste..................   » 60

Lettre d'un Franc-Tireur, nouvelle protestation contre le rapport de M. le Ministre de la guerre. Broch. in-8...   1 »

Impôt (L') militaire : Sang, Argent, Travail, et l'**Organisation démocratique** de l'**Armée française**, par M. Paul COTTIN. broch. in-8..........   2 »

Soldat (Le) : *Salaire, Service proportionnel,* par M. le comte de GARDANE. Broch. in-8. 25 c. Poste........ » 35

Armée française, (réorganisation de l') par GRENIER. Broch. in-4. 10 c. Poste........................ » 15

Armée française, (esquisse d'une organisation nouvelle de l') par un officier d'artillerie. Br. in-8, 2e édit.. 1 25

Réorganisation de l'armée en armée nationale, composée de 4,000,000 d'hommes, par M. L. FARCY, lieutenant de vaisseau, député de la Seine. 1 vol. in-4 2 »

Les soldats citoyens, *Latour d'Auvergne,* par E. GARCIN. Broch. in-18. 30 c. Poste..................... » 40

Aurons-nous la guerre ? par M. COUTURIER DE VIENNE. Broch. in-18........................ 1 »

Pas de guerre ! Broch. in-8................. 1 »

La France imposant la Paix à l'Europe ;
Prédictions sur la guerre, par Victor CONSIDÉRANT. Les 2 écrits réunis. 1 feuille gr. in-fol., 15 c. Poste. » 20

La Paix est-elle possible ? par Edouard DUPONT. Broch. in-8. 40 c. Poste...................... » 50

VIII

Aux Maires des 38,000 communes de France, par MM. PRÉVOST-PARADOL et Georges COULON. Broch. in-18. 25 c. Poste..................... » 35

Campagnes électorales (Les) de 1851 à 1869, par M. Jean ALBIOT. 1 fort vol. in-18............ 2 50

Candidatures (Les) impériales. Br. in-8.. 1 »

Candidatures (Des) officielles et de leurs conséquences, par M. Edouard ORDINAIRE. Broch. in-18. 25 c. Poste........................ » 35

Coalition (La) libérale ; par M. Ernest DUVERGIER DE HAURANNE. 1 vol. in-8...................... 1 50

Dilemme (Un) embarrassant ou le sort d'une pétition, par MONTIGNY. Broch. in-18. 40 c. Poste...... » 50

Droit (Le) de Suffrage et ses conséquences. — *Aux Electeurs,* par M. NOLLET. Broch. in-8. 50 c. Poste............................... » 60

Electeur (L') en face du Scrutin, par M. A. Forest, avocat à Ussel. Broch. in-18. 75 c. Poste... » 85

Exhortations électorales d'un Paysan à ses pairs, par M. Flory, propriétaire agriculteur. Broch. in-8. 30 c. Poste.................................. » 40

France électorale en 1869. Carte coloriée représentant synoptiquement, par des teintes, les résultats des élections de 1869, par Léon Montigny. 1 feuille jésus.. 1 »

France électorale en 1869. Tableau annexe en trois feuilles, par LE MÊME............................ 1 »

Guide pratique de l'Electeur, par M. Georges Coulon, précédé d'une lettre de M. Jules Favre. 1 vol. in-18.. 1 »

Lettre à des électeurs. — *Un Député en Algérie*, par M. Paul Cottin, électeur. Broch. in-8. 50 c. Poste.. » 60

Lettre électorale d'un maire de village à ses collègues, par M. Edouard Ordinaire, 4e édit. Broch. in-18. 25 c. Poste.................................... » 35

Lettres d'un Electeur urbain à un Electeur rural, par Léon Montigny. Br. in-18. 25 c. Poste.. » 35

Les mêmes, 2e série. Broch. in-18. 25 c. Poste....... » 35

Maires (Les) de villages aux élections, par M. L. Marion. Broch. in-18. 15 c. Poste................. » 25

Ordre (L') du jour pour les prochaines élections (1869) *à tous les Démocrates libéraux et à leurs Mandataires MM. les Députés de l'opposition*, par M. Delattre. Broch. in-4. 50 c. Poste................. » 60

Où nous mènent les candidats officiels, par M. Henri Merlin. Feuille in-4. 10 c. Poste........ » 15

Paysan (Le) : Ce qu'il est, — ce qu'il devrait être. *Petite étude morale et politique*, par M. Ferdinand de Lasteyrie. 1 vol. in-18..................... 1 »

Paysan (Le), l'Impôt et le Suffrage universel, *ou réflexions et entretiens d'un arrière-neveu de l'Homme aux quarante écus*, par M. Steenackers. 1 v. in-18. 1 50

Plan (Un) de Campagne, *lettres aux Députés et aux Journalistes de l'opposition à propos des élections générales de 1869*, par M. F. Bonnaud. Broch. in-8............ 1 »

Réponse d'un électeur à la lettre d'un ancien constituant, par M. A. GAULIER. B. in-8, 1 »
République (La) par la loi, par M. Louis MIE, avocat à Périgueux. Broch. in-18. 60 c. Poste....... » 70
Réveil (Le) d'un grand Peuple, par M. Edgar QUINET. Broch. in-18. 15 c. Poste............... » 20
Révolution (La) par le suffrage universel, par M. Alphonse LECANU. 1 vol. in-18........... 2 »
Saint Ollivier, ministre et martyr. Broch. in-8. 30 c Poste................................. » 40
Toutes les libertés se tiennent, *avis à mes compatriotes*, par M. Alphonse JOBEZ, ancien représentant du Jura. Broch. in-18. 25 c. Poste................. » 35
Vos Députés et leurs Votes, par M. Louis HERBETTE, avocat à la Cour de Paris. Broch. in-32, contenant le tableau des votes de tous les Députés. 40 c. Poste.. » 50
Empire (l') parlementaire est-il possible ? par Gustave CHAUDEY. Forte broch. in-8........... 1 »
LE MÊME, en feuille. 10 c. Poste................... » 15
Serment (Le) au dix-neuvième siècle, par Jean PAUL. Broch. in-18. 50 c. Poste................ » 60
Gauche (La), la Situation, le Programme démocratique, par Léonce RIBERT. 1 vol. in-18.. 1 »
Révolution (La) de 1869, par F. ARNAUD (de l'Ariége), ancien représentant. 1 vol. in-18......... 1 50
Contemporain (Un). Quelques mots sur les **Assemblées nationales** et le **Suffrage universel** en France. Broch. in-8............................ 1 »
Bon (Le) plaisir de messieurs les fonctionnaires, par M. Henri MERLIN. Broch. in-8....... 1 50
Commune (La) sociale, par M. Jules ALLIX. Broch. in-8. 75 c. Poste............................. » 85
Députés (Les) de la Seine. — Gambetta. — Thiers. — Bancel. — E. Picard. — Garnier-Pagès. — Jules Ferry. — Jules Favre. — Jules Simon. — Pelletan. *Portraits intimes*, par Fulbert DUMONTEIL. 1 vol. in-18........ 1 »
Jacques Bonhomme, entretiens de politique primaire, par M. LISSAGARAY. 1 vol. in-18............... 1 50

Jean Claude (La politique de), par Jules Carret. 1 vol. in-18... 1 »
Lettres de Paris écrites par Alceste dans *l'Universel*.
   I. *Les Élections de* 1869. 1 vol in-18......... 1 »
   II. *Le Gouvernement personnel.* 1 vol. in-18... 1 »
   III. *La Crise.* 1 vol. in-18................... 1 »
   Les trois réunies en un seul volume in-18...... 3 »
Le Plébiscite, par Alceste. Broch. in-18...... » 20
   Poste.. » 25
Une campagne à la Marseillaise, par Arthur Arnould. 1 vol. in-18...................... 1 50
Discours de M. Gambetta prononcé au Corps législatif, dans la séance du 5 avril 1870. Broch. in-18. » 10
   Poste.. » 15
Discours de M. Estancelin sur le retour des princes d'Orléans, prononcé le 2 juillet 1870. Broch. in-18.. » 10
   Poste.. » 15
Discours de M. Louis Blanc sur *la nécessité du retour de l'Assemblée nationale à Paris*, prononcé le 7 septembre 1871. Broch. in-18, 10 c. Poste........... » 15
Discours de M. Alfred Naquet sur la même question, prononcé le 5 septembre 1871. Broch. in-18, » 10
   Poste.. » 15
France et Allemagne, par M. Taberlet, député. 1 Broch. in-8, 50 c. Poste...................... » 60

IX

Bilan de l'Empire (Le), par M. Horn, 5ᵉ édit. Broch. in-18, 40 c. Poste............................. » 50
Budget (Le) de l'Empire. Discours prononcé par M. Guichard, député de l'Yonne, le 12 septembre 1871. Broch. in-18, 10 c. Poste..................... » 15
Budgets de l'État (Progression comparée des) sous le second Empire (1853-1866), par M. Henri Merlin. 1 vol. in-4........................... 7 50
Coopération (La) et la politique aux ouvriers, par M. P. Malardier, ancien représentant du peuple. Broch. in-8, 50 c. Poste.................. » 60
Crédit foncier (Où en est le)? Broch. in-8. » 50
   Poste.. » 60
Crédit mobilier (Le) et ses actionnaires. Broch. in-8.................................. 1 »

Déficits (Les) 1852-1868, par M. H. Allain-Targe. Broch. in-8... 1 »

Haute finance de l'Empire (La), par Maurice Hess. Broch. in-8................................... 1 »

Impôt (L') et son emploi, *expliqués par demandes et par réponses* (**Catéchisme du contribuable**). par E. Isambert. Broch. in-32, 3ᵉ édit., 40 c. Poste. » 50

Liberté du commerce. — *Du développement de la bijouterie et de l'orfèvrerie par la liberté des titres de l'or et de l'argent*, par M. P. Tirard. Broch. in-8...... 1 »

Libre échange (La production, la consommation et le), par M. Raoul Boudon. Br. in-8. » 50
  Poste.. » 60

Manuel des Assurances sur la vie : Exposé pratique de tous les documents nécessaires pour se rendre un compte exact des combinaisons en usage, par Miégeville. 1 vol. in-18 broché................................ 2 50

Mystères dévoilés des Assurances sur la vie (Les) par M. Louis. 1 vol. in-18................ 2 »

Marée (La) montante, Étude budgétaire, d'après les documents du *Livre bleu*, par M. Achille Mercier. 4ᵉ édit. Broch. in-8, 50 c. Poste............................ » 60

Politique du grand-livre (*Aux 1,100,000 rentiers. — Le nouvel Emprunt et la*), par M. Achille Mercier. 3ᵉ édit. Broch. in-8... 1 »

Traité de commerce de 1860 (Les résultats du). Conférence faite sous les auspices de l'Association polytechnique, par M. Wolowski. Broch. in-8..... 1 »

Chemin de fer (Une question de), par A. Gaulier. Broch. in-8... 1 »

Critiques sur l'exploitation des chemins de fer, par Louis Jourdan (de Miramas). 1 v. in-18   2 »

Les seize impôts de la vigne, par Alcée Durieux. Broch. in-8... 1 50

Décroissance de la population en France. *Causes, remèdes*, par Edmond Desfossé. Br. in-18. 1 »

Grands travaux de Paris. — *Leur achèvement sans emprunt*, par A. Huguet, architecte. Broch. in-8... 1 50

Déportation (La) des morts.—*Le préfet de la Seine et les cimetières de Paris*, par M. Victor FOURNEL. Br. in-81. 50
Justice (La) gratuite et les actes à bon marché. Étude critique sur la réforme du Code de procédure civile, par M. Henri GOGUET. Vol. in-18.......... 2 »
Réhabilitation de la loterie. *Projet d'association départementale*, par M. J. H... Br. in-8, 25 c. Poste. » 35
Question (La) des loyers, par SAINT-GENEZ. Broch. in-8, 20 c. Poste......................... » 25
Nouveau système financier, par J.-P. JACQUOT. Broch. in-8, 50 c. Poste..................... » 60
Finances (Les) de Paris, par Ach. MERCIER. Broch. in-18, 25 c. Poste........................ » 35
L'Impôt sur le revenu, *son objet et sa législation dans les pays qui l'ont adopté*, par M. E. TROLARD, inspecteur des finances. Broch. in-18.............. 1 »
L'Économie politique et le Socialisme, par LEBRUN. 1 broch. in-8, 50 c. Poste............ » 60
Solutions sociales, par GODIN, membre de l'Assemblée nationale, fondateur du familistère de Guise. 1 fort vol. grand in-8, avec figures.................. 10 »

X

Bourgeois et Socialistes, par M. Justin DROMEL. Broch. in-18.......................... 1 »
Démocratie (La) et M. Renan, réponse à la préface des *Questions contemporaines*, par M. Jules LABBÉ, ancien rédacteur de l'*Opinion nationale*. Broch. in-8...... 1 »
Éducation (L') du peuple, discours prononcé à la chambre des Communes d'Angleterre, par lord MACAULAY, traduit par M. le comte de GARDANE. Broch. in-18... » 40
 Poste................................ » 50
Instruction et liberté, par Romuald DEJERNON. 1 vol. in-18............................... 2 »
Inventeur (L'), par Ives GUYOT. Développement des forces individuelles ; L'inventeur ; L'inventeur et la famille ; Les négations ; L'inventeur et la science officielle ; Propriété industrielle ; L'exploitation ; Les contrefacteurs ; L'inventeur et l'économie politique. 1 vol. in-8............ 6 »
Manuel de morale et de politique, par M. GOUDOUNÈCHE. Broch. in-18.................... 1 »

Révolutions (Les), caractères et maximes politiques, par M. Pascal Duprat, ancien représentant et député. 1 vol. in-18 .... 3 50
Science de l'homme, première partie, tome premier, 2ᵉ édit., par Gustave Flourens. 1 vol. in-18 .... 3 »
République et Socialisme (Pratique), par P. Malardier, ancien représentant du peuple à la Législative. Broch. in-18, » 50 c.; par le poste .... » 60
Pamphlets d'un franc parleur, par M. Edouard Siebecker. 1 vol. in-18 .... 3 50
Politique pour tous, par Alcide Dusolier. Broch. in-18, 75 c. Poste .... » 85
Questions de la vie (Les), par M. Pirogoff; traduit du russe. Broch. in-8 .... 1 »
Enseignements (Les) de l'histoire — 1789-1869 — par Antonin Proust, 1 vol. in-18 .... 1 »
Précis d'Histoire contemporaine, par Victor Perdoux. 1 fort vol. in-18 .... 4 »
République (La) et la Liberté, par Paul Lacombe. 1 vol. in-18 .... 1 »
Liberté, Égalité, Fraternité. Essais de politique légale, par Arthur Hubbard, avocat à la Cour de Paris, suivi de **Lettres d'un inculpé,** par le même. 1 vol. in-18 .... 2 »
Le nouveau Spectre rouge, par Robert Luzarche. 1 vol. in-18 .... 1 »
Crimes (Les) de la République dévoilés aux travailleurs, par J.-G. Prat. Broch. in-18. 15 c.; poste » 20
Code social (Le), manuel du citoyen français, par A. Morel. Broch. in-18. » 20 c.; par poste .... » 25
Future Constitution (La), par M. Léopold Hervieux. Broch. in-8. » 20 c.; par poste .... » 25
Organisation (L') de la République, liquidation de l'Empire, etc., par M. Lesguillier. Broch. in-8 .. 1 »
Principes de 1789 (Les) ou *Les Droits de l'homme et du citoyen,* par Goudounèche. Broch. in-18 ...... » 20
Par poste .... » 25
Comment constituer la République, par Agricol Perdiguier. Broch. in-18. » 60 c.; par poste ..... 7 »

XI

Les Régentes de France, par Jules Labbé. 1 vol. in-18; » 75 c.; par poste........................ » 85

Calvaire (Le) des Femmes, par M. L. Gagneur, 3ᵉ édition populaire. 1ʳᵉ partie : Les Pécheresses ; 2ᵉ partie : Les Réprouvées. 2 vol. in-18................ 4 »

Travail des femmes (Deux Discours sur le), prononcés aux réunions de la salle du Vauxhall, et suivis de quelques réflexions sur le même sujet, par Mlle Maxime Breuil. Broch. in-8. » 50 c ; par la poste......... » 60

Travail des Femmes (Question du), rapport de la Commission du 12 septembre 1868. Br. in-8.... » 25
Par la poste.................................... » 35

Roman (Le) des Ouvrières, par M. Émile Bosquet 2ᵉ édition. 1 vol. in-18........................ 3 »

XII.

Histoire de l'intervention française au Mexique. — *Documents officiels recueillis dans la secrétairerie privée de Maximilien*, par L. Lefèvre, rédacteur en chef de la *Tribune de Mexico*. 2 vol. in-8...... 12 »

Droit (Le) commun pour les indigènes en Algérie, par M. Jules Vinet. Broch. gr. in-8.... 2 »

Espagne (L') en République, Broch. in-8.. » 50
Par la poste.................................... » 60

Europe (L') sauvée et la Fédération, par M. Strada. *Dilemme* : Ou la fédération ou des centres militaires despotiques, voilà l'Europe de l'avenir. Qu'en faut-il faire ? 1 vol. in-18, 2ᵉ édition............... 3 »

Flâneries orientales, par Jules de Voris. 1 volume in-18... 3 »

Portugal (Le) et ses réformes économiques, par M. Arnold Henryot. Broch. in-8............ 1 »

Sadowa (*Les Prussiens en campagne*), détails historiques et anecdotiques sur la guerre de 1866, par M. Paul de Katow. 1 vol. in-18........................... 2 »

Solution rationnelle du conflit européen.
Examen critique des systèmes régnants de politique internationale, par Fataccioli. Broch. in-8............ 1 »
Syrie (La) et la question d'Orient. Brochure in-8. » 50 c,; par la poste...................... » 60
Turquie (La) devant l'Europe, por M. Simon Paoli. Broch. in-8. » 50 c.; par la poste.......... » 60
Victimes (Les) d'Isabelle II la Catholique, ex-reine d'Espagne, par M. Benjamin Gastineau. Brochure in-8. » 50 c.; par la poste.................. » 60
Obligations autrichiennes (Considérations relatives aux) en ce qui concerne le droit du timbre, par M. G. Isabelle, avocat à la Cour de Paris. Br. in-8. » 50
Par la poste............................. » 60
Crise autrichienne (La), le royaume de Bohême et la Fédération, par un ancien membre du Reichsrath. Broch. in-8. » 50 c.; par la poste................ » 60

XIII

Agonie (L') de la Papauté, par M. Odysse Barot. Broch. in-8............................... 1 »
Libre examen (Le), par M. Louis Viardot. 1 volume in-18................................... 1 50
Les dogmes de la Religion catholique, dialogue, par Marcel van Esvir. 1 vol. in-18......... 1 50
Au feu les libres penseurs!!! 3e édition contenant, outre les trois premières lettres à M. Dupanloup, deux nouvelles lettres à M. de Bonnechose, suivies d'une épître à son ami Giraud, par le docteur Flavius. Br. in-8.. 1 »
Croisade (La) noire, par M. L. Gagneur, 3e édition populaire. 1 vol. in-18..................... 2 »
Les Droits de l'homme et le Syllabus (Il faut choisir entre). Broch. in-8....... 1 »
L'Église devant l'Histoire, réponse au Mandement pastoral et électoral de Mgr Ramadié, par M. Pierre Lefranc, ancien représentant du peuple. Broch. in-8........ 1 50
Lettre à Monseigneur de Bonnechose, archevêque de Rouen et sénateur. Thèse du docteur Chaulet. Broch. in-8............................... 1 »

Lettres d'un libre penseur à un curé de campagne, par M. Léon RICHER, précédées d'une introduction par M. Ad. GUÉROULT. 1 vol. in-18........................... 3 »

Liberté (La) de penser, fin du pouvoir spirituel, par M. Victor GUICHARD, ancien représentant. 1 très-fort vol. in-18. 3 fr. 50 c.; par la poste..... 4 »

De l'insuffisance des Religions, par Paul HERSENT. Broch. gr. in-8........................... 1 50

Religion et Fanatisme. Réponse à un pasteur protestant, seconde expédition romaine, concile œcuménique, par Agricol PERDIGUIER, ancien représentant. Brochure in-18. » 50 c.; par la poste..................... » 60

Loyola et les Jésuites, par MM. ROLAND et Armand LANDRIN. » 50 c.; par la poste................ » 60

Notre-Dame de Fourvières, par MM. ROLAND et LANDRIN. » 50 c.; par la poste................ » 60

Positivisme (Le) pour tous, exposé élémentaire des principes de la philosophie positive, par M. Louis-André NUYTZ, précédé d'une lettre de M. LITTRÉ. Br. in-8.. 1 »

Positivistes et Catholiques, par Eugène DEMARIE. Broch. in-18........................... 2 »

Discours de M. Jules Favre sur la seconde expédition romaine, prononcé le 2 décembre 1867. Broch. in-8........................... 1 »

Question romaine (La) devant l'histoire, 1848 à 1867; actes officiels, documents, débats parlementaires, précédée de *France et Italie*, par M. Edgar QUINET. 1 vol. in-18........................... 3 50

Cernuschi (HENRI), l'un des trois tribuns. *Sa défense* devant le conseil de guerre français à Rome en 1856. Broch. in-18. Prix : 20 c. Poste........................... » 30

Simple réponse à M. Dupanloup, par M. Eugène SÉMÉRIE, suivie d'une lettre à M. le docteur Onimus. Broch. in-8. 2e édit........................... 1 »

Père (Le) Hyacinthe et le Cléricalisme libéral, par M. F. RABBE. Broch. in-8.............. 1 »

Séparation (La) de l'Eglise et de l'Etat, par M. Ern. HENDLÉ, avocat à la cour de Paris. 1 v. in-18. 2 »

Concile (Le), p. PETRUCELLI DE LA GATTINA. 1 v. in-18. 1 »

Dieu selon la Science, p. POULIN, 1 fort v. in-18. 5 »

XIV

Journées (Les) de Napoléon III. — Strasbourg à Chilshcrust, 1 feuille cont. 11 grav. 10 c. Poste... » 15

Centenaire (Le) de Napoléon Ier, par Edouard MORIAC. Broch. in-18. 75 c. Poste............ » 85

Coup (Le) d'Etat de Brumaire an VIII (les origines d'une dynastie). Etude historique, par Paschal GROUSSET. 1 vol. in-18............ 3 50

Bonaparte *comediante, tragediante*, par Mario PROTH. 1 vol. in-18............ 3 50

Napoléon III, sa vie, ses œuvres et ses opinions. Commentaire historique et critique, par A. MOREL, 2e édition. 1 vol. in-18............ 3 50

Napoléon III (Petite histoire de), par SPULLER. Broch. in-18. 15 c. Poste............ » 25

Ce que coûte un Empereur. *Liste civile de Napoléon III*, par MALARDIER, ancien représentant. Broch. in-18. 50 c. Poste............ » 60

France (La) et les Etats-Unis comparés. 3e édit. Broch. in-8. 30 c. Poste............ » 40

Le Bilan de l'année 1868 : *l'Histoire, les Livres, le Théâtre, les Sciences, les Arts*, par MM. CASTAGNARY, GROUSSET, RANC et Francisque SARCEY, Très-fort vol. in-18. 2e édit. Prix............ 3 50

XV

Grands Procès politiques (Les) :

    STRASBOURG, par M. Albert FERMÉ (1836). 3e édit. 1 vol. in-18............ 1 50

    BOULOGNE, par LE MÊME (1840). 3e édit. 1 v. in-18. 1 50

    CONSPIRATION MALET, par M. Paschal GROUSSET (1812). 1 vol. in-18............ 1 50

    LE DUC D'ENGHIEN, par M. L. CONSTANT. 1 v. in-18. 1 50

    LOUIS XVI, par M. L. CONSTANT. 1 vol. in-18..... 1 50

    GRACCHUS BABEUF, *et la conjuration des égaux*, par Philippe BUONAROTTI, préface et notes par M. A. RANC. 1 vol. in-18............ 1 50

    LES ACCUSÉS DU 15 MAI 1848, par Ernest DUQUAY. 1 vol. in-18............ 1 50

Le Maréchal Ney, par George d'Heylli. 1 v. in-18. 1 50
Pierre Bonaparte, Meurtre de Victor Noir. Seul compte rendu revu par les défenseurs de la famille Noir. 1 vol. in-18.................................. 1 50
Procès (1er et 2e), de l'Association internationale des travailleurs. 1 vol. in-18...................... 1 25
Procès (3e), de l'Association internationale des travailleurs. 1 vol. in-18.............................. 1 50
Association internationale des travailleurs. Origines. — Paris, Londres, Genève, Lausanne, Bruxelles, Berne, Bâle. — Notes et pièces, par E. Fribourg, l'un des fondateurs. 1 vol. in-18.......................... 1 50
L'Internationale noire, par Pollio. Broch. in-8, 25 cent. Poste............................. « 30
Pierre Bonaparte et le crime d'Auteuil. Etude historique, biographique, juridique et médico-légale, 6e édit. 1 vol. in-18........................... 1 »

XVI

Contemporains (Nos), par Ferragus (L. Ulbach).
Série de portraits composée de huit pages de texte, avec portraits dessinés par Gilbert, gravés sur bois par Robert, tirés à part sur papier teinté.
Chaque livraison sous couverture in-4. 40 c. Poste » 50

En Vente :

Napoléon III, — Lamartine, — Rouher, — Duc d'Aumale, — Victor Hugo. — Haussmann, — Ledru-Rollin, — Louis Blanc, — George Sand, — Sainte-Beuve. — Mazzini, — Garibaldi, — Emile Ollivier. — Ferdinand de Lesseps, — Maréchal Canrobert. — Pie IX, — Barbès, — Em. de Girardin. — Prim. — Bismarck. — Thiers.

Album des 20 *Portraits* de la 1re série, broché, 8 francs.

XVII

Lettres aux paysans, par Joigneaux, député de la Côte-d'Or. Chaque série, une br. in-18, 25 c. Poste. » 30
Lettres pour tous, par la veuve d'un soldat. — 1re série : *Pendant la guerre.* Broch. in-18, 25 c. Poste.. » 30

Jean Caboche *à ses amis les paysans*, p. M. L. Gagneur. Broch. in-18, 20 c. Poste.................... » 25

Mésaventure électorale de M. le baron de Pirouëtt, racontée par M. L. Gagneur, pour faire suite à *J. Caboche*. Broch. in-18, 20 c. Poste......... » 25

La peine de mort en matière politique, par Albert Joly. Broch. in-8...................... » 50

Conciliation, par Alfred Talandier. broch. in-8. 1 »

Partis et Patrie. — *La Crise gouvernementale*, par Edouard Dutemple. Broch. in-18................ 1 »

De Ham à Wilhelmshœhe. — *Le second Empire français*, par Emile Leclercq. 4ᵉ édit. 1 vol in-18. 3 50

La Guerre de 1870. — *L'Esprit parisien produit du régime impérial*, par Emile Leclercq. 1 vol in-18. 3 50

Cinq milliards (Les) *payés sans emprunt*, par Tallandeau. Broch. in-8, 20 c. Poste............... » 30

Paris pendant le siége (1870-1871), par Arnold Henryot. 1 vol. in-18........................ 1 50

La Commune (1871). — *Le Coup-d'État de mars.* — *Paris et Versailles, du 18 mars au 22 mai.* — *La bataille*, — *les fusillades, l'incendie*, par Lucien Le Chevalier. 1 v. in-18. 1 50

Histoire de la deuxième armée de la Loire. Pièces officielles et documents inédits, par Charles Mengin. 1ʳᵉ partie, 1 vol. in-8. 2 » — 2ᵉ partie, 1 vol. in-8. 2 »

Défense de Metz *et la lutte à outrance*, par Rossel, capitaine du génie. 2ᵉ édit. Broch. in-8, 75 c. Poste. » 85

La défense de Belfort, écrite sous la direction de M. le colonel Denfert-Rochereau, par MM. les capitaines du génie et de l'artillerie Thiers et de La Laurencie, de la garnison de la place. 1 fort vol. in-8 avec cartes et plans, 2ᵉ édit. 7 fr. 50. Poste.................. 8 25

La Bataille de Sedan. — *Napoléon III, Wimpffen, Ducrot*, par ***. Broch. in-18................... » 75

Sept cent millions de revenu en Cochinchine. Mémoire à M. le président de la République et à l'Assemblée nationale, par M. Frédéric-Thomas Caraman. Broch. in-8............................... 1 25

Amnistie! Lettre à M. Dupanloup, député au Corps-Législatif, par M. F. Malapert, avocat à la cour de Paris. Broch. in-8º, 50 c. Poste......................... » 60

L'Europe délivrée. Histoire prophétique de 1871 à 1892, par M. Gustave Naquet, ancien rédacteur en chef du journal *le Peuple*, de Marseille. Broch. in-18, 25 c. Poste. . . . . 30 c.

L'Instruction publique aux États-Unis. Tableau duquel ressort notre lamentable infériorité comparativement à la grande république. Une feuille, 10 c. Poste. » 15

Le Mal et le Remède, *éducation primaire obligatoire,* par Georges Lafargue. 1 broch. in-8. . . . . 2 »

L'Instruction républicaine, *obligation, gratuité, laïcité,* p. Am. Guillemin. 1 v. in-18, 3 fr. 50. Poste 3 75

XVIII

LA RÉPUBLIQUE

Moniteur hebdomadaire du Suffrage universel

Le numéro de 8 pages à 2 col., gr. in-8, 10 c. Poste. . » 15
L'abonnement de six mois. 4 50

Cette publication, par son prix peu élevé et la *simplicité* de sa rédaction, est destinée à pénétrer dans les campagnes et à y faire comprendre et aimer la République. Elle y répandra cette vérité incontestable parmi ceux qui n'en ont pas encore été frappés, que la République est le meilleur et le plus économique des gouvernements, et le seul capable de mettre le pays à l'abri des révolutions.

Principaux Collaborateurs :

P. Joigneaux, P. Lefranc, H. Martin, Laurent Pichat, Esquiros, députés; A. Morel, Asseline, G. Isambert, etc., etc.

Paris. — Imp. Ém. Voitelain et Cᵉ, rue J.-J.-Rousseau, 61.

www.ingramcontent.com/pod-product-compliance
Lightning Source LLC
Chambersburg PA
CBHW060358170426
43199CB00013B/1917